# 中国における民営大学の発展と政府の政策

夏 立憲 著

渓水社

# はしがき

　近代高等教育発展の結果の一つは、各国がそれぞれの特質を持った、いわゆる国別の高等教育になってきたことである。このような事情は悠久の歴史を誇るヨーロッパ諸国の伝統的な大学だけではなく、外来の影響を相当に受けた国の高等教育にも見られる。イギリスの高等教育に源流を持つアメリカの高等教育は、イギリスとは異なる発展の道を辿って、アメリカ式の高等教育を打ち立てた。戦後発足した日本の新制大学は、アメリカの占領政策や「勧告」を受けたものであったが、結局アメリカ側が期待したようなものとはならず、日本式のユニークな高等教育システムを形成した。多種多様な各国の高等教育の形成には、それぞれの国の独特な文化・伝統ならびに社会システムなどが要因となった他、政府の高等教育政策も極めて重要な一因となったものと考えられる。

　改革開放後誕生した中国の民営大学も、政府政策との密接な関連の下にあった。政府は民営大学の存在さらにはその発展の方向、規模、速度にまで影響力を持っていた。民営大学のユニークな発展経過や在り方の背後には、政府の民営大学に対する独特な政策経緯があった。

　本書は、中国の民営大学と政府政策との関連を視点とし、民営大学の成長と民営大学に対する政府政策の経緯や過程を踏まえて民営大学の発生・発展を左右する政策要因を解明しようとしたものである。

　本書は、筆者の広島大学大学院博士課程在籍中に執筆した学位論文に基づいて刊行するものである。指導教官の大塚豊先生（後に名古屋大学教授）、黒田則博先生（後にインドネシア国民教育総局総局長顧問）、堀田泰司先生からは常に激励と貴重なアドバイスを送り続けていただいたほか、当大学の西田正教授、佐藤尚子教授、浮田三郎教授からも随時適切なご指導を賜った。また、日本人の優しく暖かい心を持って留学生を支えてくださったボランティア日本語教師杉崎孝先生、槇繁先生からも懇切なご指導をい

ただいた。さらに、中国への現地調査の際には、多数の民営大学、行政機関、高等教育研究機関の方々から貴重な文献・資料の提供などご教示、ご協力を受けた。ここに心より感謝を捧げたい。

末尾ながら、上梓に際しいろいろお世話になった溪水社の木村逸司社長にあつくお礼申し上げたい。

　　2002年5月　広島にて

　　　　　　　　　　　　　　　　　　　　　　　　著　者

# 目　次

はしがき ……………………………………………………………… 1

## 序　章 ……………………………………………………………… 9

第1節　研究の背景と視点　9
第2節　先行研究の概況と本研究の意義　11
第3節　本書の考察範囲と構成　13
　　　　考察範囲/13　本書の構成/14

## 第1章　「民営大学」とは何か ……………………………… 17

第1節　「民営」とは何か　17
　　　　「民営」の一般的な意味/17　日本語の訳語としての「民営」/18　教育の分野における「民営」/18
第2節　「民営」と「社会諸勢力営」　19
　　　　「社会諸勢力営」の由来/19　「社会諸勢力営」と「民営」の相違点/20　「社会諸勢力営」に関する問題点/21
第3節　私立大学から民営大学への転換　24
　　　　建国初期における私立大学の接収と再編成/24　私立大学接収と中断の原因/25　「民営大学」の登場/28
第4節　民営大学の定義　31

## 第2章　民営大学の誕生 ……………………………………… 37

第1節　民営大学誕生の背景　37
　　　　共産党指導部の政策転換/37　改革開放によってもた

らされた人材需要/38　　高等教育に対する需要の急増/39　　公立高等教育の実状に関する諸問題/39
　第2節　初期民営大学の創立者とその建学目的　　43
　　　　　創立者について/43　　建学の目的について/45
　第3節　初期民営大学の運営状況　　46
　　　　　学校の管理運営機構（指導部）/46　　学生の募集と就職/47　　資金と校舎・設備/48　　専攻・カリキュラム・教員/49
　第4節　初期民営大学の「名義借り」　　50

# 第3章　「1982年憲法」公布以降の民営大学に対する政策の展開 ……… 57

　第1節　「1982年憲法」と民営大学設立の第一次ブーム　57
　　　　　「1982年憲法」とその意義/57　　民営大学設立の第一次ブーム/60
　第2節　規制緩和から統制へ——1983〜1991年の民営大学に対する政策　65
　　　　　民営大学に関する法規/66　　民営大学に対する点検・整理/69　　民営大学の政策に関する若干の問題/70
　第3節　民営高等教育セミナーと「八老上書」　74
　　　　　民営高等教育セミナー/74　　民営高等教育研究会の発足準備/75　　「八老上書」/77

# 第4章　鄧小平「南巡講話」と民営大学に対する方針の定着 ……… 85

　第1節　鄧小平「南巡講話」と民営大学設立の第二次ブーム　85
　　　　　「南巡講話」から「中国教育改革と発展綱要」へ/85
　　　　　民営大学設立の第二次ブーム/88

第2節 「民営高等教育機関の設置に関する暫定規定」
　　　と学歴証書試験制度　92
　　　　　「民営高等教育機関の設置に関する暫定規定」の主要
　　　　　点/92　学歴証書試験制度の展開/94
第3節 民営高等教育委員会の成立事情　98
　　　　　民営高等教育委員会の成立過程/98　民営高等教育委
　　　　　員会の組織と役割/100
第4節 「社会諸勢力による学校運営に関する条例」と
　　　その意義　102
　　　　　「社会諸勢力による学校運営に関する条例」制定の経
　　　　　緯/102　「社会諸勢力による学校運営に関する条例」
　　　　　の主要点/104　「社会諸勢力による学校運営に関する
　　　　　条例」の意義/105
第5節 21世紀に向けての民営大学に対する政策　109
　　　　　民営大学に対する政策の新展開/109　有力な民営大
　　　　　学の成長/115

## 第5章　地方政府の民営大学に対する施策　125

第1節 地方政府の民営大学政策の展開　125
　　　　　地方政府の民営大学政策の形成条件/125　地方政府に
　　　　　よる民営大学政策の展開過程/128　民営大学に対する
　　　　　管理機関の設置/131
第2節 地方政府の民営大学に対する役割　134
　　　　　民営高等教育の計画/134　民営大学設置の審査/135
　　　　　民営大学に対する点検と評価/137　援助と指導/140
第3節 地方政府の民営大学政策に関する問題　142
　　　　　地方政府の政策と中央政府の政策との関係/142　民営
　　　　　大学の権益を侵す問題/146　民営大学分布の地域間不
　　　　　均衡/150

## 第6章　民営大学の役割・特徴と政府の政策 ……… 159

第1節　民営大学の役割と政府政策の目標　159
　　　人材養成/159　公的高等教育経費不足の緩和/160
　　　高等教育の多様化・活性化の実現/162
第2節　民営大学の特徴　165
　　　多様性/165　民営大学と市場との密接な関係/173
　　　公立大学への依存/175　内発性と土着性/177
第3節　民営大学の特徴形成と政府の影響　180
　　　公的教育経費の不足/180　公立大学が民営大学に便宜を図ること/182　民主党派と海外華僑の力を借りること/184　市場経済形成の影響/185　私立大学接収の影響/188

## 第7章　民営大学に対する政府政策の問題点 ……… 195

第1節　「民営教育法」の欠如　195
　　　教育関係法体系中の「民営教育法」/195　遅れている「民営教育法」制定の背景/196　「民営教育法」欠如の結果/198
第2節　民営大学に対する政府援助の問題　199
　　　民営大学の運営基盤脆弱の実状/199　政府の援助に関する問題点/204
第3節　民営大学に対する規制の問題　206
　　　民営大学に対して規制強化すべき点/206　民営大学に対して規制緩和すべき点/214
第4節　民営大学の位置づけ　217
　　　民営大学の位置づけに関する政府の見解/217　高等教育拡大の安上がり政策と民営大学の位置づけ/218

## 終　章 ......229

　第1節　民営大学の発展に対する政府政策の影響　229
　第2節　民営大学の歴史的使命と政府の政策選択　230
　第3節　民営大学今後20年間の展望（2001〜2020年）　232


付録　現地調査訪問機関一覧（行政区画別）　235
付録　民営高等教育関連年表　238
主要参考文献　244

# 序　章

## 第1節　研究の背景と視点

　改革開放後に誕生した民営大学[1]は、中国の高等教育分野に現れた最も注目される事象である。1949年中華人民共和国成立後、すべての私立大学が接収されて消滅した（1950年～1952年）が、20余年後の1970年代末民営大学として復活した。1999年までに全国の民営高等教育機関数は1,277校、在校学生数は123万人に達した[2]（それに対して、公立普通高等教育機関数は1,023校、在校学生数は400万人であった）。

　民営大学の発展は、政府の政策と密接に関わっている。

　政府の民営大学に対する政策は、その由来を文革終結後の鄧小平の教育思想に溯ることができる。その当時鄧小平が打ち出したスローガン「知識を尊重し、人材を尊重する」（原語は、尊重知識、尊重人才）は、政府の教育政策の基調となった[3]。この政策の下で、1970年代末から1980年代初頭にかけて、初期民営大学が登場してくる。1982年に改訂された「中華人民共和国憲法」は、教育機関の民営を認め、民営大学のドアが本格的に開かれた。1983年から1986年にかけて、民営大学設立のブームが現れた。その後、若干の紆余曲折を経て、1990年前半の鄧小平の「南巡講話」によって民営大学設立の第二次ブームが現れるに至り、民営教育に対する「16字方針」（中国語で「積極鼓励、大力支持、正確引導、加強管理」という16文字なので、「16字方針」と言われている）[4]が打ち出され、国家戦略としての「科教興国」[5]策が形成された。1998年、高等教育の大衆化目標が確定し、民営大学の発展に一層の拍車がかかることとなった。

　本書は、1979年から2000年にかけての民営大学の発生・発展と民営大学に対する政策の展開過程を対象とし、民営大学と政府の政策との関係、特に政府が民営大学に与えた影響を解明することを目指した。

周知のように、中国は政府の管理支配力が極めて強い社会主義の国であるため、1949年以降の高等教育の発展は、大きく政府の政策に左右されてきた。政府の民営大学に対する統制の方式と度合は公立大学ほどではないが、その影響力は依然として大きかった。民営大学は終始直接あるいは間接的に政府の影響を受けており、政府の政策を視野に入れることなくしては、民営大学の成長過程とその由来・特質を解明することは困難である。

　この関係においては、民営大学が政府の政策を一方的に受け止めるという単に受動的なものではなく、民営大学側は政府に対して様々な建議・要請を提出する能動的な存在でもあった。これらの建議・要請は政策策定にとって参考になることも多く、政府の政策遂行に対する一つの貢献であったとも言えよう。換言すれば、民営大学と政府との関係は単に「受信者」と「発信者」の関係ではなく、民営大学は政府の政策策定・施行に影響を与え、その政策の原動力の一つでもあったと言える。このため、民営大学自身の努力や動きを的確に把握しないと、政府の政策を深く認識することができない。

　しかし、政府の民営大学に与える影響と民営大学の政府に対する影響とは同等ではない。前者は常に強い影響力を持っているのに対して、後者は常に弱い影響力しか持っていない。政府の民営大学に対する影響は最も重要な因果関係であるのに対して民営大学の政府に対する影響は副次的な因果関係であり、政府と民営大学とはあくまでも統制と被統制の関係にあり、政策策定の主導権は終始政府が握っていた。

　そのため、本書は政府と民営大学との相互関係は視野に入れたが、研究の重心は政府の民営大学に与える影響にあり、政府の政策はどのようにまたはどこまで民営大学に影響を与えたかにある。具体的に言うと、本書は、民営大学と政府の政策との関係を分析の視点とし、まず中国における「民営大学」という名称の由来ならびにその歴史的淵源を明らかにし、次いで民営大学の発展経緯とこれに対する政策の展開過程を綿密に分析し、さらに、民営大学の役割・特徴に対して政府の政策が及ぼした影響を究明する。最後に政府の政策上の問題と民営大学に顕在化する諸問題との因果関係を解明することとする。

## 第2節　先行研究の概況と本研究の意義

　中国の民営大学に関する研究は、本格的には 1980 年代後半から始まったと言えよう。1985 年以前に出版された主な教育・高等教育関係の刊行物の中には、民営大学に関する論述はほとんど見られない[6]。1980 年代後半からは、民営大学に関する研究が次第に新聞や専門誌などに現れるようになった。

　1988 年、中国高等教育研究の権威者潘懋元の論文「関于民办高等教育体制的探討」が『光明日報』、『上海高教研究』に発表され、その後『新華文摘』[7]に転載された。この論文の主な内容は次のようなものである。①民営高等教育体制の形成とその意義。②民営高等教育の性格。③民営大学の教育の質的向上の問題。④民営大学の資金源の問題。⑤民営大学に対する行政管理上の問題。この論文は高等教育研究関係者にとどまらず、社会的にも大きな反響を呼んだ。その後 1991 年、魏貽通主編の論文集『民办高等教育研究』が厦門大学出版社から出版され、それ以来、論文や論文集が次第に出版されるようになってきた。

　1990 年代に入ると、民営大学に関する研究テーマは次のような問題に集中してくる。①「民営教育」あるいは「民営高等教育」概念の解明、②起草中の「民営教育法」に関する問題、③民営大学の運営基盤強化と教育質の向上、④民営大学の権益保障（例えば、校産の帰属、学歴証書の授与権、教職員・学生の待遇など）、⑤民営大学の企業的運営の問題、⑥民営大学に対する政府の管理、⑦民営大学の位置づけと発展の方向[8]。

　ただ、これらの研究を全体的に見ると、三つの問題点を指摘できる。

　まず、民営高等教育の発展過程、いわゆる「歴史」に関する研究が欠如していることである。各校が書いた校史や学校紹介などを除いては、民営高等教育史に関する論文は極めて少ない[9]。

　次に、生の情報や統計資料などに基づいた実証的研究が欠如していることである。出版された民営大学に関する諸論文は論証過程において実証的分析を新聞記事からの引用で済ませていることが多く、著者自らの現地調査はあまり行なわれていないようである[10]。

最後に、体系的な研究著作はまだ公表されるに至っておらず、現在のところ単発の論文しか出版されていない。
　このように、民営大学に関する先行研究のもつ弱点は、次の四つの原因からきていると考えられる。
　①民営大学側の関心が学校の存続や発展など、いわば実益であって、民営大学の過去の歴史には関心が低い。また、学校経営者や教職員が発表した文章は、学校の紹介や一校一例的な経験の総括のようなものが大多数であり、理論的系統的な研究はあまり行われていない。
　②民営大学発足後長い期間、政府の態度は曖昧で、民営大学を認めることを明らかにせず、民営大学に関するデータや情報の収集・蓄積も重視しなかった。
　③1953年から1970年代に至る間は、私立高等教育[11]が中断しそれに対する研究も中断されたので、資料や研究成果の積み重ねはできなかった。
　④民営大学の現状は、公立大学と比べて、規模、質、社会的影響力などいずれの点から見ても極めて弱体であって、多数の高等教育研究者によって重視されなかった。全国約600の高等教育研究機関のうち、民営高等教育を研究対象とした専門研究機関は極めて少なかった。
　上述した状況の中で、本研究が直面したのも関係データや資料の不足であった。また、公開出版物に掲載されたものが不十分であるため、やむを得ず内部資料あるいは非公開出版物を引用した場合も多い。
　また、本研究は、上述した民営大学に関する研究状況の弱点を念頭に置き、民営大学の発展と政府の政策展開過程、いわゆる「歴史」の論述を重視し、民営大学に関する生の情報と政府公文書を収集引用する実証的な分析態度を重視した。民営大学と政府政策との関係に対する全面的な考察を目指し、今後の民営大学とこれに対する政策研究に寄与できることを念願している。

## 第3節　本書の考察範囲と構成

### 1　考察範囲

本書で中国とは、中国の大陸地域のみを指し、香港、マカオ、台湾は含まない。

本書で「民営大学」とは、企業・事業体組織、社会団体及びその他の社会組織、または国民個人が、国家財政支出以外の教育費を利用して、社会のために後期中等教育（日本の高校教育に相当）後の教育を行う学校ならびにその他の教育機関を指す。この定義は、1997年7月に公布された「社会諸勢力による学校運営に関する条例」と1998年8月に公布された「中華人民共和国高等教育法」（以下、「高等教育法」と称する）に基づいている[12]。

ところが、これらの法令では「大学」という用語は、狭義と広義の二つの意味を持っている。狭義の「大学」とは、「高等教育法」第25条によれば次の3条件を満たすものである。①より強力な教育・研究能力を持ち、より高度な教育・研究水準を持つこと、②本科（日本の学部に相当）および本科以上の教育を行うこと、並びに③国が規定した学科種類を三つ以上主な学科とすることである。広義の「大学」とは、後期中等教育後の教育を行う高等教育機関である。これは、「高等教育法」第15条によると、学歴教育と非学歴教育を含む高等教育を行う機関である[13]。本書では、注を施したものを除き、「大学」は広義の意味で用いた。

本書の考察対象としたものは、1979年から2000年まで、即ち過去20余年間における民営大学の発展過程とこれに対する政府政策の展開過程である。

この時期については、本書では3段階（第2章、第3章、第4章）に分けて記述した。

①1979年に最初の民営大学が発足してから、「1982年憲法」公布（1982年12月）の直前まで、いわゆる民営大学の発足期。この時期における象徴的な出来事は、北京、長沙、広州で民営大学の第一陣が登場してきたことであった。

②「1982年憲法」の公布から1991年までの約9年間。同憲法は民営大学に対して画期的な意義を持ち、民営大学政策の原点となった。

③1992年の鄧小平「南巡講話」から2000年までの9年間。この「南巡講話」は、政府が民営大学の発展を強力に促進することを示唆し、後に打ち出された民営大学に対する積極的な奨励・支持策の基調となった。

## 2 本書の構成

本書は、民営大学の成長と民営大学に対する政策の展開を中心とし、次の四つのテーマをめぐって論述する。

①「民営大学」とは何か（第1章）。

②民営大学はどのように発生・発展してきたか、また政府の政策は如何に展開され、如何に民営大学に影響を与えてきたか（第2〜5章）。

③民営大学の役割とその中国的特質は何か、これらの役割・特質は政府の政策とどのように関連しているか（第6章）。

④政府の民営大学に対する政策は、現在どのような課題を抱えているか、また民営大学にどのような影響を与えているか（第7章）。

以上は概ね、概念 → 歴史 → 現状 → 課題の順で設定されたものである。

第一のテーマをめぐっては、まず、「民営大学」の語義と日本語訳の経緯を解明し、次に、現在使われている教育用語としての「民営」、「私立」、「社会諸勢力営」の三者の相違点を解明する。さらにこの用語の歴史的淵源と社会的背景を探究し、最後に「民営大学」の定義を検討する。

第二のテーマをめぐっては、まず、これを次の3段階に分ける。①1979年に最初の民営大学が発足してから「1982年憲法」公布の直前までのいわゆる民営大学の発足期。この時期の民営大学は数も少なく規模も小さく、自由放任の状態になっていた。②「1982年憲法」の公布から1991年までの約9年間。この間に、政府の民営大学に対する政策は自由放任から統制へと転換し、民営大学は学校設立の第一次ブームとそれに次ぐ緩慢な発展という紆余曲折に富む時期であった。③1992年の鄧小平「南巡講話」から2000年までの約9年間。この間に政府は積極的な政策を打ち出し、民

営大学を支持する方針を定着させた。その結果、民営大学設立の第二次ブームが現れ、民営大学は急成長した。

次に、中央政府とは異なる立場にある地方政府の民営大学に対する政策の展開と役割について論じ、中央政府の政策と地方政府の政策との関係を解明する。

第三のテーマをめぐっては、次のような三つの視点から論ずる。①民営大学が果した役割から政府政策の効果を検証する。②民営大学の現状から、その中国的な特質を抽出してまとめる。③民営大学の特徴を形成した要因と政策との関連を究明する。

第四のテーマは、民営大学に対する政府政策上の問題点と民営大学に顕在化する諸問題との因果関係を焦点に、現行政策の抱える主要な課題、即ち「民営教育法」の欠如、民営大学に対する不十分な援助、民営大学に対する不適切な規制、民営大学に対する不明確な位置づけがもたらす問題などを究明・分析する。

## [注]

1 「民営大学」の原語は「民办大学」(繁体字は「民辦大学」)である。「民営大学」の語義については、本書第1章参照。
2 『民办教育』2000年第5期、1頁。
3 鄧小平「尊重知識、尊重人才」『鄧小平文選』第2巻 人民出版社、1994年、40頁。
4 この「16字方針」の詳細は、本書第4章第1節参照。
5 「科教興国」とは、科学と教育により国を興すことである。本書第4章第1節参照。
6 調査した主な教育・高等教育定期刊行物は、『中国教育報』、『教育研究』(中央教育科学研究所発行)、『中国高等教育』、『上海高教研究』、『高等教育研究』(華中理工大学高等教育研究所発行)、『福建高教研究』などである。
7 『新華文摘』は、全国のニュースや人文・社会科学の研究成果を集めて発表する刊行物として中国で最も影響力を持っている。
8 民営高等教育の関係者や研究者の論文及び民営教育に関するセミナーのテーマ等により整理した。『民办教育』1997年第3期、4頁、1997年第5期、4頁、1998年第2期、7〜8頁、1999年第3期、15頁、2000年第4期、33頁、上海市

教育科学研究院民営教育研究センター・上海市教育学会民営教育専門委員会編『民办教育動態』1999年第10期、第11期、『教育発展研究』1999年第7期参照。

9 　例えば、秦国柱「80年代我国民办高等教育的回顧」(魏貽通主編『民办高等教育研究』厦門大学出版社、1991年)、陳宝瑜「回顧民办高教歴史、探索復興発展規律——我国民办高等教育発展的回顧與思考」(中国成人教育協会民営高等教育委員会編『中国民办高等教育的理論與実践（二)』大衆文芸出版社、1999年)など。しかも、これらの論文は厳密な意味の研究論文とは言えない。

10 　1998年4〜9月、民営高等教育委員会は民営大学に対してアンケート調査を行って、103校のアンケートを回収したのがおそらく最初で、それ以前に民営大学に関する調査はほとんど行われていなかった（前掲、『中国民办高等教育的理論與実践（二)』、229〜262頁)。

11 　1952年まで、中国で私立大学が存在していたが、1953年から1970年代末に至る間は、私立大学あるいは私立高等教育は中断されており、1979年の民営大学の誕生まで、「民営大学」という用語はなかった。そのため、ここで、私立高等教育と言う。詳細は、本書第1章第3節参照。

12 　詳細は、本書第1章第4節参照。

13 　「中華人民共和国高等教育法」『人民日報』1998年8月31日。

# 第1章　「民営大学」とは何か

　「民営大学」（原語は「民办大学」）という名称は、中国の教育分野における独特な用語である。「民営」は大学だけではなく、民営高校、民営小中学校、民営幼稚園（原語は幼児園）、あるいは民営学校、民営教育などにも使用されている。このような使い方は、漢語圏における他の諸国、例えば日本、韓国、シンガポール、さらには、同じ中華民族である台湾、香港、マカオでは見られない。

　歴史を顧みると、中国が国民党政権下にあった時代（1911－1949年）には、教育の分野に「民営」という名称はなく、「私立」しか使われていなかった。例えば、1912年に公布された「公立、私立専門学校章程」、1913年公布の「私立大学規則」、「私立学校規則」などの法規の名称に端的に見ることができる[1]。

　「民営学校」という名称が使用されるようになったのは、1920年代末から30年代初期に至る共産党統制下のソビエト区であった。当時、民営学校の主な役割は、農民や労働者に識字教育あるいは初等教育の機会を与えるとともに、共産党の理論や政策を宣伝することにあった[2]。それらの学校は、1949年の共産党政権成立後（以下、「建国後」と称する）も存続していた。一方、建国後、私立学校や私立大学は種々の原因によって中断された後、30年を経て再び復活したのであった。ただ、復活した私立大学には、公式の場合、「民営大学」という名称が用いられていた。本章では、この「民営」と「民営大学」の由来、含意及び定義について検討する。

## 第1節　「民営」とは何か

### 1　「民営」の一般的な意味

　日本語で「民営」とは、文字通り「民」が経営することであるが、この一般的用法について、以下の3点に留意する必要がある。

まず、民営の主体は、民または民間である。それは、官営（国営、公立）の対立概念である。もちろん、経営・運営の内容や方式については、民営・官営間に相違点ばかりではなく類似するところもあり得るが、いずれにしてもその経営・運営の主体は必ず異なる。

次に、民営の「営」は「経営」、「運営」を意味し、「開設」、「創設」などの意味を含んでいない。つまり、民営の企業であってもそれを開設したのは民間とは限らず、国や地方公共団体が設立したものもあり得るのである。

最後に、「民営」とは、民間経営を意味し、主として経済の分野で使用されている用語である。

## 2 日本語の訳語としての「民営」

民営大学また民営学校は、中国語で「民办大学」（ミンバンダーシュエ）また「民办学校」（ミンバンシュエシャオ）という。中国語での「民営」は、企業の場合によく使われている。例えば、民営企業、民営会社など。しかし、「办」という中国漢字の意味は、日本語の「営」とは違う。「办」は、開設（創設）と経営（運営）双方の意味を持つ。今一つの相違点は、中国語の「办」は経済の分野だけではなく、他の様々な分野でも使えるという点である。例えば、办公（執務する）、办事（事を処理する）など。しかし、この「办」という字は日本語では全く使われない、また「民办」という概念自体がないため、「民办大学」は「民営大学」と訳する他なかったのであろう。

## 3 教育の分野における「民営」

教育の分野では一般的に「〇〇立」という。「国立」、「公立」に対する「私立」である。実は、現在中国でも「私立学校」や「私立大学」も使用されている[3]。ただ、公式の法規や公文書では、「私立」はほとんど使われていない。1981年4月北京市人民政府が公布した「北京市の個人による学校運営の管理に関する暫定規則」（原語は、「北京市私人办学暫行管理办法」）と1983年11月湖南省人民政府が公布した「湖南省社会団体、個人による学校運営に関する試行規則」（原語は「湖南省社会団体、私人办学

試行办法」)には、「私人」を使用しているが、「私立」あるいは「私立学校」という言葉は用いていない。また、中央政府の場合、唯一の例外としては1981年に教育部が「私立補習学校の指導と管理問題を強化することに関する報告(初稿)」[4]を打ち出したが、その後公布された法規や公文書には、「私立」という用語は一切用いられていない[5]。例えば、1993年8月17日に「民営高等教育機関の設置に関する暫定規定」(原語は「民办高等学校設置暫行規定」)が公布されたが、同規定の中で「民営大学」という名称が使用されていた[6]。

この「民営」の含意の一つは、前述のように、「官営」すなわち「国営・公立」と対立したものを指すが、今一つは、「私立」と比べてより幅広い意味を持つ。中国で民営大学が開設、運営される場合、多くは個人や複数の個人によってではなく、社会団体、民主党派[7]などによって行われてきた。しかも、数多くの民営大学が、地方政府や国営(公営)企業あるいは公立大学などから様々な援助を受けてきた[8]。

また、「民営」という名称の用法には、狭義と広義の二つがある。狭義の場合には、「私立」と同義に使われる。例えば、1993年出版の論文集『高等教育の民営と私立』[9]、1994年出版の論文集『私立・民営学校の理論と実践』などの用例がある。しかし、広義の場合には、「民営」は「私立」を含んだ意味で使われる。本書では、注を施したものを除き、広義の「民営」を使用する。

## 第2節　「民営」と「社会諸勢力営」

### 1　「社会諸勢力営」の由来

中国では、「民営」のほか、「社会諸勢力営」(原語は「社会力量办学」)という用語もよく使われている。例えば、1997年に公布された「社会諸勢力による学校運営に関する条例」(原語は「社会力量办学条例」)[10]など。

この「社会諸勢力営」の由来は、1982年に改定された「憲法」にある。この「1982年憲法」の第19条第4項には、「国家は集団経済組織、国家企業・事業組織およびその他の社会諸勢力が、法律によって各種の教育事

業を運営することを奨励する」と規定している[11]。

この用語は、中国独特のものである。ベトナムの教育用語に、「people-founded」があり、その意味は中国の「民営」に近いものである[12]。これに対して、「社会諸勢力営」という用語は世界中他に例が見られないようである。

## 2 「社会諸勢力営」と「民営」の相違点

前述のように、中国での公式の法規や公文書では、「私立」という用語を避けて、「社会諸勢力営」や「民営」が使われている。

しかし、「社会諸勢力営」と「民営」とは全く同じ用語とは言えず、両者には次のような相違点がある。

(1)拠り所が異なる。「社会諸勢力営」の根拠は「1982年憲法」である。これに対して、「民営」は大衆によって認められたいわゆる慣習上の用語である。

(2)重点の相違。「社会諸勢力営」の中心的な意味は「勢力」すなわち個人の集合ではなく、団体あるいは組織された人たちなどである。「民」の一般的な意味は国民あるいは人民である。その中心的な意味は個人あるいは複数の個人である。

(3)用法の相違。「教育」という語彙を修飾する場合には、一般的に「民営教育」あるいは「私立教育」のように使われ、「社会諸勢力営教育」という使い方はない。また、学校(教育機関)の名称とする場合にも、一般的に「民営〇〇学校」あるいは「私立〇〇学校」とは言うが、「社会諸勢力営〇〇学校」とは言わない。しかし、法規上は、「民営」と「社会諸勢力営」が使用されるだけで、「私立」は使われない。例えば、「民営高等教育機関設置に関する暫定規定」、「社会諸勢力による学校運営に関する条例」などである。民営教育に対する行政管理機関は、統一的に「社会諸勢力運営学校管理室」(原語は、社会力量办学办公室、略称「社管办」)あるいは「社会諸勢力運営学校管理処」(原語は、社会力量办学処、略称「社管処」)と称するが、「私立」という表現は出てこない。

これらの三つの用語の用法をまとめると下表のようになる。

表 1−1　「私立」、「民営」、「社会諸勢力営」3用語の用法の対照

| 用語＼対象 | 教育 | 法規 | 学校 | 行政管理機関 |
|---|---|---|---|---|
| 「私立」 | ○ 用例、私立教育 | × | ○ 用例、私立学校 | × |
| 「民営」 | ○ 用例、民営教育 | ○ 用例、民営高等教育機関設置に関する暫定規定 | ○ 用例、民営学校 | × |
| 「社会諸勢力営」 | × | ○ 用例、社会諸勢力による学校運営に関する条例 | × | ○ 用例、社会諸勢力運営学校管理室 |

(出所) 筆者作成。

## 3　「社会諸勢力営」に関する問題点

ここで注意を払うべきことは、「社会諸勢力営」の使用に関連して起った諸問題である。

第一、言語使用における慣習上の問題。「私立」は言うまでもなく、かなり長い歴史を持つ共通の教育用語である。「民営」の歴史はそれほど長くないが、教育の分野でよく使われ、国民の間でも馴染んできたものである。ところが、「社会諸勢力営」は1982年以降にできた用語であり、政府の管理部門の人々を別とすれば、民営教育の運営者や教職員、または民営教育に関する研究者たちもあまり使わない。まして一般の庶民は、「社会諸勢力営」と聞いても理解できないのが実情である。

第二、訳文上の問題。「社会諸勢力営」の英訳は「school run by social sources」とされているが、これは、国際共通の用語「private school」あるいは「private education」からは遥かに懸け離れているため、欧米人にも理解しにくいと思われる[13]。「社会諸勢力営」の日本語訳も、原文に合致して且つわかりやすい表現方式は極めて困難である。現在使用されている日本語訳は「社会諸勢力による学校運営」であるが、この訳文も解説なしでは日本人にはまず理解できないと思われる。

第三、文法上の問題。分かりにくいなど内容上の問題のほかに、表現形

式上の問題もある。そもそも「社会力量办学」という中国語自体が中国語の表現習慣にかなっていない。文法的に見てみると、「私立」、「民営」、「社会諸勢力営」の三者は、すべて主述構造(主語 + 述語)である。ところが、「私立」、「民営」は既に定着しているが、「社会諸勢力営」はまだ定着していない。つまり、「私立」と「民営」が名詞とつながると、形容詞としてその名詞を修飾することができるが、「社会諸勢力営」が名詞とつながると、不自然な語感を与えてしまう。われわれは名詞や概念として「私立学校」あるいは「民営学校」とは言える(この場合、「私立」や「民営」が連語になる)が、「社会諸勢力営学校」とは言えない。後者は、主語、述語と目的語をもつ短文になる(この場合、「社会諸勢力営」は連語にならない)と理解される。「社会諸勢力営」が名詞を修飾する場合には、他の語と合わせて短文を作り、それによって名詞を修飾しなければならない。例えば、「社会諸勢力によって学校を運営する条件」、「社会諸勢力が運営する学校の管理室」など。しかし、そうすると、修飾語が長くなって簡潔な表現になり得ない。

　第四、用語の混乱を招くことがあり得る。中国では、民営教育の分野で「私立」、「民営」、「社会諸勢力営」の三つの用語が併用されているため、使用上の混乱、さらには誤解を招く場合さえもある[14]。

　さらに検討しなければならない点は、「社会諸勢力営」という用語がそれほど欠陥を持っているのに、なぜことさら作られたのかということである。問題を解明する鍵は、「社会諸勢力営」という用語を生み出すに至った経緯にある。

　まず、注意を払うべきことは、この「1982年憲法」は1982年に改定されたものだという点である。注意深く「1982年憲法」第19条第4項を読むと、そこに一つの問題点が明らかになってくる。

　「国家は集団経済組織、国家企業・事業組織及びその他の社会勢力が、法律によって各種の教育事業を運営することを奨励する」[15]という条文においては、公民個人による学校運営を意識的に避けたようなふしがある。つまり、国が奨励するのは、主に公民個人ではなく、企業・事業組織その他の団体による学校運営なのである。

　これは、1985年に公布された「中国共産党中央委員会の教育体制に関する改革の決定」(以下、「決定」と称する)とは違いがある。「決定」には、国

営企業、社会団体および個人による学校運営が奨励されると明確に述べられている[16]。その後、共産党や政府の関与する文献・法規には、ほとんど「公民個人の運営する学校」という文字が明記されている。

もちろん、「1982年憲法」第19条第4項は、国家が公民個人による学校運営を禁じたものではなく、事実、この時期にも個人による学校運営が生まれている。ただこの時期はまだ、個人の学校運営に対して様々な見方があり、政府としてもそのやっかいな領域に立ち入ることを差し控えたと見ることができよう。

中国が1950年代に私立学校の調整や接収を終えた後、20年余にわたって個人の学校運営は認められてこなかった。1954年に定められた「憲法」と1975年、1978年に改定された「憲法」では、教育は国家の事業と規定されていた[17]。1982年に改定された「憲法」は、その点について大きな変化を与え、国家が社会諸勢力による教育事業運営を奨励することを打ち出したのである。これは、大きな転換であり、質的な躍進とも言えるが、この大転換は徐々にしか進められず、時には問題を生じさせるものであった。一つの例としては、その当時ほとんどの個人学校運営者は個人として学校を設立することが困難であったため、社会団体あるいは民主党派の名を借りなければならなかった（いわゆる「名義借り」）ということが挙げられる[18]。これは、その当時の具体的な事情と歴史的影響によるものであった。

また、1982年当時、経済の分野でさえ政府はいまだ「私営経済」あるいは「民営経済」という用語の使用を避けていた。「1982年憲法」が公布された当時既に実態として私営経済が登場していたが、この「1982年憲法」は「私営経済」の用語を完全に避けて、「個体経済」しか使わなかった。この状態は、1988年4月の第7回全国人民代表大会で、「1982年憲法」の第11条に次のような規程が追加されるまで続いた。「国家は私営経済が法律の定める範囲で存在発展することを許可する。私営経済は社会主義公立経済を補完するものである」[19]。これは、実態として私営経済を法律上追認したものであった。このように経済の分野でさえ「私営」という用語の使用がためらわれていた当時、教育の分野で「私立」あるいは「民営」を使用しないのは当然であった。

以上要するに、「1982年憲法」第19条第4項で「社会諸勢力営」という用

語を用いていることは確かである。しかし、それは特定の歴史的背景の下で生まれた一時的な表現であり、専門用語として定着はしなかった。

## 第3節　私立大学から民営大学への転換

### 1 建国初期における私立大学の接収と再編成

1949年10月1日、中華人民共和国が成立した。同年12月23日から31日までの第一次全国教育工作会議で、教育部（日本の文部科学省に相当）[20]は教育の基本方針を提出して、次のように教育の目的を明らかにした。「新しい教育の目的は、人民特に労働者、農民、兵士に奉仕し、当面の革命闘争や国家建設に奉仕する。教育は、国家の建設に奉仕しなければならない。学校は労働者や農民たちにドアを開かなければならない」[21]。そして、翌年の6月に開かれた第一次高等教育会議では再び上述のことが強調された[22]。その後、教育部は中国人の経営している私立学校に対し、「保護、維持、統制の強化、漸進的改造」の政策を打ち出した[23]。

当時、中国の私立大学には、設立者・経営者によって分けると、主に外国教会系の私立大学と中国人設立・経営の民族系私立大学の2種があった。前者は、1950年の輔仁大学接収を初めとして1951年までに全部接収された。後者は、1951年、1952年の「大学・カレッジ再編成」によって再編あるいは接収された[24]。

初等・中等教育については、教育部の指示によって、1949年から1952年前半までに、既存の公立学校と一部私立学校（主に教会系学校）が接収され、1952年後半から1956年までには、全ての私立小中学校が公立学校に改編された[25]。

これに対して、共産党ソビエト区から始まった民営小中学校の発展は中断されることなく、政府の教育政策と社会状況に適応して紆余曲折を経ながらも続けられていた。しかし、それらの民営小中学校は質が低く、教員の多くは中学校・高校卒業者やそれらと同等の教育レベルにある主婦などであった。学校のレベルも高くなかった（一般的に中学校以下の教育レベル）。つまり、その時点で「民営学校」という名称は、主に小中学校（場合によって高校も含んでいた）を指すが、「民営大学」は、実体も名称も

存在していなかった[26]。1952年から1970年代末までの30年近くの間は大学やカレッジはすべて公立であった。

## 2 私立大学接収と中断の原因

私立大学の接収と中断には、以下のような政治・社会的背景があった。

### (1)「三大改造」と生産手段所有制の転換

1949年の中華人民共和国成立以降、中央人民政府は農業、手工業、資本主義工商業に対する社会主義的改造（「三大改造」と呼ぶ）を断行した。これは、1949年から1956年までの「過渡期」（新民主主義国家から社会主義国家への移行期）における国家目標であった。この「三大改造」の目的は、経済分野における資本主義私有制を廃止し、社会主義全民所有制と労働大衆の集団所有制を確立することであった。この「三大改造」は1956年までに基本的に完成した。

当時、教会系の大学を除き、私立大学は私有経済の中で発達してきたものであり、私立大学自体も個人またはその集団の所有であった。換言すれば、私立大学は高等教育の分野における資本主義私有制とみなされおり、私立大学の国公立化は、「三大改造」の進展方向と一致していた。

「三大改造」の完成によって、国家は社会主義公有制の経済システムを作り上げた。このことは、私立大学が発生、存在する経済基盤を根こそぎ取り除いたことを意味する。中国語には、「皮之不存、毛将焉附」という成語がある。「皮」がなくなってしまったら、「毛」はどこに付けたらよいのかという意味であり、経済の私有制と私立大学の関係は、ちょうどこの「皮」と「毛」のような関係である。事実上、「三大改造」以後1970年代末に改革開放の政策がとられるに至るまで、私立大学復活の可能性は全くなく、「私立大学」という名称も単なる歴史的なものとなってしまっていた。

### (2) 教育主権の回収

1840年のアヘン戦争以降、中国は次第に半植民地の状態に陥り、欧米キリスト系宣教会は中国の都市部で数多くの教会大学を作った。これらの大学は、帝国主義の文化侵略の拠点と言われていた。

教会大学からの教育権の奪回は、北洋政府時代の1924年から始まっていた。当時、北洋政府は教会大学を対象として様々な法規を制定した。例

えば、教会大学の学長は中国人に委任しなければならない、中国人が理事会の構成員の半数以上を占めなければならないなどである[27]。

さらに、1949年の中華人民共和国成立以降になって教会大学の徹底接収が行われた。建国直後の1950年と1951年との2年間で、全ての教会大学が接収された。この徹底的な接収は、単に民族独立や国家主権の問題だけではなく、共産党政権と西側諸国との対立関係や朝鮮戦争が大きな原因であったと考えられている[28]。

(3) ソ連モデルの受容

中華人民共和国成立以降、ソ連の社会主義建設の経験が全面的に受容され、1954年に開かれた第1期全国人民代表大会第1回会議で、最高指導者毛沢東は「我国の人民はソ連の経験の学習に努めなければならない」と呼びかけた[29]。高等教育の分野でもソ連の教育専門家の意見を参考にしながら、ソ連高等教育のパターンをまねて、新しいシステムが組み立てられた。私立大学の接収や1951~1952年に行われた「大学・カレッジの再編成」などは、ソ連モデルに影響されたものと言える[30]。

(4) 私立大学の運命を決定づけるものとしての政治

中国共産党が1921年に成立して以来、マルクス・レーニンのイデオロギーに基づき、階級闘争推進のために教育と政治とのつながりが重視されるようになった。建国後、教育の持つ政治的役割がより強調され、学校は政治闘争の拠点になっていった。

ここで、学校教育と政治との関連に焦点を当てて、接収による私立大学中断の政治的原因を探究することとしよう。

まず、学校教育の階級性についてであるが、共産党の理論によれば、階級社会における学校教育はすべて特定の階級に属し、その階級に奉仕するものであるとされる。すなわち、封建社会における学校教育は、封建地主階級が必要とする人材を育てることによって、その地主階級に貢献し、資本主義社会における学校教育は、資本家階級に奉仕する。例えば、1951年に起った映画『武訓伝』に対する批判運動は、この教育の階級性重視に係わるものであった[31]。この映画の主人公武訓という人物は、太平天国時代山東省の貧しい農民で、義塾（貧しい子供たちを無料で教育する塾）を作るために自らは乞食となり、更に殴られ賃や蹴られ賃をもらったりし

て金を貯め、遂に目標を達成した。映画作者の本意としては、教育界の「義人」として武訓を称賛するつもりであった。しかし、毛沢東などの指導者は、武訓が義塾を作った目的は当時の封建社会と封建地主階級に奉仕することであると指摘し、この映画を厳しく批判した。

　中国では、共産党が自らの政権を樹立する以前の中国は「旧社会」（または「旧中国」、「解放前」）、これに対して、政権樹立後の中国は「新社会」（または「新中国」、「解放後」）と呼ばれるが、私立大学はもちろん「旧社会」の産物であり、その性質は資本家階級や地主階級に奉仕するもの、または彼らの後継者を育てるための機関であるとみなされたのである。これに対して、公立大学はプロレタリア階級の政治に奉仕させる機関として強調された。1961年9月に公布された「教育部直轄の高等教育機関に関する暫定工作条例（草案）」（通称「高教60条」）では、冒頭から「高等教育機関の基本任務は、教育をプロレタリア階級の政治に奉仕させ、教育と生産労働を結び付ける方針を徹底的に実行し、社会主義建設に必要な各種の専門人材を養成することである」と位置づけられている[32]。

　次に、学校と階級闘争との関連についてである。共産党の他の理論によれば、対立階級が存在する社会では、学校は中立的な教育機関となることはできず、かならず階級間の闘争に巻き込まれ、この闘争は、政権が変わった場合に最も激しくなるとされる。建国直前の1949年6月、毛沢東は、「われわれは、勝利したからといって、決して帝国主義者とその手先どもの気違いじみた報復の陰謀に対して警戒心をゆるめてはならない」と述べている[33]。そうした帝国主義者とその手先の陰謀の実現を防ぐために、毛沢東などの指導者は特に教育の分野について常に注意を払い、国家教育方針の策定、学校教育の目標の確立、教育内容と教科書の統一、教員スタッフの養成などの政策は、すべて政治を軸として展開された。また、小学校から大学に至るまで、学校内に共産党の外郭団体、すなわち共産主義少年先鋒隊（略称「少先隊」）、共産主義青年団（略称「共青団」）が組織された。さらに大学の場合には、共産党の組織自体も準備されていた。私立大学などは、資本家階級や地主階級がプロレタリア階級と戦うための拠点であるとして、存在することさえ許されなかった。

　最後に、大学はより直接的に政治闘争の手段と考えられていた。1919年

の「五・四運動」[34]以来、中国の大学は、常に政府以外の政治運動発端の地となってきた。これは、中国の大学の特筆すべき点である。国民党政権の時代、共産党は大学をうまく利用して反政府的学生運動を指導した。共産党の指導者のうちには大学の学生組織出身者が多かった。1949年に政権を握った共産党は、大学の政治的役割をよく知っていた。共産党指導者は、建国後もなお存続していた敵対階級を徹底的に崩壊させるまで決して闘争を止めなかった。共産党と敵対階級との闘いは、戦争の形から戦争以外の形（教育、宣伝、学術、文学、芸術など）へと転換し、大学も銃後から前線へと変わった。これが、私立大学の接収や「大学・カレッジの再編成」が私立小中学校より速やかに行なわれた原因の一つと考えられる。

### 3 「民営大学」の登場

「民営小中学校」の名称と比べると、「民営大学」という名称の歴史はかなり新しいと言える。1950年代末、いわゆる「大躍進」時期の「紅専大学」や1970年代文化大革命時期の「七・二一労働者大学」などは、非常時期の特別な高等教育機関として現れたが、それらは正式に「民営大学」とは呼ばれていなかった。改革開放政策に応じ、1970年代末から1980年代初頭にかけて、北京、湖南、広東でいくつかの非公立の高等教育機関が作り出された。これが、民営大学の最初の登場であった。

この「民営大学」の「民営」は、以前の「民営」とは違う新しい意味を持っていた。歴史的に見ると、1919年の「五・四運動」以来、中国における「非公立」教育には、三つの源流があった。その一つは外国系（主に教会）の私立教育であるが、これは一応本論の主たる対象ではないのでここでは詳論しない。その他の二つは、国民党下での私立教育および共産党政権下の民営教育である。前者は、内容的にも形式的にも近代的意義での私学教育と言えるが、これに対して共産党政権下に現れた民営教育は、以下に述べるように、従来にはなかった特別なものであった。

周知のように、毛沢東によれば、共産党政権の成立過程は農村部から都市部へと進み、「農村から都市を包囲する」（原語は農村包囲城市）ものであった。共産党が全国的な政権を樹立しようとしたとき、まず支配した地域はほとんど農村であった。しかも、その農村は大都市周辺の農村ではな

く、大都市を遠く離れて経済、文化、教育がかなり後れていた遠隔地の農村部であった。このような農村部の農民、労働者あるいは彼らの子供を教育するために、民営学校が作られたのである。これらの民営学校は、近代的学校教育に必要な設備や図書刊行物などはほとんど揃っておらず、また戦争中であったため外界との情報交流も少なく、どこから見ても近代的意味での教育機関とは言い難いものであって、むしろ農村塾のような性格を持っていた。建国後これらの民営学校は、農村部に存在し続けるとともに都市部にも現れるようになったが、農村部でも都市部でも、この「民営学校」の性格にはほとんど変化がなかった[35]。つまり、学校数の多少や地域分布の変化などはあったが、民営学校の質的向上はなかなかできなかったということである。民営学校は低レベル（一般的に中学校以下）の教育普及の役割を担うものとして存在していたのである。

しかし、1970年代末になると、従来の民営学校とは全く違う新しい民営学校（最初に小中学校や高等学校、後に大学）が次第に現れるようになってきた。この新しい民営学校は、実際には、国民党時代における私学の源流を継承したものと考えられる。ここで指摘しておかなければならない

表 1-2　ソビエト区時代の民営学校と新しい民営学校との相異点

|   | ソビエト区時代の民営学校 | 新しい民営学校 |
| --- | --- | --- |
| 誕生の時期 | 1920年代末 | 1970年代末 |
| 誕生の背景 | ソビエト区の共産党政権の成立 | 改革開放、市場経済の形成 |
| 所在地 | 農村部 | 主に都市部 |
| 建学者 | 共産党政権の下部組織（例えば農民協会など） | 主に個人、民主党派、社会団体など |
| 資金源 | 共産党政権の下部組織、民間 | 自らで市場から調達し、政府からの助成がほとんどない |
| 教育目的 | 教育普及、共産党理論の宣伝 | 市場の人材需要、学生の人材になる需要の満足 |
| 教育対象 | 非識字者の貧しい農民、労働者と彼らの子供 | 比較的に余裕がある家庭の青少年、社会人 |
| 授業料の徴収 | 徴収しない | 学生養成コストによる全額徴収 |
| 授業内容 | 識字教育、共産主義の普及 | フォーマル学校教育 |

（出所）筆者作成。

ことは、以前の民営学校と新しい民営学校との根本的相違は、教育設備や図書刊行物などの整備また教育の質の良否ではなく(事実上、新しい民営学校のうちには低質のものも存在していた)、学校と市場間における関連の有無にあったのである。以前の民営学校の目的は教育(主に初等教育)の普及であり、新しい民営学校の目的は、市場需要に応えることである。

表1-2で示したように、「民営大学」の「民営」は、従前の「民営学校」の「民営」とは大きく異なる内容を持っているという点である。「民営大学」の「民営」は文字としては従前の「民営」学校と同じであるが、むしろその中身は、30年ほど前に消滅した「私立大学」と類似しているのである。

なお、一般的に民営大学は、現在でも「私立大学」と「民営大学」との2種の名称で呼ばれているが、公式の場合は「民営大学」に限られる。それでは、政府はなぜ「私立大学」という簡明な名称を避けて、わざわざ曖昧な「民営大学」という名称を使用しているのであろうか。

一つの理由として、前述のように、現在の「民営大学」が様々な「公」的あるいは「部分的公」的機関、組織、団体などから援助を受けていることがあげられよう。しかし、仮にそのように理解したとしても、問題は依然として残る。事実上、国民党時代にも政府や社会団体が私立大学に様々な援助を提供していた。また他の国、例えば日本や韓国でも、その政府が私立大学に提供した援助は中国の場合より多いにもかかわらず、「私立大学」という名称は一切変更されないのである。

したがって、これとは別の解釈が必要となる。歴史を顧みると、共産党政権成立以来、「私」という言葉は常に否定的な用語として使用されてきた。「私」に対する批判は次第に激しくなり、その傾向は文化大革命の時期に頂点に達し、毛沢東が呼びかけた名高いスローガンは、「闘私批修」(私利私欲と戦え、修正主義を批判せよ)であった。「私立大学」もマイナスイメージとして印象付けられ、「反動の私立学校」という用語さえ現れた。私立大学に対するマイナスイメージは他の国においても見られるが(例えば、日本の場合、高額の授業料、教育や研究における相対的に低レベル、水増し入学など)、これらと中国におけるマイナスイメージとは全く異なる。中国の場合は、私立大学が政治批判の対象となってしまったの

である。つまり、「私立大学」という名称は、「私有制」、「資本主義」、「反動」などの用語と同じようなマイナスの歴史を背負ってきた。この点こそ、政府側が「私立大学」を避けて、「民営大学」を使う理由の一つと考えられる。中国語には、「張冠李戴」（張の帽子を李にかぶせる）と「移花接木」（花を木に接ぐ）という成語がある。要するに、政府の「民営大学」という名称の使い方は、「張冠李戴」というより、「移花接木」と言った方が適切ということであろう。このような興味深い現象の裏には、深刻な問題が隠されている。

　1950年代初期に行われた私立大学の接収は、中国高等教育史上の一大事件であったが、その後30年近くを経て、否定され、消滅した私立大学が再び肯定され、支持されて、今日の民営大学として実質的に復活した。ところが、この歴史上の大逆転に対して何らの検証も反省も行われていない。残念ながら実際、1950年代初期の接収時における私立大学は相当な規模を持っており、優れた学部（学科）を持つ大学も少なくなかった。例えば、復旦大学の経済学部、朝陽学院の法学科、金陵大学の農学部、東呉大学の法学院、華西協合大学の経済研究所などは、当時既に数十年の歴史を通じて高い評価を与えられていた。周知のように、良質の高等教育機関を育てるためには、長い時間がかかるものである。世界的に有名な一流大学はほとんど100年以上の歴史を持っている。このような視点で見ると、1950年代初期に行われた私立大学の接収は、中国高等教育の歴史に取り返しのつかない空白を作ってしまったと言わざるを得ない。

　要するに、「民営大学」という独特な用語の解明は、単に語義上の考察では十分とは言えず、これを歴史的な視野で探究すべきものであり、「民営大学」の使用と「私立大学」の回避は、歴史的な責任を逃れようとした疑いがあるとさえ考えられる。

## 第4節　民営大学の定義

　中国の「民営大学」に対する公式定義は、1993年8月17日に国家教育委員会が公布した「民営高等教育機関設置暫定規定」（以下、「暫定規定」と称する）に初めて述べられている。すなわち、「民営高等教育機関とは、

国家機関や国営企業・事業体の組織以外の各種社会組織や個人が自ら資金を調達し、本規定に照らして設置した高等教育学歴取得のための教育を実施する機関」である[36]。

この定義は概ね3部分から構成されている。すなわち①設置者、②資金調達の方法及び③設置の目的である。

しかし、この定義には若干の欠陥あるいは不適当なところがあったため、1997年に公布された「社会諸勢力による学校運営に関する条例」(以下、「条例」と称する)[37]と1998年に公布された「中華人民共和国高等教育法」(以下、「高等教育法」と称する)[38]によって修正されている。

(1)民営大学の設置者に関する問題

「暫定規定」によると、民営大学の設置者として国家機関や国営企業・事業体が除かれているが、これは当時の実情を無視したものであり、また民営大学の発展を阻むという問題も孕んでいた。

社会主義中国では、政府営の公立大学以外では、大きな企業体(事業体)またはその連合体が大学を設置する場合が多い。これは、通常、○○企業職員大学と呼ばれ、企業・事業体自らの職員向けの教育機関である。「暫定規定」では、これは民営大学の範囲に含まれていない。

また、1980年代から一部の企業・事業体が民営高等教育を運営し始めた。これらの民営高等教育機関は従来の職員大学とは異なる。すなわち、①企業・事業体から経費を受けず、自らで資金を調達する。②企業・事業体自らの職員向けではなく、社会に向けて学生を募集する。③運営の自主権は企業・事業体から独立して学校自身が握っている。

1990年代に入ると、大手企業営の民営大学の成長が注目されるようになった。例えば、黒龍江東亜大学、山東浪潮コンピューター訓練学院、浙江万里学院など。そのため、1997年に公布された「条例」は、民営教育機関の企業・事業体による運営を認めた。「条例」第2条は、「企業・事業組織、社会団体およびその他の社会組織と国民個人が国家財政支出以外の教育費を利用して社会のために学校およびその他の教育機関を運営する活動については、本条例を適用する」と述べている[39]。

(2)資金の問題

「暫定規定」によると、民営大学の設置資金は設置者が自らで調達する

が、この資金をどこから調達してくるかについては明記されていない。つまり、資金の調達者と調達方法は規定されたが、資金源には触れられていない。これに対して、上述した「条例」第2条は、「国家財政支出以外の教育費を利用して」と述べ、資金源から民営学校の性格を限定した。

(3)設置目的上の問題

「暫定規定」によると、民営高等教育機関設置の目的は、高等教育学歴取得のための教育を実施することとされているが、これは、従来の中国の高等教育機関では学歴教育しか行われていなかったことに対応している。ところが、生涯教育や高等教育の拡大によって、伝統的な「象牙の塔」のような高等教育の概念が見直され、1998年に公布された「高等教育法」第15条では、この変化を反映して「高等教育は学歴教育と非学歴教育を含む」と規定されている[40]。この条項によって、民営大学は大学としての地位を与えられ、「大学身分確認問題」がようやく解決されたのであった[41]。

以上要するに、「条例」と「高等教育法」によると、民営大学の定義は次のようなものである。民営大学とは、企業・事業組織、社会団体およびその他の社会組織と国民個人が国家財政支出以外の教育費を利用して、社会のために後期中等教育後の教育を行う学校およびその他の教育機関である[42]。

この定義の構成要素は次の4点である。①学校の運営者は、企業・事業組織、社会団体、その他の社会組織、個人である。②学校の資金源は、国家の財政による教育費以外の資金である。③社会向けの高等教育機関である。④教育の目的は学歴取得だけではなく、後期中等教育後の知識や技能を与える教育を行うことである。

おわりに

本章で解明したことは、「民営大学」という用語である。

この用語解明のアプローチは、次のようなものである。①用語の語源、②用語の意味、③用語と類似用語との比較、④用語が生まれた歴史・社会的経緯、即ち、「民営」の語源、「民営大学」の語義、「民営」と「私立」、

「社会諸勢力営」との相違点、「民営大学」の用語使用の社会的近因、歴史的遠因から「民営大学」を考察した。

留意すべき点は、「民営大学」という用語に対する政府の態度である。政府側の「私立大学」の回避と「民営大学」の使用、さらに「社会諸勢力営」という独特且つ曖昧な用語の創出には、単に語義上の考慮だけではなく、私立大学の接収や私学に対する批判などいろいろ歴史的・政治的な理由もあったと思われる。換言すれば、「民営大学」というユニークな用語の背後には、中国の私立高等教育または私立高等教育政策の独特な歴史経緯があり、「私立大学」から「民営大学」への用語の転換は、私立大学接収から民営大学奨励への政策大転換を反映したものと考えられる。

この意味で、「民営大学」という用語は、中国の民営大学とこれに対する政府政策に関する研究の原点とも言える。

## [注]

1　朱有瓛主編『中国近代学制史料』第3集上冊 華東師範大学出版社、1987年、111〜128頁参照。
2　董純才主編『中国革命根拠地教育史』教育科学出版社、1991年、参照。
3　例えば、私立華聯学院、私立松花江大学、私立威海外国語学院など。
4　北京市社会諸勢力による学校運営の問題に関する研究課題組編『関於北京市社会力量辦学問題的研究』、1990年。
5　地方政府が公布した法規の唯一の例外は、1995年に広東省政府が公布した「広東省私立高等学校管理辦法」である（『広東政報』1995年第20期）。
6　「民辦高等学校設置暫行規定」『中国教育報』1993年8月26日。
7　中国には共産党のほかに、「民主党派」と呼ばれるものが8個ある。この8つの政党は次のようなものである。
①中国国民党革命委員会（略称民革）：1948年、蒋介石の独裁に反対する国民党内の革新派により結成。②中国民主同盟（略称民盟）：1941年結成の民主政団同盟が前身。中・上層の知識人が中心。③中国民主促進会（略称民進）：1945年結成。教育界と文化出版界の知識人が主体。④中国農工民主党：1930年結成の中国国民党臨時行動委員会が前身。医学・薬学・衛生関係者が主体。⑤中国致公党：1925年結成。華僑の政治結社だったが、1949年以降は海外での活動をやめた。帰国華僑の著名人が主体。⑥中国民主建国会（略称民建）：1945年結成。民族資本家およびこれと関係の深い知識人が中心。⑦九三学社：1944年設

立の民主科学座談会が前身。科学技術分野の学者・専門家が主体。⑧台湾民主自治同盟（略称台盟）：1947年結成。民主化運動を進めた台湾省出身者の組織。
8　国家教育委員会法規司張文の解釈によると、「民営学校のうち私立学校を除いて、社会団体、民主党派が自らの資金で各種の学校を運営している。これらの学校は、厳密には私立学校とは言えない。立法に当っては、私立学校を含むこれらの学校を民営学校と称する」（張文「有関民办学校的立法」張志義主編『私立、民办学校的理論與實践』中国工人出版社、1994年、339頁）。
9　杜作潤他『高等教育的民办和私立』上海科学技術文献出版社、1993年。
10　国務院「社会力量办学条例」『人民日報』1997年8月12日。
11　『中華人民共和国憲法 1982』人民出版社、1982年、14頁。
12　デイヴィッド・スローパー、レ・タク・カン他（大塚豊監訳）『変革期ベトナムの大学』東信堂、1998年、205〜215頁参照。
13　例えば、1995年10月に厦門大学で開かれた「アジア太平洋地域私立高等教育国際シンポジューム」（原語は、「亜太地区私立高等教育国際研討会」）では、中国からの出席者が「社会諸勢力営」を使用せず、「中国の私立高等教育」という用語を使用したが、これは、すでに国際的用語となっている「私立」を使用することによって、他の国の参加者の誤解を避けるためであったと思われる。
14　例えば、湖南省副省長の論文「可貴的探索、喜人的前景」には、「民営学校」、「私立学校」、「社会諸勢力による学校運営事業」の三つの用語を混同しており、理解を困難にしている（『民办教育』1999年第3期、10〜11頁）。
15　前掲、『中華人民共和国憲法 1982』、14頁。
16　中国共産党中央委員会「関於教育体制改革的決定」『人民日報』1985年5月27日。
17　『中華人民共和国憲法 1954』人民出版社、1954年、26頁、『中華人民共和国憲法 1975』人民出版社、1975年、14頁、『中華人民共和国憲法 1978』人民出版社、1978年、9頁、21頁参照。
18　この「名義借り」については、本書第2章第4節参照。
19　「中華人民共和国憲法修正案 1988」『中華人民共和国憲法 1988』人民出版社、1988年、51頁。
20　教育部は1982年6月国家教育委員会と改称し、1998年の行政改革の時にまた教育部という名称に戻った。
21　宣虹「北京市解放前後私立学校」、張志義主編、前掲書、68頁。
22　「第一次全国高等教育会議」『新華月報』第2巻第3号（1950年7月）、654〜655頁。
23　『関於当前教育建設的方針』人民教育出版社、1952年、195頁。
24　劉光主編『中国高等教育大事記1949〜1987』東北師範大学出版社、1990年、参照。
25　宣虹、前掲論文、70頁。
26　「大躍進」時期に「紅専大学」、また文化大革命時期に「七・二一労働者大学」があったが、ほとんど国営あるいは公営企業・事業体が出資し、企業・事業体自らの従業員の訓練のために作った学校だったので、一般的に「民営大学」

とは言えない。
27 王炳照主編『中国古代私学與近代私立学校研究』山東教育出版社、1997年、276～283頁参照。
28 大塚豊『現代中国高等教育の成立』玉川大学出版社、1996年、49～54頁参照。
29 毛沢東「中華人民共和国第1届全国人民代表大会第1次会議開幕詞」『中華人民共和国憲法 1954』人民出版社、1954年、32頁。
30 Roderick MacFarquhar and John K. Fairbank *The Cambridge History of China, Vol. 14*, Cambridge University Press, 1987 (謝亮生他 中国語訳)『剣橋中華人民共和国史 1949～1965』中国社会科学出版社、1990年、205～211頁参照。または、大塚豊、前掲書、155～161頁、202～207頁参照。
31 前掲、『剣橋中華人民共和国史 1949～1965』、247頁。
32 教育部「教育部直轄の高等教育機関に関する暫定工作条例（草案）」大塚豊「中国高等教育関係法規（解説と正文）」広島大学大学教育研究センター『高等教育研究叢書8』、1991年、17頁。
33 毛沢東「新政治協商会議準備会での講話」『人民日報』1949年9月22日。
34 「五・四運動」とは、1919年5月4日、北京大学の学生を中心とした学生デモが軍警と衝突したことに端を発し、それが全国的な民衆運動へと発展した反帝国主義反封建主義制度運動である。直接的には第一次世界大戦後、日本の21ヵ条要求を承認し、山東半島におけるドイツの租借権を日本が譲りうけることを認めた北京の軍閥政府に対する不満として起ったものである。この運動には、2か月にわたって約200の都市で多数の学生、教員、商人、労働者、農民が参加した。この事件は、中国の現代史の始まりとされる。
35 斎藤秋男『中国現代教育史――中国革命の教育構造』田畑書店、1973年、144～146頁。
36 前掲、「民办高等学校設置暫行規定」。
37 前掲、「社会力量办学条例」。
38 「中華人民共和国高等教育法」『人民日報』1998年8月31日。
39 前掲、「社会力量办学条例」。
40 前掲、「中華人民共和国高等教育法」。
41 1998年、全国で学歴証書授与権がある民営大学は僅か22校しかなかったのに対して、圧倒的多数の1,095校（学歴証書試験学校を含む）は学歴証書授与権を持っていなかった（瞿延東「要認真総結民办教育的基本経験和規律」中国成人教育協会民営高等教育委員会編『中国民办高等教育的理論與実践（二）』大衆文芸出版社、1999年、2頁）。つまり、「中華人民共和国高等教育法」を公布する以前には、大多数の民営大学は正式な高等教育機関と認められていなかったということである。
42 この定義の根拠は、「社会力量办学条例」第2条、「中華人民共和国高等教育法」第2条、第6条、第15条である。

# 第2章　民営大学の誕生

　民営大学の誕生については、次の3点を明確にしておく必要がある。第一は、民営大学の誕生と言っても、1校か2校の民営大学ということではなく、ある時期に複数の民営大学（あるいは民営大学群）が設立されたことを意味する。本書では、それらの民営大学を「初期民営大学」と言う。第二は、「初期民営大学」とは、時間的に見て、1982年12月4日に全国人民代表大会で可決された「中華人民共和国憲法」（以下、「1982年憲法」と称する）が公布される以前に設立された民営大学である。「1982年憲法」によって政府の民営教育に関する政策が明確に打ち出されたのである。第三は、学校の性格について、初期民営大学は多くの場合、大学受験準備の訓練クラス（あるいは訓練学校）から発展してきたものである。それらのクラス（あるいは学校）は民営大学の前身と言えるが、本格的な民営大学とは言えない。そこで、本書で使用する「初期民営大学」とは、1982年12月3日以前に成立したものであって、高校以後の教育を行い、大学・学院あるいは専科学校などの学校名をつけた民営高等教育機関を言うこととする。

## 第1節　民営大学誕生の背景

### 1　共産党指導部の政策転換

　1977年8月、中国共産党中央委員会は10年余りにわたった文化大革命の正式な終結宣言を出した。共産党の指導部は、階級闘争を中心とする戦略から、経済・社会の発展を目指すいわゆる「四つの近代化」[1]の戦略へ転換したのである。1978年末、中国共産党中央委員会第11期代表大会第3次全体会議はさらに思想開放の方針を打ち出した[2]。この会議によって中国は改革開放の時期を迎え、国民経済と社会発展に一層の拍車をかけた。
　この政策の転換に伴って、共産党はインテリを疑ったり差別したりする

立場から、インテリと知識を重視する政策へと移行したのである。1978年3月に、全国科学大会が開かれ、知識人は労働民衆（原語は、労働人民）の一部と認められ、知識人重視策が打ち出された[3]。1979年3月に、中国共産党中央委員会は1971年8月に批准された「全国教育工作会議紀要」の撤回を決議した[4]。1980年4～5月にかけて、全国教育工作会議が開かれ、教育と知識人の重要性が強調された[5]。当時流行した言葉は、「九番目は去らせてはならない」（原語は、老九不能走）[6]、「知識は力である」（原語は、知識就是力量）であった。

この政策転換に関連して、共産党指導部はもう一つの重要な方針を打ち出した。これは、鄧小平の言葉にある「猫は白、黒を問わず、鼠を取る猫がよい猫だ」という有名な「猫理論」である。つまり、社会主義とか資本主義とかの名称にかかわらず、実際の成果で評価するということである。この方針によって国の全体的な社会主義指向を変えることはないが、実際の行動に関しては、社会主義か資本主義かを問わず、経済・社会の発展という成果を目指して努力していくというのである。

## 2 改革開放によってもたらされた人材需要

一方、文化大革命のために高等教育機関は百万人もの大学卒業生を養成することができなかったので、専門人材に「断層」ができていた。

1981年、上海市経済計画委員会科技幹部処が行った調査によると、市の465万在職者のうち、短期大学卒業以上の学歴を有する者は僅か1.4％しか占めていないのに対して、高校、中学校、小学校の卒業者は、それぞれ10％、43％、40％であった。また、財務、貿易セクターの在職者のうち、短大卒業以上の学歴を有する者は、僅か0.87％であり、会計担当の3万人のうち、会計士の資格を有する者は僅か6％であった[7]。

社会の大転換と経済の成長に伴って、人材に対する需要にも新しい傾向がでてきた。①社会諸分野の活動が経済建設を中心として軌道に乗り、これらに対応する応用型人材の不足が顕著になった。②経済発展と密接な関係にある部門で人材需要が急激に増大してきた。例えば、国内通商、国際貿易、会計、会計監査、税務、訴訟、通信、金融、パソコン、旅行、飲食・

ホテル経営などのサービス業など。③新たな経済部門の発生あるいは発展によって、新しい分野の人材養成が急務となった。例えば、不動産、証券、保険、広報、美容、服装デザインなど。④外資の導入に伴って、外資系企業および中外合弁企業に適応できる人材の需要が次第に高まってきた。これらの人材に対しては、専攻の学問以外に少なくとも一か国の外国語能力や国際的な知識を持つことが要請されるようになった。これらの新しい要請に対して、既存の公立大学で育てられた人材では、それを満足させることがなかなかできないのが実情であった。

### 3 高等教育に対する需要の急増

1977年12月に、文化大革命によって10年余り途絶えていた全国の高等教育機関の統一入試制度が再開された。文革時に進学のチャンスを失っていた人たちが受験に殺到した[8]。ところが、文革中はすべての高等教育機関がほとんど停滞状態になっていたため、統一入試を再開しようとしても、機関数や機関内の校舎、設備、教員なども限られており、多数の受験者を入学させることができなかった。1977年と1978年の受験者1,200万人のうち、進学者は67.5万人であって、進学率はわずか5.6%であった。その時、受験準備のために、かつて高校に勤めていた教師たちが作った補習学校（あるいは補習クラス）があちこちに現れた。これらの学校の中に短期大学あるいは専門学校がいくつもあった。また、一部の大学関係者（定年退職者または在職の教員、専門家、管理者など）が身につけていた知識や経験を生かし、民営高等教育機関を作り始めた。他方、1979年に中央放送テレビ大学が創設されたのに続いて、各省・自治区・直轄市の放送テレビ大学が新設ないし再開された。1980年には高等教育独学試験制度が実施された[9]。この放送テレビ大学や独学試験の受験生を指導するため、民営大学の役割が一層要請されるようになってきた。

### 4 公立高等教育の実状に関する諸問題

当時の中国における公立大学は経済・社会の求めに応えきれなかった。それは次に示すような諸点に見られる。

(1) 高等教育の規模拡大と投資の不足

世界最大の発展途上国である中国では、高等教育の規模拡大の需要に対して施設の改善や投資の拡大などが非常に困難であった。1978年以来、国の高等教育投資の増加速度は、国のGNPの増加速度を上回ってはいたが、アジアの多くの国と比べて見るとなお低位にあった。総人口に対する大学生数の割合も以下に示すように低かった。

表2-1　教育投資と第三段階教育学生数の各国比較（1980年）

| 国　別 | 公的教育経費のGNP比率 | 10万人の国民に対する第三段階教育学生数 |
| --- | --- | --- |
| 日本 | 5.8 | 2,065 |
| 韓国 | 3.7 | 1,698 |
| インド | 2.8 | 515 |
| パキスタン | 2.0 | 189 |
| マレーシア | 6.0 | 419 |
| フィリピン | 1.7 | 2,621 |
| タイ | 3.4 | 1,284 |
| ベトナム | 不詳 | 214 |
| ネパール | 1.8 | 259 |
| 中国 | 1.9 | 117 |

（出所）ユネスコ編（永井道雄監訳）『ユネスコ文化統計年鑑1994』より作成。

(2) 高等教育に内在する問題

高等教育の規模やそれへの投資が人材の市場需要に比して遅れていたことを「全体的」遅れとすれば、高等教育が育てた人材の不適性は、「構造上」の遅れと言えよう。

高等教育は従来長期にわたって専科の学生の比率が低すぎ、社会の実際需要に著しく不適合であるという問題を抱えていた。例えば、北京市にある機械工業系統の140の工場のエンジニアについて、その職務と学歴の構造を調査した結果を見ると、工場の設計、プロセス、施工部門のスタッフのうち、大学本科卒業生と専科卒業生の合理的比率はそれぞれ1：1.74、1：1.77、1：1.59であるということであったが[10]、他方、それに相応するエンジニアを養成する大学工科在籍の本科、専科学生の比率は、1978

年には1:0.08、1980年には1:0.11で、実際の需要とは相反する状態であった。農学、林学といった分野にも類似の問題が存在した。こうした状況は、工業、農業といった産業部門の各レベルの専門人員の不均衡配置につながり、専門人材が本来逼迫している状況の下で、相当数の大学本科卒業生が専科卒業生が担当すべき仕事を行わなければならないことになり、人材使用上のミス・マッチを生み出していたのである[11]。

**表 2-2** 全日制公立高等教育機関に在学する大学院生、本科生、専科生の比率（%）

| 年 度 | 大学院生 | 本科生 | 専科生 | 合計（%） |
| --- | --- | --- | --- | --- |
| 1977 | - | 97.3 | 2.7 | 100 |
| 1978 | 1.2 | 52.9 | 45.9 | 100 |
| 1979 | 1.8 | 64.6 | 33.6 | 100 |
| 1980 | 1.9 | 74.0 | 24.1 | 100 |
| 1981 | 1.5 | 81.7 | 16.8 | 100 |
| 1982 | 2.2 | 78.8 | 19.0 | 100 |

(出所) 郝克明、汪永銓編『中国高等教育結構研究』人民教育出版社、1987年、51頁より作成。

**表 2-3** 全日制公立高等教育機関における各科の在学生の比率

| 専 攻 | 1977年 | 1978年 | 1979年 | 1980年 | 1981年 | 1982年 |
| --- | --- | --- | --- | --- | --- | --- |
| 工 業 | 33.4 | 33.6 | 33.9 | 33.5 | 36.0 | 34.3 |
| 農 業 | 8.6 | 6.3 | 5.7 | 6.2 | 6.2 | 5.7 |
| 林 業 | 1.1 | 0.9 | 1.1 | 1.0 | 1.1 | 1.0 |
| 医 薬 | 15.0 | 13.2 | 12.5 | 12.2 | 12.4 | 14.3 |
| 師 範 | 26.4 | 29.2 | 30.5 | 29.6 | 25.1 | 25.4 |
| 文 科 | 5.6 | 5.4 | 5.6 | 5.1 | 5.4 | 5.1 |
| 理 科 | 6.7 | 7.5 | 6.9 | 7.3 | 7.8 | 7.0 |
| 財 経 | 1.3 | 2.1 | 2.1 | 3.3 | 3.7 | 4.7 |
| 政 法 | 0.1 | 0.2 | 0.3 | 0.5 | 0.8 | 1.2 |
| 体 育 | 1.0 | 1.0 | 0.9 | 0.8 | 0.9 | 0.8 |
| 芸 術 | 0.8 | 0.6 | 0.5 | 0.5 | 0.6 | 0.5 |
| 合計(%) | 100 | 100 | 100 | 100 | 100 | 100 |

(出所)表2-2に同じ、142頁による。

また、開設された専攻科目の配置も不合理な状態になっていた。1970年代末になると、財政・経済、政治・法律などの部門で専門人材の不足は日増しに深刻になった。ある調査の結果によると、1979〜1980年に、全国の財政・経済系統の管理スタッフのうち大学本科卒業及び専科卒業の学歴を身につけたものはわずか2.9%を占めるのみであり、そのうち人民銀行系統の職員のうち大学・高専卒業生はわずか2・1%にすぎなかった。全国裁判所系統の職員のうち大学・高専卒業生は3.5%を占めるだけであり、検察系統では2.2%にすぎなかった[12]。財政・経済、政治・法律の専門人材が著しく不足している状況にあるにもかかわらず、高等教育機関においてこれらの科の学生が占める比率は低すぎ、さらに、管理などいくつかの専攻については空白状態であった。

伝統的な高等教育のもう一つ欠点は、学生に対して知識(特に基礎理論)の授与を重視し、応用能力の訓練を軽視したことである。このような方針によって養成された大学卒業生は、「高知低能」(成績が良いが実践能力が低い)の場合が少なかった。また公立大学、特に重点大学の卒業生が肉体労働や雑用的な仕事にやる気を失い、雇用者側が困惑したというようなケースがしばしばあった。エリート型の人材より、実用能力を身につけた「応用型」の人材の不足が顕著になってきた。

このような「内在する」問題に対しては、教育行政機関や大学がいろいろな改善措置を講じてきたが、短期間に抜本的な改革は困難であった。例えば、新しい専攻(科目)設置の経費の出所、教員の配置、廃止した専攻(科目)担当教員の処遇など。また公立大学の場合は、新しい専攻(科目)の設置や学生募集数には教育部の承認が必要だが、申請手続きは複雑であり、審査に時間がかかるなどの問題もあった。

(3) 大学卒業生の職場配置の問題

中国では、公立大学の卒業生に対して職場配置制度を行っていた。つまり、国が毎年、国民経済建設や社会発展の需要及び大学卒業生の状況に基づいて計画を策定し、これに応じて、基準に合格し国による職場配置に従うことを希望する卒業生については、政府が責任を持って処置するのである。

この「国による計画的統一的な職場配置」制度によって、大学卒業生の職場配置には二つの傾向が見られるようになった。その一つは、政府教育機関（とくに高等教育機関）、大手国営会社への重点配分である。大学生は国費で養成されており、国のために使うことは、政府にとって当然なことであった。今一つは、事実上、大都市に重点配分されたことである。大都市は政府機関の集中地であり、またそこには大手国営会社や高等教育機関が集まっていて、使用者が大学卒業生を優先的に選択することは言うまでもない。その結果、非国営企業、または中小都市の人材需要は重視されていなかった。

　1980年代以降、沿海部の経済特区や新しい経済発展地域、例えば深圳、珠海、寧波、温州、張家港などの中小都市で、経済の急激な発展に伴って生じた人材不足の問題は深刻となった。また、私営企業、外資系企業、中外合弁企業の人材需要も日増しに増えてきた。

　他方、大都市の内部でも大学卒業生の配置に不均衡が存在していた。大都市近郊の農村部（中国語で「郊県」と言う）、あるいは大都市の中でも区とか街道レベルの機関・団体では、大学卒業生に対する需要が十分に満たされない場合もあった。

## 第2節　初期民営大学の創立者とその建学目的

### 1　創立者について

　1979年初頭から1982年末にかけて、全国で8校の民営大学が誕生した。この8校は文革後の民営大学の第一陣であり、文字通りの初期民営大学と言えよう。

　初期民営大学の創立者を大別すれば3種類となる。①大学の関係者。北京自修大学は、北京師範大学、北京師範学院などの大学の文科系の教員が設立したものである。中華社会大学の創立者は主に大学の管理者と教授であり、九嶷山学院の場合は元中国農業大学の学長である。②高校の教員や管理者。韮菜園業余大学、長沙東風業余大学の創立者はほとんどが高校の定年退職教員や管理者である。③専門家あるいは経験のある技術者。曙東

財経専科学校の設立者は、財務や会計に豊富な経験を持っている。中国邏輯輿語言函授大学の創立者は大部分が論理学の専門家(大学関係者も含む)である。

表 2-4　　　　　　　　　初期民営大学の一覧表　　　　(2001年12月現在判明分)

| 大　学　名 | 設立時間 | 創　立　者 | 所在地 | 認　可　機　関 |
|---|---|---|---|---|
| 北京自修大学 | 1979. 1 | 李燕傑等 | 北京市 | なし |
| 韭菜園業余大学[13] | 1980. 9 | 彭顕耀等 | 湖南長沙 | 長沙東区教育局 |
| 長沙東風業余大学[14] | 1980.10 | 劉家道、梁士頤 | 湖南長沙 | 長沙南区教育局 |
| 曙東財経専科学校[15] | 1981. 1 | 蒋宗祺、徐行方等 | 湖南長沙 | 長沙東区教育局 |
| 九嶷山学院[16] | 1981. 3 | 楽天宇 | 湖南寧遠 | なし |
| 中華社会大学 | 1982. 3 | 聶真、范若愚等 | 北京市 | 北京市教育局 |
| 広東業余大学 | 1982. 3 | 中国民主同盟広東省委員会 | 広東広州 | 広州市教育局 |
| 中国邏輯輿語言函授大学 | 1982. 4 | 中国論理学会、北京教育学院崇文分院 | 北京市 | 北京市教育局 |

(出所)各校のパンフレット、中国成人教育協会民営高等教育委員会編民営大学に関する書籍、各校に関する論文、筆者の現地調査より作成。

　学校の創立者については四つの特徴がある。①創立者には、定年退職者が多い。例えば、湖南省における4校の創立者はほとんど定年退職者である。他の4校の創立者も、定年退職者あるいは定年に近い者である。②創立者の中には建国後の政治運動(反右運動や文革など)による被害者が少なくない。押さえられてきた彼らの教育に対する熱意が国の大転換によって吹き出したものと思われる。③創立者の中には民主党派の党員が多い。韭菜園業余大学、長沙東風業余大学、曙東財経専科学校の創立者は大部分、中国民主同盟、国民党革命委員会のメンバーであり、また広東業余大学は中国民主同盟広東省委員会によって建てられたものである。中国邏輯輿語言函授大学の創立者の中には、九三学社[17]のメンバーがいる。④一部の創立者は建国前の私立学校の出身者であり、私学の伝統を受け継ぐという意識を持っている。例えば、曙東財経専科学校の創立者は、ほとんど私立明徳中学校・私立明徳大学の卒業生で、彼らは常に、その学校の創立者胡子靖の名言「血を磨いて、国を救う」[18]を掲げている。

## 2 建学の目的について

　初期民営大学創立者の建学の目的には、大別して次のような二つがある。一つは、身につけた知識や技術を活かして国あるいは社会のために人材を育てる。今一つは、文革のため大学進学のチャンスを失った青年の進学希望を実現するためである。

　韮菜園業余大学の元教師（後に学長になった）廖経池は、建学の目的について次のように回顧している。「韮菜園業余大学の創立者と教職員（ほとんど定年退職者）は、皆心苦しく思っている。文革10年の大災難は若い世代に悪影響を及ぼして、祖国の文化教育に大きな人材断層が出来てしまった。韮菜園業余大学の創立者は共産党の憂いを分担し、国のために人材を育て、社会の要請に応じ、最初は補習クラスを作り、次第に学校を拡大してきた」[19]。

　曙東財経専科学校の校長周懐久は、1989年、建校10周年の際次のように述懐した。「共産党の第11回中央委員会第三次全体会議で混乱を収め、秩序を取り戻す策を定め、春風が吹き出して、万物がよみがえった。1979年の始め、省の都長沙で財務会計界の定年退職者同士が集会した際、皆は我が国の財務・経済人材の不足、後継者の乏しいことを痛感し、自らも国に報いるべき日が残り少ないと思った。自分の経験を活かして人材を育てるために、この学校を創立した。開設した専攻は主に財務・経済であった。建学の主旨は、湖南省における学界の先哲を模範として短期大学卒の財務・経済人材を育て、また、現職の財務・経済人員を訓練し、青年たちに勉学と能力向上の機会を与えるためである」[20]。ちなみに、学校の名称に用いられた「曙東」とは東の曙の意である[21]。

　中華社会大学の名称も国の繁栄と関連する。「中華」民族を振興し、「社会」に立ち上がらせる」という含意である[22]。

　北京自修大学の創立者李燕傑は筆者のインタビューに対して次のように語っている。「20数年前の文革終結後、多くの青年が私に手紙をくれた。その手紙の内容は『失』をめぐるものが多かった。すなわち、失学、失意、失敗、失望、失業、失恋、など。そこで、私は10数人の大学文科系の教員を集めて、民営大学を設けることを決意した[23]。そのため、当初毛沢

東が湖南省で自修大学を創設したことに倣い、民営の北京自修大学を設けた」[24]。

九嶷山学院は初期民営大学の中で唯一つ遠隔の山地に設けられたものである。学院の創立者楽天宇は地元の教育事業が立ち後れていることを痛感し、その地域の漢民族や少数民族の貧しい青年の持つ大学進学の希望を実現するために、自分の定年退職金全額を使って九嶷山学院を設けたという[25]。

## 第3節　初期民営大学の運営状況

### 1　学校の管理運営機構（指導部）

初期民営大学の管理運営組織は、大別すれば次の3種類となる。

(1)学長責任制

学長責任制を採る民営大学は、外部からの援助を受けず、外部（地方政府、企業、民主党派など）との関わりも薄く、学長が学校の最上級のリーダーであって、学校の経費調達と意思決定もほとんど学長個人で決める。

九嶷山学院では、学校の企画・準備や運営などをすべて学長（創立者）が行っていた。長沙東風業余大学も創立者が学長になって、学長責任制をとっていた。韮菜園業余大学では、開学当初、学長責任制をとっていたが、3年後理事会を作って、理事会指導下の学長責任制に転換した。

(2)理事会指導下の学長責任制

理事会のある民営大学は外部との交流や連携がより多く、広く行われ、学長も理事会によって任命される。理事も、主として次のような者によって構成される。①定年退職した共産党や政府の官僚。②学校と関連のある現職官僚。③公立高等教育機関（主に有力な大学）の元学長や上部管理者。④学校を援助する実業家。⑤教育専門家。⑥その学校の主な管理者（学長、副学長）。理事会は大体年に1回か2回ほど開かれる。

中華社会大学は初めから、54人で構成された理事会を設け、理事会の規則を制定して、理事会指導下の学長責任制を行っていた。

(3)校務委員会指導下の学長責任制

校務委員会と理事会との差異は、次の点にある。①理事会の中核は理事長または常務理事長であり、校務委員会の核心は学長である（理事長が学長と同じで兼任するケースもある）。②理事会は多くの場合諮問機構であるが、校務委員会は意思決定や決断の機構である。③一般に、校務委員会の委員構成は、校内責任者や管理者の占める比率が理事会より多く、校務委員会は会合の回数も理事会より多い。

なお、ここで指摘しておかなければならないことは、理事会制度の有無とは関わりなく、ほとんどの民営大学で、その経営管理上の実質責任者は学長であるのが実情である。学長を中心として理事を選び、理事会を組織するケースもある。

曙東財経専科学校は建学準備中に校務委員会を発足させ、校務委員会指導下の学長責任制を行った。学校規則は「校務委員会は学校の権力機構である」と規定し、校務委員会の組織形式、委員の選任方法、待遇などについても明確に規定している。中国灑輯與語言函授大学は専門家によって校務委員会を設立し、校務委員会指導下の学長責任制を行っていた。

## 2 学生の募集と就職

初期民営大学では主に地元から学生を募集していた[26]。学生は、在職の社会人、公立大学入試の落第者、知識青年[27]がほとんどであった。

長沙東風業余大学の資料によると、学生はほとんど湖南省の出身で、その中には様々な在職者がいる。例えば、左官、大工、旋盤工、鋳物工、電工、鍛造工、コック、運転手、店員、サービス係、配置係、理容師、警察、会計、レジ係、共産党・共産主義青年団の幹部、役人、工場長、経理、部課長、技術者、エンジニア、幼稚園・小中学校・高校の教職員、医者、看護婦、などである[28]。

初期民営大学の学生募集ルートは、社会への一般募集の他に、契約あるいは委託訓練もある。例えば、曙東財経専科学校は、1981年と1982年に、工業会計専攻の専科生四百数十人を一般募集した他に、長沙市冶金機械局、湖南省紡績工業会社（原語は、湖南省紡績工業公司）、湖南省農業庁、長沙市民政局、湖南省電機局、湖南省水電局などの委託によってそれぞれの

在職スタッフの訓練を行っている[29]。

　民営大学は公立大学とは異なり、卒業生の職場配置を行っていないため、卒業生は学校の推薦や自分の就職活動によって就職することになる。中華社会大学の統計によると、1985年に卒業した学生（1982年に入学）の就職状況は次のようであった。

表 2-5　　　　　　　中華社会大学 1985 年卒業生の就職状況

| 国家機関 | 研究機関 | 大学 | 新聞出版 | 医療機関 | 会社 | 工場 | 飲食業 | 外系企業 | 海外留学 | 自営業 | 合計 |
|---|---|---|---|---|---|---|---|---|---|---|---|
| 57 | 25 | 58 | 17 | 2 | 60 | 39 | 18 | 14 | 40 | 1 | 331 |

（注）　卒業生には在職者も含んでいる。
（出所）于陸琳主編『没有囲墻的大学——中華社会大学成立10周年文集』、1992年、364頁。

　また、卒業生の大部分は地元で就職しており、上記の卒業生は海外留学を除いて、ほとんど地元の北京で就職している[30]。曙東財経専科学校の統計によると、1979年から1986年までの卒業生2,778人のうち、地元湖南省で就職した者が2,661人であり、卒業生全体の95％以上を占めていた[31]。

### 3 資金と校舎・設備

　初期民営大学はほとんど「三無」から出発した。「三無」とは、校舎がなく、経費がなく、専任教員がないということある。

　九嶷山学院が遠隔山地で発足したとき、道路もなく、電気もなく、山麓のぼろ寺を借りて校舎とした。学校の創設経費は創立者個人の貯金人民元50,000元であり、学校の運営経費も彼の毎月の定年退職金人民元300元であった[32]。

　北京自修大学が成立した時、予定募集学生定員40～50人に対し、第1日目に予想外の応募者が800人を超えてやってきた。学校側は慌てて三里河の労働組合クラブと相談しそのクラブを借りて講演を行った。翌日、また1,000人近くの応募者が殺到したので、学校側はやむを得ず、新街口映画館を借りて講演したという[33]。

　長沙東風業余大学の創立経費は創立者二人の貯金人民元50元であり、

手動印刷機1台とチラシ用の紙を買って、長沙市第17中学校の粗末な平屋を借りて授業を始めた[34]。

曙東財経専科学校の創立時には、机や椅子、算盤、さらに始業・終業用の鈴もすべて借り物であった[35]。

以上要するに、初期民営大学の基盤は非常に弱く、校舎はすべて借りものであり、運営経費はほとんど授業料収入によるものであった。

### 4 専攻・カリキュラム・教員

初期民営大学の専攻設置については、次の2点を指摘したい。一つは、設置された専攻は文科系が多く、理科系や工科系がほとんどないことである。初期民営大学の開設した専攻には、文学、外国語、経済、管理、会計、秘書、心理学などが多かった。今一つは、専攻の設置は学校の創立者の専門分野に関わるものが多かったことである。北京自修大学の創立者李燕傑は北京師範学院中国言語文学学部の教員であり、学校開設当初の専攻は文学であった。九嶷山学院の創立者楽天宇は北京農業大学の元学長・教授であり、学院に農林専攻が設けられた。曙東財経専科学校の創立者は財務・会計の専門家また経験者であり、学校に良質の財務・会計専攻を設けた。

初期民営大学の学生は成人が多かったので、学校側が学生に応じてカリキュラムを工夫した。曙東財経専科学校が発足した時、武漢市や長沙市における公立大学のカリキュラムをまねて授業を行っていた。これに対し、公立大学のカリキュラムは基礎的な理論を重視するあまり、応用面に注力しないので、学生が教科書で学んだ知識はなかなか応用できないという傾向があった。学校側は随時「教員の教科書を書くことに関する奨励方法」を定め、教員に成人学生向けの教科書を書くことを勧めた。教員たちは1982年までに20数種類計100万字の教科書を書いたという[36]。中国邏輯與語言函授大学、北京自修大学も学生の実状に応じて多の科目の教科書を作った。

初期民営大学の教員は、大部分公立大学の定年退職者や在職者であった。教員の募集と選任は多くの場合、学校の創立者や経営者が行った。教員と学校側との関係は契約で結ばれており、学校側と教員側のどちらからでも

解約できることになっていた。学校側は教員に授業料と通勤手当を支ったが、公立大学の教員のような処遇（例えば、公費医療、定年退職金、その他の手当など）は与えなかった。

## 第4節　初期民営大学の「名義借り」

　大部分の初期民営大学は「名義借り」を行っていた。「名義借り」とは、当時の様々な社会的事情から個人あるいは複数の個人による民営大学の設立が容易に認められなかったため、他の機関や団体などの名義を借りて学校設立を政府に認可してもらうことである。「名義借り」の民営大学はほとんど名義の貸し手からは援助を受けず、逆に相手に名義料を支払わなければならなかった。

　中華社会大学は、「全国科学社会主義学会」と「北京科学社会主義学会」の所属教育機関の名義で設立の申請届を出し、北京市教育局に認められた。実際には、学校とそれらの「学会」との所属関係は一切なく、「学会」からは何の援助もなく、逆に、「学会」に定期的に金を支払わなければならなかった[37]。北京自修大学も国家石炭部に名義を借りて運営を行い、石炭部に金を支払っていた[38]。

　民営大学の「名義借り」現象は特定の歴史的な条件の下で起こったものである。それは、「1982年憲法」を公布する以前には、民営教育に関する法律は全くなかったためである。その当時は「左」の影響がかなり残っており、一般庶民だけではなく、政府の役人の中にも個人営学校に対する否定的な態度を持つ人が少なくなかった。「1982年憲法」の第19条第4項は、「国は集団経済または国家企業・事業組織その他の社会勢力が、法律の規定に従って各種の教育事業を行うことを奨励する」と述べている[39]。この「社会諸勢力」とは、「中華人民共和国憲法改訂草案に関する報告」によると、「集団経済組織、国家企業事業組織その他の社会組織ないし国家に認められた個人経営者」である[40]。ここで、注意しなければならないのは、「社会諸勢力」の中で、集団経済組織、国家企業事業組織その他の社会組織」の前には限定用語を置いていないが、個人経営者の前には「国

家に認められた」という限定用語を用いていることである。これは、組織が経営する学校と個人が経営する学校に対して異なる基準を示したものである。実際その当時、憲法改定委員会の一部は「憲法」第19条第4項に異議を持っており、当時の憲法改定委員会副主任彭真も「われわれ[41]も解放前の私立大学によって育てられたではないか」と述べている[42]。彭真の反論にもかかわらず、結局、「1982年憲法」の第19条には「個人営」という用語は盛り込まれなかった。この点においては、1985年に公布された「中国共産党中央委員会の教育体制の改革に関する決定」(以下「決定」と称する)との間に明らかな違いがある。「決定」には、国営企業、社会団体および個人が学校運営することを奨励すると明確に述べている。

また、この当時個人が学校を経営することに対する当局の見解の典型が、1981年の教育部の「私立補習学校に対する指導と管理の強化に関する報告(初稿)」に見られる。同報告は、次のように述べている。「大学は、国のために上級国家建設人材を養成するため、専任教員陣、安定した資金源、相当な校舎・設備を含む必要な運営条件を具備していなければならない。現在の状況を見ると、個人あるいは社会団体が上述した条件を具備できないため、大学を運営することは国にしかできない」[43]。その他の例として、1982年、北京市の傅正泰[44]が教育部に民営短期大学の設立を申請した際、教育部は慎重に検討した後、個人の大学を設けることは認められないと回答している[45]。

つまり、当時は国民個人が大学を設立することは、名義借りをしない限り到底出来ない状況であった。

民営大学の「名義借り」現象は初期民営大学に限らず、その後の民営大学にも存在し続けている。1980年代から1990年代後半まで、「名義借り」の民営大学が多数存在しており、現在も、「名義借り」の民営大学は、以前より少ないがまだ残っている[46]。例えば、北京自修大学は今も教育芸術雑誌社の名義下で運営されている[47]。

ここで指摘しておかなければならないのは、その「名義借り」を余儀なくされた民営大学と名義貸し先との複雑な関係である。曙東財経専科学校がその一例である。その学校の前身は向前職業学校であるが、1979年2月、

学校の成立時には、名義上、長沙市北区北駅路街道事務所[48]の所属学校になっていた。ところが、街道事務所がその名義上の所属関係を利用して、学校に対するコントロールを始めた結果、学校側の自主権は次第になくなっていた。極端な場合、教師のための湯沸かし用ストーブを買うような細かいことまでも、街道事務所側の承認が得られなかった。そこで、学校は街道事務所のコントロールから脱出するため東教育局に属することになったが、東教育局も学校の自主権を侵してきた。例えば、東区以外の学生募集を禁止し、委託訓練の学生やクラスを受けてはならないとし、学校の責任者の選任に干渉するなどの事態が起こった。学校側はやむを得ず、国民党革命委員会長沙市委員会へ名義上の所属関係を移し、民主党派の保護傘下に入った。学校の名称は長沙中山財経専科学校に変わって、校舎も南区にある小学校へ移した。その後、学校は国民党革命委員会湖南省委員会の傘下となって、校名も湖南中山財経専科学校に変更した。しかし、数年経つと、学校と名義貸し先との関係がうまく行かなくなり、結局、名義貸し先から離れてしまった[49]。

以上のことから、民営大学の「名義借り」現象については、次の諸点が指摘できる。①民営大学の「名義借り」は、民営大学側の自発的な要請によるものではなく、その時点での歴史的な条件によるものである。②民営大学と名義借り先との関係がうまく行かなければ、民営大学の存続や発展に悪影響が出てくる。③民営大学と名義借り先との紛争の焦点は民営大学の自主権である。

おわりに

初期民営大学に関する研究は中国でも重視されておらず、初期民営大学を対象とする研究論文はほとんどなく、関係資料も極めて限られている。本章で論じた民営大学8校は、筆者の現地調査や関係資料によって判明したものであるので、遺漏が全くないとは断言できない。しかし、初期民営大学は民営高等教育史上重要な地位を占めるものである。

初期民営大学は、それまでの高等教育の立入禁止を突破し、新しい時代

の民営高等教育の先駆けとなった。初期民営大学が登場した時、中国は「左」の影響がかなり残っていた。1950年代に行われた私立大学の接収、さらには文革時期の私学批判は、多くの人にありありと記憶されている。他方、中央政府の民営大学に対する態度は明らかになっておらず、民営大学に関する法律上の根拠は何もないのである。このような歴史的背景の下で、初期民営大学の建学者たちは非凡な勇気を持って民営大学の道を切り開いた。1983年から1986年の間に現れた民営大学設立のブームは、初期民営大学の強い推進力によるものとも言えよう。

また、初期民営大学は建学、運営などの面でも後に設立された民営大学に大きな影響を与えた。初期民営大学が設けた理事会指導下の学長責任制と校務委員会指導下の学長責任制は、現在でも民営大学運営組織の二つの主要形式となっている。民営大学の特徴としての多様性、市場との密接な関係、公立大学への依存性、内発的な発生過程なども初期民営大学にまで溯ることができる。

初期民営大学に対する政府の役割については、次の二点に留意すべきである。

一つは、中央政府は民営大学に対して政策を打ち出してはいないが、その民営大学に与えた影響がなお大きかった[50]ことである。国家政策としての改革開放、インテリ・知識重視は、初期民営大学に対して適切な社会土壌を提供し、民営大学誕生の要因となったものである。

今一つは、北京市、長沙市などの地方政府が率先して民営大学を認め、直接に民営大学の誕生を促進したことである。

## [注]

1   「四つの近代化」とは、農業、工業、科学技術、国防の近代化である。
2   王子愷、于雲鵬主編『中国共産党大事記』中国人民大学出版社、1991年、123～124頁。
3   同上、122頁。

4 文革四人組によって1971年に認められた「全国教育工作会議紀要」には、文化大革命前の教育業務はすべて資産階級により支配され、知識人の世界観は基本的に資産階級的であると断罪されており、毛沢東はこの断罪を高く評価していた。そのため、知識人はいつまでもブルジョア知識人として糾弾された。
5 王子愷、于雲鵬主編、前掲書、122頁。
6 文革期間のインテリはブルジョワのインテリと呼ばれ、地主、富農、反革命、悪質分子、右派、逆徒、スパイ、資本主義の道を歩む実権者（原語は、地主、富農、反革命、壊分子、右派、叛徒、特務、党内走資本主義道路的当権派）の次に九番目の革命対象となった。これは、「九番目」あるいは「臭い九番目」（原語は、老九或臭老九）と言われていた（『鄧小平文選』第2巻 人民出版社、1993年、42～43頁参照）。
7 趙丁夫「関於開創上海市職工高等教育新局面的幾点看法」『上海高教研究』1983年第4期、1～3頁。
8 1977年と1978年、大学入学の統一試験に参加した者は約1,200万人に及び、この間の試験により、67.5万人の大学生が誕生した（国家教育委員会編『共和国教育50年』北京師範大学出版社、1999年）。
9 これは、年齢、学歴、学習方法の如何にかかわらず、大学に入学しなくてもあるいは出なくても、検定試験に合格しさえすれば大学卒業証書が得られる。
10 郝克明、汪永銓編『中国高等教育結構研究』人民教育出版社、1987年、121頁。
11 周貝隆編『面向21世紀的中国高等教育――国情、需要、計画、対策』高等教育出版社、1990年、84～85頁。
12 郝克明、陳学飛「論高等教育結構的改革」『高等教育研究』北京大学出版社、1982年、47頁。
13 韭菜園業余大学は1983年に長沙中山業余大学、1997年に湖南中山進修大学と改名した（夏立憲「長沙市早期民辦大学研究」華中科技大学・全国高等教育学研究会主編『高等教育研究』2001年第1期、83頁）。
14 長沙東風業余大学は1983年に長沙業余文法学院、1991年に光明進修学院、1993年に長沙文法学院と改名した（夏立憲、前掲論文、83頁）。
15 曙東財経専科学校は1982年に長沙中山財経専科学校、1983年に湖南中山財経専科学校、1992年1月に湖南長沙中山財経進修学院、1992年12月に湖南中山財経進修学院、1999年に湖南中山財経専修学院と改称した（夏立憲、前掲論文）。
16 九嶷山学院は1995年に寧遠九嶷山専修学院と改名した（九嶷山学院理事長楽燕生から筆者への手紙による）。
17 中国民主同盟、国民党革命委員会、九三学社は民主党派の名称である。
18 胡子靖は常にこう言う。「教育とは、血を磨く事業である。血を流して国を救うことはわりに容易だが、血を磨いて国を救うことはなかなか困難だ」。原文は、「教育是磨血事業。流血救国易、磨血救国難」（徐行方「建校10周年有感」湖南中山財経専科学校編『湖南中山財経専科学校建校10周年特刊』1989年、5頁。曙東財経専科学校は1983年に湖南中山財経専科学校と改名した）。
19 廖経池、梁士潔「湖南中山進修大学20年」（韭菜園業余大学は1997年に湖

南中山進修大学と改名した)、『中国高等教育』1999年第4期。
20 周懐久「前言」、前掲、『湖南中山財経専科学校建校10周年特刊』。
21 2000年1月23日に長沙で筆者が曙東財経専科学校の元副学長袁征益に対して行ったインタビューによる。
22 1997年6月19日に北京で筆者が中華社会大学副学長呉寿彭、徐恵官に対して行ったインタビューによる。
23 2000年6月13日に北京で筆者が北京自修大学学長李燕傑に対して行ったインタビューによる。
24 「北京自修大学招生簡章」による。
25 楽燕生「九嶷山下拓荒人——著名農林学家、教育家楽天宇創建九嶷山専修学院紀実」湖南省教育委員会社会諸勢力運営学校管理処編『新的増長点在這里——湖南省社会力量办学的実践與思考』、1997年、274頁。
26 中国邏輯與語言函授大学と北京自修大学は通信教育を行うため、他の省で学生募集をした。
27 知識青年とは、文革期間に下放された都市の中学生・高校生のことである。
28 長沙業余文法学院編『長沙業余文法学院介紹』(長沙東風業余大学は1983年長沙業余文法学院と改名した)、1988年。
29 前掲、『湖南中山財経専科学校建校10周年特刊』。
30 于陸琳主編『没有囲墻的大学——中華社会大学成立10周年文集』、1992年、364頁。
31 湖南中山財経専科学校、湖南中山財経職員中等専業学校編『湖南中山財経専科学校、湖南中山財経職工中等専業学校介紹』、1987年。
32 この50,000元の貯金は、楽天宇が政治運動に被害を受けたことに対する国家からの賠償金である(卢徳清「九嶷山為証——記楽天宇和他創办的九嶷山学院」『民办教育』1997年第1期、20頁)。
33 2000年6月13日に北京で筆者が北京自修大学学長李燕傑に対して行ったインタビューによる。
34 2000年1月25日に長沙で筆者が長沙文法学院院長趙習文に対して行ったインタビューによる。
35 2000年1月23日に長沙で筆者が曙東財経専科学校の元副学長袁征益にインタビューしたもの。
36 前掲、『湖南中山財経専科学校建校10周年特刊』。
37 1997年6月19日に北京で筆者が中華社会大学副学長呉寿彭、徐恵官に対して行ったインタビューによる。
38 2000年1月20日に北京で筆者が北京自修大学副学長郭海燕にインタビューしたもの。
39 前掲、『中華人民共和国憲法 1982』、9頁。
40 同上、62頁。
41 「われわれ」というのは、年を取った共産党の上級幹部(原語は、老幹部)を指す。
42 楊智翰「社会各方参与発展民办高等教育」『民办教育』1998年第6期、11頁。

第2章 民営大学の誕生　55

43 北京市社会諸勢力の学校運営に関する諸問題の研究課題組編『関於北京市社会力量办学問題的研究』、1990年。
44 傅正泰は海淀走読大学の創立者。
45 鮑文清、蒋春雷「苑外桃李亦芬芳——記海淀走読大学及其創办人傅正泰校長」『人民日報』(海外版) 2000年5月10日。
46 2000年6月13日に北京で筆者が北京自修大学学長李燕傑に対して行ったインタビューによる。
47 同上。
48 街道事務所(原語は、街道办事処)とは、中国の都市における行政機関の末端組織である。
49 前掲、『湖南中山財経専科学校建校10周年特刊』。また、2000年1月23日に長沙で筆者が曙東財経専科学校の元副学長袁征益にインタビューしたもの。

# 第3章 「1982年憲法」公布以降の民営大学に対する政策の展開

　本章は、前章に続いて、民営大学の発展過程と政府の政策展開過程、いわゆる「史」を述べようとするものである。その内容は、1982年12月に改定された「中華人民共和国憲法」（以下「1982年憲法」と称する）の公布から1991年にかけての約9年間についてのものである。この時期には、政府の民営大学に対する政策は自由放任から漸く規制・抑制に転じてきた。

## 第1節　「1982年憲法」と民営大学設立の第一次ブーム

### 1　「1982年憲法」とその意義

　政府の民営大学に対する施策は、「1982年憲法」から始まったと言える。
　中華人民共和国の憲法史を顧みると、公立教育あるいは非公立教育に関する憲法の条項は幾変転を経てきた。
　まず、1954年9月20日、中華人民共和国憲法が公布された。この憲法の第3章「公民の基本的権利および義務」第94条は、「中華人民共和国の公民は教育を受ける権利を有する。国家は各種の学校その他の文化機関を設置且つ拡大し、公民の教育を受ける権利を保障する」と規定していた[1]。ここで、教育機関の設置は国が行うものと明確に規定されたのである。この精神は、その当時の私立学校に対する接収・改編の動きと符合している。この憲法は、中華人民共和国史上の最初の憲法であった。
　文化大革命後期の1975年1月17日に憲法が改定され、第3章「公民の基本的権利および義務」第27条で「公民は教育を受ける権利を有する」[2]と規定したが、教育機関については特に規定がなかった。その点について、当時の「憲法改訂に関する報告」には説明がないが、それには二つの可能性が考えられる。一つは、当時の情勢では「公有性」が極端に強調されて

おり、教育機関の設置を国が行うということなどは論じるまでもなかったということ、今一つは、文化大革命の影響で、ほとんどの教育機関（特に高等教育機関）は事実上異常な事態に陥っていたことが挙げられる。

　文化大革命終結後の 1978 年 3 月 5 日、二回目に改訂された憲法では、「総綱」第 13 条で、「国家は強力に教育事業を発展させ、全国人民の文化・科学水準を向上させる。教育はプロレタリア階級の政治に奉仕し、生産・労働と結び、被教育者を徳育、知育、体育の各面で成長させ、社会主義の自覚と文化を有する労働者とする」と規定し[3]、また第 3 章「公民の基本権利および義務」第 51 条は、「公民は教育を受ける権利を有する。国家は各種の学校その他の文化教育施設を次第に増加させ、教育を普及させ、公民の教育を受ける権利を保障する」とした[4]。これは一見、「1954 年憲法」に戻るように見えるが、両者の間には一つの大きな相違点があった。「1954 年憲法」では、教育に関する規定が第 3 章「公民の基本的権利と義務」だけにしかなかったが、「1978 年憲法」では、第 3 章「公民の基本的権利と義務」でそれを規定しただけでなく、「総綱」の中に教育に関する条項を入れている。これについては、当時の「憲法の改定に関する報告」の中で次のような説明がなされていた。「強力に教育事業を発展させることとわれわれの革命事業および建設事業との間には重大な関連があるため、「総綱」の中に一つの条項を設けて教育の重要性を強調した」[5]。要するに、1978 年憲法は、以前の憲法と比して教育をより重視したというわけである。なお、これには、当時の「四つの現代化」を実現しようという情勢と密接な関連があったとも考えられるが、いずれにしてもここまでの国の教育政策では、依然として教育は「公立学校によるもの」しか考えられていなかったことは明らかである。

　こうした状況は 1982 年の第 3 回改訂「憲法」で新しい展開を見る。その「総綱」第 19 条は次のように述べている。

　「国は社会主義の教育事業を発展させ、全国人民の科学文化水準を高める。

　国は各種の学校を設置・運営し、義務教育を普及させ、中等教育・高等教育ならびに児童教育を発展させる。

国は各種の教育施設を発展させ、文盲を無くし、労働者、農民、国家公務員及びその他の労働者に政治、文化、科学、技術、職業の教育を行い、また独学による人材育成を奨励する。

国は集団経済または国家企業・事業組織その他の社会勢力が法律の規定に従って各種の教育事業を行うことを奨励する。国は社会諸勢力が各種の教育事業を行うことを奨励する

国は全国に共通する標準語を普及させる」[6]。

上記の内容は、「1978年憲法」と比べて、次のような相違点がある。

まず、「1978年憲法」第13条の基本的精神は、プロレタリア政治を中心とし、教育の階級性を重視し、文革あるいは「左」の影響から脱していないのに対し、「1982年憲法」は政治のことにほとんど触れず、教育自体の発展を重視している。これは「教育の解放」とも言えよう。つまり、教育をプロレタリア政治に対する従属的な地位から解放し、教育の原理原則に従って教育を発展させようということである。

次に、「1982年憲法」第19条第4項によって、民営教育のドアが遂に開かれることとなった。教育は単に「公立学校によるもの」ではなく、民営学校も正規の学校として認められることになったのである。これは、中華人民共和国の教育史上画期的なことであった。民営教育の発足・発展は教育セクターばかりではなく、中国の社会全体にも多大な影響を与えるものであったと言っても過言ではないであろう。

次に、「1982年憲法」第19条第3項では、独学による人材育成を奨励するとしているが、これは「1978年憲法」には見られなかったものである。1980年から施行されてきた高等教育独学試験制度に法律上の根拠が与えられた。この独学試験制度は、民営大学との関連が非常に深く、数多くの民営大学は独学受験の指導から運営を始めたのである。

最後に指摘しておかなければならないことは、「1982年憲法」第19条と同憲法の「序言」との関連である。同憲法の「序言」には、「今後、国家の根本的な任務は社会主義近代化の建設に力を集中することである」と述べられている[7]。これに対し、「1978年憲法」の「序言」は、「新しい時期[8]における全国人民の総任務は、プロレタリア階級独裁を継続し、階級闘争、

生産闘争、科学実験の三革命運動を展開し、本世紀末には我が国に農業、工業、国防、科学技術の近代化の偉大な社会主義強国を建設しよう」としている[9]。要するに、「1982年憲法」第19条は、国策の大転換によってもたらされたものであり、また「1982年憲法」公布後の民営大学の急速な増加もその大転換に恵まれたのである。

## 2 民営大学設立の第一次ブーム

「1982年憲法」公布後、北京、上海、天津などの中心大都市から雲南、内モンゴル、新疆、黒龍江などの辺境地域に至るまで、様々な民営高等教育機関が現れた。

1984年6月、国家最高指導者鄧小平が北京自修大学の校名を題字した後、全国人民代表大会常務委員会委員長彭真は中華社会大学の校名を題字した。翌年、国家主席李先念は湖北函授大学の校名を題字し、国家副主席王震は北京人文函授大学の校名を題字した[10]。これは、民営大学に対する支持表明を示唆するものと考えられる。

1985年5月、中国共産党中央委員会は「教育体制の改革に関する決定」(以下、「決定」と称する)を公布した。この「決定」は教育の重要性を強調したうえで、現行の教育体制の弊害を指摘し、新たな教育体制の整備を宣言したものである。民営教育について「決定」は、「集団、個人その他の社会諸勢力の学校設置・運営を奨励する」[11]と述べているが、これは、「1982年憲法」をさらに発展させて明確に「個人」の学校設置・運営を認めたものであり、民営大学の発展に一層拍車をかけることとなった。

北京市の場合、1983年には民営大学が4校(面接授業2校と通信授業2校)しかなかったが、1985年には40校にまで増加した。そのうち、面接授業を行うものは16校、在籍学生約1万人に達し、通信授業を行うものは24校、在籍学生約128万人に達した[12]。1983年から1986年にかけて、全国で約360校の民営大学が設立され[13]、この時期は民営大学設立の第一次ブームと言われている(以下、第一次ブームと言う)[14]。

この時期に設立された民営大学の主なものは以下のとおりである。

**表 3-1**　　　　第一次ブームに現れた主な民営大学 （2001年12月現在判明分）

| 設立年 | 所在地 | 大　学　名 |
|---|---|---|
| 1983年 | 北　京 | 北京興華大学、北京培黎職業大学 |
| | 上　海 | 前進進修学院、僑友進修学院 |
| | 天　津 | 天津聯合業余大学 |
| | 黒龍江 | 中国民主同盟黒龍江省委員会職業培訓大学 |
| | 内モンゴル | 内モンゴル青城学院 |
| | 河　北 | 河北政法函授大学 |
| | 河　南 | 鄭州中原専修学院 |
| | 新　疆 | 新疆昆侖職業専科学校、新疆振華大学 |
| | 江　西 | 江西外国語専修学院 |
| | 雲　南 | 昆明社会大学 |
| 1984年 | 北　京 | 海淀走読大学、燕京華僑大学、北京人文函授大学[15]、北京 |
| | 天津市 | 民族大学、中国管理軟件学院、北京京華医科大学、光明中薬函授学院 |
| | 上　海 | 上海震旦進修学院 |
| | 遼　寧 | 民办遼寧中華大学 |
| | 河　北 | 石家庄興華大学 |
| | 河　南 | 鄭州医薬進修学校[16]、鄭州中華職業専修学院、焦作職業高等培訓学校、洛陽高等教育自学考試輔導中心 |
| | 陝　西 | 西安培華女子大学、西安逸仙大学 |
| | 湖　北 | 湖北函授大学、武漢成材自修大学、東湖大学、武漢大学武漢地区同窓会自修大学 |
| | 浙　江 | 浙江社会大学[17] |
| | 江　蘇 | 南京育材職業大学 |
| | 四　川 | 中国民主同盟四川省委員会涼山大学、中国民主同盟四川省委員会四川函授大学 |
| | 広　東 | 広州南洋輔導大学 |
| 1985年 | 北　京 | 中国書画函授大学、心理学函授大学、中国農村智力開発函授大学、北京京橋大学、中国科技経営管理大学、私立輔仁外国語大学、中国農村致富技術函授大学、中国交通運輸函授学院 |
| | 上　海 | 上海工商学院 |
| | 黒龍江 | 北方聯合大学、黒龍江政法専修学院 |
| | 遼　寧 | 沈陽盛京大学 |
| | 新　疆 | 新疆聯合職業専科学校 |
| | 河　南 | 黄河科技専科学校[18]、鄭州中山医学専修学院、洛陽外国語専修学院、焦作自修学院 |
| | 山　東 | 煙台室軸電視大学 |
| | 湖　北 | 武漢経済管理自修大学 |
| | 湖　南 | 屈原大学 |
| | 安　徽 | 江淮職業大学 |
| | 浙　江 | 浙江長征財経進修学院 |
| | 江　蘇 | 南京金陵国際語言進修学院 |
| | 江　西 | 江西光明中西医結合学院 |
| | 福　建 | 私立華南女子大学 |

| 1985 年 | 四　川 | 成都社会大学、成都博材専修学院 |
| --- | --- | --- |
| | 広　東 | 広東華南文芸学院 |
| | 広　西 | 南寧九三工学院、邑江大学 |
| 1986 年 | 北　京 | 北京応用技術大学、東方財経日本語大学 |
| | 山　東 | 青島軍政人文大学 |
| | 湖　北 | 湖北中山自修大学、長江自修大学 |

(出所) ①『民办教育』、『民办高教通訊』、『光明日報』、『中国成人教育信息報』など専門誌・新聞の文章や関連記事。②中国成人教育協会民営高等教育委員会編民営大学に関する書籍。③各民営大学の校史やパンフレット。④地方政府の資料。⑤筆者の調査。

　第一次ブームに設立された民営大学の状況を分析すると、いくつかの傾向が見出される。

　第一、民間の建学熱が高まり、建学者は社会の各界に及んだ。例えば、民主党派、学会、同窓会、教育関係者、共産党の定年幹部、企業・事業体組織、新聞社、地方政府、軍隊[19]、など（表 3-2）。

　ここで、指摘しておかなければならないのは、学校の設立者（あるいは設立協力者）としての民主党派や学会などは資金を出資せず、学校の設立・運営は学生の授業料による場合が多かったということである。この点については、いくつかの例証がある。①1999 年に行われたある調査の結果によると、調査対象になった民営大学 39 校のうち、民主党派営の 4 校はいずれも所属の民主党派から経費を得ていない[20]。②九三学社系の南寧九三工学院は 1990 年、100 万元を寄せ集めて、土地を買い、校舎を建てた。九三学社中央常務副主席が学校を視察した時、次のように言った。「九三学社は全国で 100 余校の学校を運営しているが、100 万元を寄せ集め、土地を買い校舎を建て、学校運営がこれほど活気溢れるものは、九三工学院しかない」[21]。③筆者が調査した民主党派系あるいは学会営の民営大学もほとんど資金を出資していない。

　第二、民営大学の地域分布が広がったことである。初期民営大学は北京、長沙、広州など極めて少数の都会に現れたが、これに対して第一次ブームの時期には、全国 20 余りの省、自治区、直轄市に及んだ。特に、内陸部の四川、陝西、山西、河南、江西諸省、さらには少数民族が集中している内モンゴル、新疆、雲南、広西、涼山などの地域における民営大学の発足は、特に注目される。

表 3-2　　　　　　　　　一部の民営大学の建学者

| 大　学　名 | 建　学　者 |
|---|---|
| 前進進修学院 | 農工民主党上海市徐匯区委員会、高校の教師(個人) |
| 僑友進修学院 | 上海市黄浦区華僑連合会 |
| 天津聯合業余大学 | 北京大学、西南聯合大学等7校の同窓会 |
| 中国民主同盟黒龍江省委員会職業培訓大学 | 中国民主同盟黒龍江省委員会 |
| 江西外国語専修学院 | 台湾籍の旅日華僑(個人) |
| 海淀走読大学 | 北京市海淀区政府、清華大学、北京大学、中国人民大学、大学の教師（個人） |
| 燕京華僑大学 | 北京市帰国華僑連合会 |
| 北京人文函授大学 | 中国人民大学中国言語文学学部、『中国青年報』社、北京市文芸学会、北京市社会科学院文学研究所 |
| 光明中薬函授学院 | 光明日報社、国家医薬管理局 |
| 西安培華女子大学 | 陝西省政治協商会議、職業学校の校長(個人) |
| 西安逸仙自修大学 | 国民党革命委員会西安市委員会、会計師など（個人） |
| 浙江社会大学 | 浙江省政治協商会議 |
| 中国民主同盟四川省委員会四川函授大学 | 共産主義青年団四川省委員会青年独学総部所属の青年通訳者協会、中国民主同盟四川省委員会 |
| 中国民主同盟四川省委員会涼山大学 | 中国民主同盟四川省委員会、共産党涼山自治州委員会、州人民政府 |
| 広州南洋輔導大学 | 上海交通大学、西安交通大学、北方交通大学、西南交通大学の同窓会 |
| 心理学函授大学 | 中国科学院心理学研究所 |
| 中国農村致富技術函授大学 | 中国科学技術協会 |
| 新彊聯合職業専科学校 | 新彊ウイグル自治区商工連合会、解放軍新彊軍区補給部（原語は、後勤部）、個人 |
| 北方聯合大学 | 黒龍江大学等9大学及び6企業・研究機関 |
| 浙江長征財経進修学院 | 国民党革命委員会浙江省委員会 |
| 江西光明中西医結合医院 | 農工民主党江西省南昌市委員会 |
| 私立華南女子大学 | （元）私立華南女子文理学院及び中学校同窓会 |
| 南寧九三工学院 | 九三学社広西壮族自治区南寧分社 |
| 成都博才専修学院 | 四川省高齢者委員会 |
| 北京応用技術大学 | 中国航空学会、北京航空航天大学、航天工業総公司701研究所 |
| 邕江大学 | 国民党革命委員会広西壮族自治区委員会 |
| 長江自修大学 | 武漢航海学会 |
| 青島軍政人文大学 | 駐青島軍隊、青島市政府、軍校、地方大学 |

(出所) 表3-1に同じ。

第三、内容に特色のある民営大学が多く現れたことである。

①中国農村致富技術函授大学、中国農村智力開発函授大学など、農村や農民向けの大学

中国農村智力開発函授学院は、初めから農村や軍隊の医者に教育を行った[22]。開設された課程は医療、農村医者、漢方医学、看護、薬学など。その後、行政管理、中国言語文学、経済、建築などの専攻も次第に開設されていた。中国農村致富技術函授大学は、農作、養殖、加工、村営企業などの専攻を開き、農村で応用技術を活用する人材育成を目標とした[23]。その他、京僑大学は、「農村向け、下部組織向け、村営企業向け」の建学方針を打ち出した。江淮職業大学は農村の経済発展のために、農村の技術人材を訓練することを目指した[24]。

②西安培華女子大学、私立華南女子大学など女性のための大学

西安培華女子大学の創立者姜維之は、1950年初め頃、西安培華女子職業学校(私立)の副学長になったが、後にその学校は政府に接収された。改革開放後の1984年に、姜維之は陝西省政治協商会議の協力で女子大学を設立した。この大学は、以前の「培華女子職業学校」の名称を一部継承して、「西安培華女子大学」と名付けられた[25]。西安培華女子大学は外国語、財経、芸術、中国文学などの専攻を設け、数多くの女性人材を育て、卒業生の就職率は99％にも上っている[26]。私立華南女子大学は、元・華南女子文理学院及び附属中学校同窓会の名称の一部を復活させたものである。1985年発足後、経済特区実用英語、児童教育、服装デザイン、栄養と食品科学などの専攻を設け、卒業生は求人先の需要に応じきれない程であった[27]。

③少数民族教育のための大学

例えば、北京民族大学、涼山大学など。北京民族大学は少数民族や遠隔の貧しい地域の人材育成を重視し、満州族、モンゴル族、回族、朝鮮族、チワン族、ミャオ族など、23の少数民族の青年を訓練した[28]。涼山大学は少数民族イ族の集中している四川省涼山イ族自治州に設けられ、地元の実情に応じて工業建設、住宅建設、道路・橋梁、鉱業、水力発電、政治法律、経済管理などの専攻を設置して、地元の社会・経済発展に大きな役割

を果したという[29]。中国民主同盟黒龍江省委員会職業訓練大学は、「智力で辺地の開発に協力しよう」を建学の主旨とし、辺地や遠隔地の青年を募集・育成している[30]。

④江西光明中西医結合学院、北京京華医科大学、鄭州医薬進修学校など医科系の大学

⑤外国語大学

例えば、江西外国語専修学院、私立北京輔仁外国語大学、上海前進進修学院、洛陽外国語専修学院、東方財経日本語大学など。

この他、民営大学の中には、独学試験受験のために設立されたものや通信教育を行うものが少なくない。前者は、例えば、天津聯合業余大学、広州南洋輔導大学、黄河科技専科学校、青島軍政人文大学などのほか、「自修」という名称をつけたものも[31]、ほとんどこの種の民営大学である[32]。後者には、例えば、湖北函授大学、光明中薬函授学院、中国民主同盟四川省委員会四川函授大学、中国農村致富技術函授大学、心理学函授大学などがある[33]。

第四、一般的に言って、ほとんどの民営大学は依然として「三無」から出発した[34]。

1984年、湖北函授大学の創立者は人民元150元（当時約4千円相当）で、12平方メートルの部屋を借りて学校を開設した[35]。中国科技経営管理大学も創立時（1985年）、電話一本と自転車8台しかなく、教室と言っても雨露がしのげるというだけの粗末な小さな平屋しかなかった[36]。1983年末、上海前進学院の建学者は自分の貯金100元を出して小屋（中学校の校舎）一つを借り、手動印刷機一台を買って、自ら学生募集のチラシを町へ貼りに行ったという[37]。

## 第2節　規制緩和から統制へ——1983〜1991年の民営大学に対する政策

本節では、主に中央政府の公布した規定や通知などによって、「1982年憲法」公布から1991年に至る間の民営大学に対する政府の政策を分析す

る。その時期の政策方向は、民営大学への門戸開放から統制へというものであった。

**1 民営大学に関する法規**

「1982年憲法」公布前には、教育部の民営大学に対する政策は一言で言うと、「認めない」であった[38]。しかし、「1982年憲法」公布後、教育部は民営大学に対して積極的な姿勢に転換した。

1983年4月国務院は、教育部・国家計画委員会が共同で提出した「高等教育発展の速度増進に関する報告」を採択し、その中には、「民主党派、社会団体、愛国人士に高等専科学校と職業短期大学の設立・運営を奨励する」と述べた部分がある[39]。また同年5月に国務院が採択した教育部の「民主党派、社会団体の学校運営に関する試行規則」は、「民主党派、社会団体が文化補習、職業技術補習、職業学校、単科進修、独学輔導などの学校を運営することが許可され、条件が揃えば、中等教育・高等教育機関の運営も認められる」と述べている[40]。こうした流れの中で、1983年には、教育部が一時規制を緩和する兆しも現れ、数校の民営大学に対して運営認可を下ろす前に学生募集を行うことが認められたことがあった[41]。

このような教育部の積極的な姿勢は、「1982年憲法」や中国共産党指導部の方針によるものと考えられるが[42]、この積極的な姿勢はなかなか続くことにはならず、1980年代半ばに入ると、教育部は民営大学に対する抑制政策を打ち出し始めた。

1986年1月、国家教育委員会と中国共産党中央委員会宣伝部は共同して、「学校運営、学生募集に関する広告の乱脈掲載禁止に関する通知」を公布した。その主な内容は次のようなものであった。あらゆる新聞社に対し、国家の教育政策に違反する学校運営・学生募集に関する広告の掲載を禁止する。掲載した場合には、それを許可した者の責任を追及する。短大以上の学歴証書の授与権がある学校の広告は、省、直轄市、自治区の教育行政機関による審査を受けなければならない[43]。

続いて1987年7月、国家教育委員会は「社会諸勢力による学校運営に関する若干の暫定規定」(以下「暫定規定」と称する))を公布した[44]。「暫定

規定」は22条によって構成され、民営教育に関するより全面的なものであった。「暫定規定」の主な内容は次のとおりである。

①「暫定規定」の主旨は、民営教育に対する管理を強化することである。「暫定規定」の第1条は「『中華人民共和国憲法』第19条によって、社会諸勢力による学校運営を奨励・支持し、マクロ的な管理を強化し、社会諸勢力による学校運営の健全な発展を促進するため、本条例を制定する」と規定している。

②民営教育は国営教育の補完として、その位置が定められた。「暫定規定」の第3条は、「社会諸勢力によって運営する学校は、我が国の教育事業を構成する一部分であり、国営教育を補足するものである」としている。

③社会諸勢力によって運営する学校の指導・管理機関は、地方各級の人民政府及びその教育行政部門である。「暫定規定」の第4条は、「社会諸勢力によって運営する学校は、四項の基本原則[45]を堅持し、政府の法令を遵守し、国家の教育に関する方針を執行し、地方人民政府及びその教育行政機関の指導・管理を受けなければならない」と規定している。

④学歴証書授与権のある民営大学の設置基準は、公立大学の設置の場合と同様である。「暫定規定」の第6条は、「社会諸勢力によって運営する学校が、国家に認められる学歴証書の授与権を希望する場合は、国家の公布した学校設置に関する規定によって認可する」と述べている。

⑤民営大学の名称、学生募集、教員雇用、財務管理などに関する規定。

さらに「暫定規定」公布後、国家教育委員会はいくつかの規定や通知を出し、矢継ぎ早に民営大学に対して厳しい抑制方針を打ち出した。

1987年12月、国家教育委員会と財政部は共同で、「社会諸勢力によって運営する学校の財務管理に関する暫定規定」を公布した。その内容は次のようなものである。①学校の財務部門は財務部の定めた「行政事業機関の会計制度」によって会計帳簿を用いなければならない。その上、「中華人民共和国会計法」によって日常会計の計算と監督を行う。②学校は定期的に、所在地の教育行政機関、財政機関に財務報告表を提出し、上部関与機関の点検・監督を受けなければならない。③学校には健全な財産・物資の管理制度を設けなければならない。④学校を解散する時は、学校所在地の

教育行政機関の指導によって財産・債務を処理する[46]。

1988年7月、国家教育委員会は「社会諸勢力による学校運営の若干問題に関する通知」を公布した。その主な内容は次のようなものであった。①管理体制に関する問題。社会諸勢力が運営する学校は、地方の教育事業であり、学校の設置と運営は、地方の教育行政部門によって管理する。②省（市）を越えて分校を設け、学生を募集することに関する問題。このような運営方式は今後認めない。現在運営しているものは、分校と本校を分離し、それぞれ独立した学校としなければならない。③学歴証書に関する問題。一部の学校では学生が入学したとき、学歴証書授与を約束し就職保証をした。現在一部の学生が既に卒業しあるいはまもなく卒業する時期を迎えて約束が実現できない場合は、大学側の責任を追究しなければならない[47]。

1988年12月、国家教育委員会は「社会諸勢力によって運営する学校のカリキュラムに関する暫定規定」を公布した。その主な内容は次のようなものであった。①「カリキュラム管理」とは、学校の教育目標、専攻・課程の設置、授業計画、教材の作成、教師の聘任、授業場所、学籍管理などのカリキュラムに関して、教育行政機関が行う指導・監督のことである。②教育目標、専攻、課程、教材、授業時間に関する具体的な細則。③教員と学生に対する管理細則[48]。

1990年7月、国家教育委員会は「省、自治区、直轄市を越える学生募集の広告を審査・認可する権限に関する通知」を打ち出した。その主な内容は次のようなものであった。①これまで、一部のテレビ、ラジオ、新聞出版機関などは、省、自治区、直轄市を越えて学生募集の広告を放送または掲載しているが、教育行政機関の審査を疎かにすることなどを含む様々な原因で、一部の広告は学生を濫募集し、学歴証書を乱発し、高等教育の声望を損なっている。②学生募集に関する広告の管理を強化するため、国家工商行政管理局の定めた「広告の管理に関する条例の実行細則」によって、教育行政機関の広告審査・認可権限を明らかにする。省、自治区、直轄市を越えた学生募集(教育のレベルが高等教育で学習期間が1年以上の学校)の広告は、学校所在地の省、自治区、直轄市の教育行政機関が審査

した後、国家教育委員会の認可を得て、放送・掲載できる[49]。

1991年3月、国家教育委員会は「高等教育卒業証書を勝手に授与してはならないことに関する通知」を公布し、「国家教育委員会が認可した学校以外、高等教育卒業証書を勝手に授与してはならない」と強調した[50]。

1991年8月、国家教育委員会と公安部は共同で、「社会諸勢力によって運営する学校の印鑑の管理に関する暫定規定」を公布した。その主な内容は次のようなものであった。①印鑑の認可機関及び審査の手続き。②印鑑の使用範囲。③印鑑の様式、サイズ。④印鑑管理。

総括して言うならば、「1982年憲法」の公布から1991年までの政府の民営大学政策は二つの段階に分けられる。その第一の段階は、1982年末から1980年代半ばまでであり、その中心的な内容は民営大学の建学を呼びかけることであった。第二の段階は、1980年代後半から1991年までで、民営大学に対する規制や点検、整理を行った。

## 2 民営大学に対する点検・整理

1980年代の半ば以降、民営大学の急速な増加に伴って、極めて質の悪い大学も現れてきた。これらの悪質なものは「三乱」学校と言われた。「三乱」とは、「学校の乱脈経営、授業料の乱脈徴収、卒業証書の乱脈授与」である。例えば、教育行政機関へ申請せずに自ら○○大学、○○学院、○○通信大学などの名をつけて学生を募集する。学生に対して卒業証書（あるいは学歴証書）の授与や就職の保証などを請け合う。高額の授業料を徴収し、うまい口実を設けて資料費、補導費、設備費、実験費、実習費などを取る。極端な例では、ある民営通信大学は、人気のある科目を設け、僅か5ヵ月の間に20万人に近い学生を募集して、莫大な授業料を得た。学校の運営者たちは金使いが荒いばかりでなく、大学経営以外へ資金をまわした。結局、金を無くし、運営者たちは逃げ出してしまった[51]。

このような実情にかんがみ、1988年以降は、各地方の教育行政機関は国家教育委員会の指示によって、民営大学に対する点検・整理を開始した。この点検・整理についてのポイントとしては、次のようなものがあった。

第一に、点検・整理のよりどころは、国家教育委員会が公布した「社会

諸勢力による学校運営に関する若干の暫定規定」及び上述した民営大学に関する様々な「規定」や「通知」である。

第二に、点検・整理の目的は、民営大学の運営を規範化し、悪質な民営大学に警告、処罰を与え、場合によっては学校運営資格を取り上げた。

第三に、点検・整理の方式は、教育行政機関、その他の関与機関(例えば、財政局)、高等教育専門家などが共同で、学校の運営状況や教育の質などを点検、評価、指導にあたり、大学の現状を明らかにすることであった。

第四に、点検・整理の結果、良質な民営大学には改めて運営を認可し、悪質な民営大学には登記を保留し、あるいは認可を取り消した。例えば、河南省教育委員会は8ヵ月の点検・整理の後、42校の民営大学の存続を承認した。山東省青島市教育局は1989年9月に、青島斉魯公共関係大学、青島東方書画芸術大学、青島軍政人文大学など6校の民営大学の存続を認可した[52]。北京市教育委員会は、1988年に北京大学経済学院と北京経済函授教育中心が共同で運営する通信教育学校を直ちに運営停止とし、徴収した授業料を学生に返還するように命じた[53]。

## 3 民営大学の政策に関する若干の問題

「1982年憲法」公布から1991年にかけての9年間に、政府の民営大学に対する政策は積極的な呼びかけから抑制へと転換し、同時に、民営大学の発展も上昇・ピークから低調になってきた。特にこの政策の転換は1980年代の後半から顕著となった[54]。

なお、ここで注意しなければならないのは、1980年代半ば以前に打ち出された政策が、具体的な内容あるいは細則にまで及んでいなかったことである。換言にすれば、当初民営大学に対して奨励・支持の政策傾向が見られたが、どこをどのように奨励・支持するか明らかにされていなかった。これらの政策の内容は、一言で言うと、民営大学の運営を許可するということだけであった。これに対して、1986年以降に展開された施策は、そのほとんどが具体策であって、一つ一つの「規定」や「通知」によって、それぞれの枠を作り、民営大学を規制するというものであった。

ここで、1986年以降の民営大学政策について、いくつかの問題点を見

てみよう。

　第一は、政策の消極性である。1986年以降に定められた諸「規定」や「通知」を見ると、民営大学に対する規制は次第に厳しさを増している。もちろん、それらの法規や公文書の中には、「奨励」や「支持」などの文字も出ているが、そのための具体策にはほとんど触れていない。例えば、「社会諸勢力による学校運営に関する若干暫定規定」の第3条は、「各級の人民政府及び教育行政機関は、社会諸勢力による各種学校の運営を奨励・支持し、学校の正当な権益を守り、学校の建学の熱情を保護しなければならない。条件が整えば、学校運営の困難を解決することに協力し、見るべき成果がある学校を表彰・奨励する」と述べているが、その具体的な措置には一切言及していない。それに対して、管理や統制の条項は非常に具体的なものになっている。同規定の第4条から最後まで、すべて管理や統制の強化に関するものである。

　さらに、民営教育に関する宣伝も規制された。1988年の秋、国家教育委員会は中央マスコミ管理機関を通じてマスコミに対し、「国の民営教育に関する法律を定める以前に民営教育に関する宣伝をしてはならない」と命じている[55]。

　その他、管理や規制策に不合理なところも少なくなかった。例えば、広東業余大学、天津聯合業余大学は、公立大学入試落第者のうち、得点上位のものを募集しようとしたが、教育行政機関に認められなかった。天津市の教育行政機関は、「彼らを募集する場合、学校側はまず彼らの就職先探しをしなさい」と言った[56]。もう一つの例を挙げると、1991年に、国家教育委員会計画司は内モンゴルの豊州連合大学に対して学生募集を停止するよう命じた。その理由は、国家の大学設置基準に達していないということであった[57]。その結果、地元の教育界や民主党派の激しい反発を招いた[58]。

　第二は、雑多な管理機関の存在と管理権限の不明確さである。民営大学政策の実施機関とその権限は、ほとんど明確にされていない。北京市の例を見てみよう。まず、北京市教育行政機関（北京市教育委員会）では、教育局、高等教育局、成人教育局がそれぞれ、民営大学の審査、認可、管理

を行っているが、その他、北京における中央政府の各部、委員会、局（日本の中央省庁に相当）も自ら通信教育などを行っている。それは、北京市教育行政機関の管轄外にあるのである。また、北京市の文化、衛生、科学協会など同レベルの権限を持つ行政機関も様々な民営教育事業を行っている。これらに対しては、北京市教育行政機関も管理し難い。さらに、民営大学の管理は、物価、税務、財政、宣伝、出版、商工、銀行などの機関にも関わっているが、それらすべてを円滑に調和させることも容易ではない。要するに、民営大学あるいは民営教育の管理に欠かすことの出来ない統一的な行政管理機関は存在していなかったのである。

　国家教育委員会の社会諸勢力運営学校管理室が1993年10月になってから設けられたが[59]、民営大学発足10余年後で、余りに遅すぎたと言わざるを得ない。

　第三は、さらに現実的には、民営大学を認めない姿勢を維持したことである。民営大学登場後10数年を経ても、国家教育委員会あるいは政府側は民営大学を認めなかった。

　1991年6月に河南省鄭州で開かれた民営大学学長の座談会で、国家教育委員会成人教育司副司長、民営教育を主管する李暁春は次のように発言した。「民営高等教育の概念は、今なお明らかにされていない。一体『民営』とは何か、『大学』とは何か、それぞれの見解がある。民営大学が社会に受け入れられ、国家の指導者に認められるためには、まず、そのことが明らかにされなければならない。大学はそれほど容易に運営できるものではないと言われている。国の教育行政機関は30年を経たが、運営に成功した（公立）大学は半数にも達していない。あなたたち[60]は経済力も足りず、募集した学生も国公立大学の入試落第者であるので、学校運営を成功させることができるのか」[61]。また、1990年8月23日に、国務院の副秘書長劉忠徳は中南海で[62]開かれた首都における一部の民営大学学長の座談会で、次のような意見を表明している。「憲法と公文書には、民営教育を支持・奨励すると述べているが、社会諸勢力による高等教育運営は、政策の面で明らかにされていない。そのため、民営高等教育が認められない状態になっていることは、やむを得ない」[63]。

さらに検討しなければならないのは、政府あるいは国家教育委員会はなぜ民営大学の認知に関して遅々として消極的であるのかということである。

　上述した李暁春や劉忠徳によると、二つの主な理由があるようである。一つは、民営大学に対する認識。より率直に言うと、民営大学を認める基準が不明確であること。今一つは、民営高等教育はその他の民営教育とは違い、相当な運営条件を整えないと教育の質を保障できないということである。民営大学は、公立大学と比べてはるかに劣っているのが現状である。

　上記の二点については、次のような重要なポイントが見られる。①李暁春と劉忠徳の話は、政府あるいは教育行政機関の見解である。②この時期における政府の方針は、表向きは奨励だが、事実上は認可せず、支持せず、規制強化すること。③政府の施策における消極性や管理上の混乱は、結局のところ民営高等教育を認知しない方針から出ていること。

　しかし、これは政府のもともとの方針ではなく、中長期の展望に立った方針でもなかった[64]。「1982年憲法」公布から1985年まで、政府は一旦民営大学に積極的な策を打ち出したが、1980年代後半になると、次第に厳しい政策に転換してきたのである。結局、逆戻りして民営大学を認めないことになった。このような結果になったことについては、次の原因があると考えられる。

　①民営高等教育の拡張スピードが国の指導者や教育行政機関の予想以上に速く、民営大学の建学者、建学動機、資金源、運営方式なども様々で、非常に複雑であるため、実情把握・分析が難しく、それに対する管理やコントロールにも相当な困難がある。それに加え、悪質な民営大学もあちこちに現れ、社会や高等教育に悪影響を与え、混乱に拍車をかけた。

　②政府に民営大学に対応する経験がなかったことである。1950年代初め頃、私立大学が中断され、政府の私立大学に関する法規、管理機関、管理経験はすべて空白状態になっていた。そのため、国の政策大転換によって民営大学が誕生したものの、明確な具体的政策を打ち出すには相当な時間を要した。1980年代後半に公布された民営大学に関する「規定」は、ほとんど「暫定」であり、定着したものではないことが示されている。

③高等教育体制の問題。それまで国の高等教育機関はすべて公立であり、大学の建設・運営経費は政府が調達し、専攻の設置・学生の募集定員数、卒業生の職場配置まですべて政府の計画によって行われていた。大学卒業生は国家の幹部になり、農村から都市への移籍も可能であった。この体制は計画経済に適応したものであったが、民営大学は全く違う方式で運営され、学生の募集や就職なども自主的に行われ、また学校の規模やレベルも公立大学とは比べ物にならないものであった。この異質なものを、従来の高等教育体制の中で行政にとってかなり難しい問題であった。

また、教育管理体制の改革の遅れは高等教育体制の問題を一層深刻化された。改革開放後行われた経済体制改革、科学技術体制改革と、教育体制改革のうち、教育体制の改革は最も遅れたと言われている[65]。この遅れに対する批判や不満は、1989年1月に開かれた民営高等教育に関するセミナーで、民営大学側が激しく表明した。

## 第3節　民営高等教育セミナーと「八老上書」

### 1 民営高等教育セミナー

1989年1月6日から9日にかけて、湖北省武漢市で民営高等教育セミナー（以下セミナーと言う）が開かれた。セミナーの出席者には、全国20数省、自治区、直轄市における80余校の民営大学の学長や責任者のほか、国家教育委員会の民営高等教育の担当者、民高等教育の研究者、『光明日報』、『中国教育報』、『瞭望』週刊誌などマスコミの記者もいた。これは、民営大学の関係者が自発的に開催した初めての全国的大会であった。

セミナーの摘要によると、討論は次のような三つの問題をめぐって行われた。

(1)民営大学発生・発展の必然性と必要性

①国の高等教育への経費が不十分なので、高等教育の発展には、必然的に民営の道を開けなければならない。②民営大学の発展は、改革開放に伴って生じた社会の要請によるものであり、民営大学は従来の教育体制の突破口となり、また教育体制改革の成果を上げる上で、その意義が大きい。

③民営大学の顕著な特徴は二つあり、一つは、積極的に社会主義の市場経済のニーズに応じて様々な専攻が設けられることであり、今一つは、学生の実践能力を重視し、実用型の人材を育てることである。

(2) 政府に対する批判や要請

①教育行政機関の一部の幹部に、思想が保守的で改革の意欲がなく、民営大学に対して規制を重視して支持を軽視している。国家の現行政策の中に、民営大学の実情に合わず民営大学の活力を弱めている部分がある。②公立大学の基準で、民営大学を評価してはならない。教育行政機関の責任者は民営大学の調査を行い、民営大学に対して柔軟性のある政策をとるべきである。③民営大学に対し公立大学と同等な地位を認知し、民営大学の卒業生が本科や専科のレベルに達した場合は、学歴証書を授与し、就職も公立大学の卒業生と同じ待遇を与えることを要求する。④民営大学の審査・認可権限は、国家教育委員会から地方の教育行政機関へ移譲してほしい。⑤学校運営の自主権を確実に認めてほしい。⑥学校運営経費の調達については、関係者の出資、学生の授業料のほかに、政府補助や免税措置が必要である。

(3) 民営大学間の交流や協力を高めること

①民営大学の直面している共通な問題を研究・解決するためには、お互いに協力しなければならない。②民営高等教育研究会を設立するように努力する[66]。

## 2 民営高等教育研究会の発足準備

民営高等教育セミナーで最も注目されたのは、民営高等教育研究会の設立準備であった。セミナーの最終日に、各校代表の意見によって「『民営高等教育研究会』の成立に関する決議」（以下「決議」と称する）が可決され、民営高等教育研究会設立の準備委員会も成立した。

セミナー後の1月下旬、「民営高等教育研究会章程（草案）」（以下「章程（草案）」と称する）が策定された。「章程（草案）」は5章で構成され、まず、民営高等教育研究会は「民間の性格を持つ高等教育に関する学術団体である」と規定し、次に、民営高等教育研究会の主旨、目的、任務が明

表 3-3　　民営高等教育研究会準備委員会のメンバー

| 役割 | 名前 | 職務 |
|---|---|---|
| 顧問 | 劉培植 | 農業部元副部長、北京社会諸勢力による運営通信高等教育機関連合会会長 |
| 顧問 | 張萍 | 北京大学元副学長、（民営）北京京橋大学学長 |
| 委員長 | 游清泉 | 湖北函授大学学長 |
| 委員・東北区 | 宋延英 | 鞍山遼東対外貿易高等専科学校校長 |
| 委員・華北区 | 陳宝瑜 | 北京海淀走読大学副学長 |
| 委員・華東区 | 詹卓 | 安徽江淮職業大学学長 |
| 委員・西北区 | 姜維之 | 西安培華女子大学学長 |
| 委員・西南区 | 黄歩青 | 四川涼山大学副学長 |
| 委員・中南区 | 胡大白 | 河南省黄河科技大学副学長 |

（出所）「関於成立『民办高等教育研究会』的決議」中国成人教育協会民営高等教育委員会編『中国民办高教之光』湖北科学技術出版社、1998年8月、370～371頁より作成。

らかにされ、会員校の権利、義務が規定されている。最後に、研究会の内部組織、活動内容などが規定されている。

　その後1989年7月21日に、ある座談会の席上、研究会準備委員会の劉培植、張萍は国家教育委員会副主任王明達に対し、「1989年10月～11月の間に、研究会の発足大会を開くことを認めてほしい」との意思を表明したが、国家教育委員会側は回答しなかった[67]。

　また1990年4月10日にも、研究会準備委員会は国家教育委員会成人教育司へ「『中国民営高等教育研究会』の成立に関する報告」（以下「報告」と称する）を提出した。この「報告」には、一つの注目すべきところがあった。すなわち、「『中国民営高等教育研究会』は、中国高等教育学会に所属し、中国高等教育学会の2級学会とする」と明確に述べている点である。この点は、セミナーで可決された「決議」や「章程（草案）」とは異なる。「決議」や「章程（草案）」では、民営高等教育研究会は1級学会[68]として発足することを示唆していたが、中国高等教育学会に所属する（あるいは名義借り）ような構想は一切出ていない。この2級学会への転換は、研究会の発足が壁に突き当って、妥協したためと見られる[69]。

　さらに1990年8月23日に開かれた「首都における一部の民営大学学長座談会」でも、民営大学側の出席者は研究会の成立を再び要請したが、政

府側は民営大学さえも認めなかったので、研究会の発足は結局放棄せざるを得なかった[70]。

### 3 「八老上書」

1980年代末から1990年代の初めにかけて、政府の規制が厳しくなるとともに、多くの民営大学は経費不足や学生数減少などに悩んでいた。例えば、北京市の心理学函授大学は、1987年の新入生は5,489人であったのに対し、1990年、1991年の新入生数は年に1,000人余りしかおらず、授業料の収入は人民元20万元にも達せず、赤字運営に陥っていた。このような状況の中、民営大学側は、教育行政機関の政策を怨嗟の気持ちを込めて「五つの禁止」（原語は「五不可」）と呼んだ。すなわち、大学と呼んではならない、全国で学生募集をしてはならない、卒業証書を授与してはならない、学校以外の分校あるいは補導教室を設けてはならない、学校の主営機関（原語は「主办単位」）は利益を取り上げてはならない。これらの政策によって、民営大学は手足をしばられた状態に陥っていたのである[71]。

1991年春、首都で民営大学を支えてきた8人の有力者熊復、楊海波、劉培植、王国権、于北辰、王路宾、張萍、蒲通修は、中国共産党中央委員会総書記江沢民、国務院首相李鵬、国家教育委員会主任李鉄映宛てに投書した[72]。これは、「八老上書」と呼ばれていた。

投書の内容は、次のような8条の建議であった。

①民営高等教育協会のほか、民営教育基金会や教育人材交流センターを設立することを認めてほしい。②国務院の指導によって、行政機関・民主党派が参加した社会諸勢力学校運営に関する調査団を組織し、憲法の第19条に基づき「民営教育10年発展綱要」を計画したい。③国家教育委員会と関係行政機関は協力して「民営教育法」の研究・起草を行う。④国家試験のシステムを作り、厳正な国家試験によって、各レベル・類型の民営学校の卒業生を評価し、合格者に学歴証書を授与する。⑤教育行政機関の民営教育に対する指導や管理を強化する。⑥今後、新しい大学を設ける時は、民営の方を優先してもらいたい。⑦財政部は民営教育基金に支出金を出すこと。⑧財政部と国家税務局は、直ちに民営大学への税金徴収を止め

てほしい[73]。

 1991年7月4日、国家教育委員会は劉培植、蒲通修に書簡を出して、「まず、あなたたちの教育事業に対する関心や支持を感謝する。あなたたちの建議は全社会における学校運営の方針・政策に関わるものであるので、国家教育委員会は来年の初めに開かれる成人高等教育工作会議で社会諸勢力による学校運営に関する問題を真剣に研究し、あなたたちの建議を真剣に検討する」と回答した[74]。この回答には、投書の個々の内容には一切触れておらず、うやむやに済ませるような姿勢も見られた。

## おわりに

 「1982年憲法」の公布は、民営大学発展史上画期的な意義を持つ一大事件であった。その憲法によって、民営大学の合法的な性格が認められ、民営大学設立のブームも現れたのである。

 「1982年憲法」は民営大学に対する政府政策の原点として深遠な意義を持っている。

 「1982年憲法」公布から1991年までの政府政策は、中国語の「放」と「収」の二文字で総括することができる。「放」とは規制緩和の意味であり、「収」とは規制・抑制の意味である。1982年末から1985年までは「放」の段階であったのに対して、1986年から1991年までは「収」の段階であった。また、この二つの段階については、「一放就乱、一収就死」（規制を緩めれば混乱を招き、規制を厳しくすれば活力がなくなる）の時期であったとも言える。

 問題は、規制緩和あるいは規制強化そのものに必要性があるかどうかではなく、どのようにまたどこまで規制緩和あるいは規制強化をするかということである。換言すれば、規制緩和と規制強化との間にバランスを取ること、さらに長期の展望に立つ政策を作成することこそ極めて重要なのである。「1982年憲法」公布以後、政府の民営大学に対する対応策は、かなり遅れていた[75]。何か問題や事件が起こった後に、慌てて「暫定規定」や「通知」などを出してきた。このような政策は概して応急的あるいは場

当たり的なものであり、規制・抑制の一面的なものであったことも当然なことと考えられる。

1989年に開かれた民営高等教育セミナーは、全国的な民営大学間の交流であり、民営大学の結束的な行為とも見られる。このセミナーについては、次の三点が注目される。

まず、民営大学と政府との利害関係が表面化してきたことである。民営大学は政府の厳しい制限に対して不平不満を漏らし、規制緩和を要求した。

次に、民営大学側の自主的な要望が高まり、民営大学が政府の政策を単に受け止めるものから積極的に政府に影響を与えるものへと転換した。

最後に、民営大学側が、統一的全国的な団体の発足を目指して準備し始めた。この団体の性格は学術上のものと明言されていたが、民営大学側はさらに結束して、政府に対する一種の圧力団体を結成しようということも示唆されるようになった。

## [注]

1 『中華人民共和国憲法 1954』人民出版社、1954年、26頁。
2 『中華人民共和国憲法 1975』人民出版社、1975年、14頁。
3 『中華人民共和国憲法 1978』人民出版社、1978年、9頁。
4 同上書、21頁。
5 葉剣英「関於修改憲法的報告」『中華人民共和国憲法 1978』人民出版社、1978年、39頁。
6 『中華人民共和国憲法 1982』人民出版社、1982年、14頁。
7 同上書、6頁。
8 この「新しい時期」とは、文革終結後の時期を指す。
9 前掲、『中華人民共和国憲法 1975』、4頁。
10 中国では、共産党指導者の題字は非常に重みがあるということが一つの認識として定着していた。
11 中国共産党中央委員会「関於教育体制改革的決定」『人民日報』1985年5月27日。
12 北京市社会諸勢力による学校運営の問題に関する研究課題組編『関於北京市社会力量办学問題的研究』、1990年12月。
13 国家教育委員会成人教育司司長董明伝「中国私立高等教育——現状、問題與

対策」、厦門大学高等教育研究所編『亜太地区私立高等教育国際研討会論文集』、厦、1996 年、58 頁。この数字は、不完全な統計によるものと理解すればよい。この点については、教育部発展計画司助理巡視員、民営教育の担当者瞿延東 1999 年1 月 26 日に北京市で開かれた「改革開放 20 年における北京市民営高等教育の経験の総括・交流会」での講話参照（中国成人教育協会民営高等教育委員会編『中国民办高等教育的理論與実践（二）』大衆文芸出版社、1999 年、2 頁）。
14　全国民営高等教育委員会常務副主任、北京海淀走読大学常務副学長陳宝瑜の計算によると、1984 年～1986 年の間に約 250 校の民営大学が現れた。彼は、これを民営大学設立の第一次ブームと呼ぶ（陳宝瑜「回顧民办高教歴史、探索復興発展規律——我国民办高等教育発展的回顧與思考」、前掲、『中国民办高等教育的理論與実践（二）』、22 頁）。
15　北京人文函授大学は 1996 年に北京人文大学に改名した。
16　鄭州医薬進修学校は 1987 年に鄭州医学専科学校、1994 年に鄭州樹青医学院と改名した。
17　浙江社会大学は浙江省政府によって認可されたときの校名は武林（杭州の古地名）大学であったが、実はこれを一度も使ったことがなく、認可されてから浙江社会大学に改称し、さらに 1985 年には浙江樹人大学と改名した（毛樹堅「創建浙江樹人大学的回憶」浙江樹人大学編『前進中的浙江樹人大学』、1999 年、31 頁）。
18　黄河科技専科学校は 1988 年に黄河科技大学と改名し、さらに 1994 年に黄河科技学院と改名した（張錫侯「黄河科技大学光輝的 15 年大事記 1984～1999 年」黄河科技学院学報編集部編『黄河科技大学学報』慶祝建校 15 周年専刊 1999 年、109～120 頁）。
19　例えば、1986 年 1 月 1 日に開校した青島軍政人文大学は、駐青島海軍、青島における軍校、青島市政府、青島における大学等共同で設立したものである（「青島軍政人文大学——鍥而不舎、開拓奮進」楊智翰主編『中国民办大学 20 年』光明日報出版社、1999 年、289 頁）。
20　陳宝瑜、李国喬「我国民办高校発展的多様化特徴——39 所民办高校調研報告」『民办教育』2000 年第 2 期、4 頁。
21　趙如金「情系办学路——記南寧九三工学院院長梁運衡」『民办教育』1997 年第 1 期、23～24 頁。
22　その当時、文革の影響で、農村や軍隊の下部組織における約 300 万人の医者の中で半数以上の者が、系統的な医学教育を受けていなかった（「中国農村智力開発函授学院——力争 3 年上規模上質量」、楊智翰主編、前掲書、176 頁）。
23　「中国農村致富技術函授大学——為農村培養応用技術人才 300 万」、同上書、23 頁。
24　詹卓「為郷鎮企業培養急需人才」『中国人材報』1989 年 9 月 6 日。
25　西安培華女子大学の建学動機について、姜維之は次のように述べている。「建学の動機は二つある。一つは、女性に大学への進学機会を与え、女性の社会的地位を高めることである。今一つは、私立培華女子職業学校の伝統を継承することである（2000 年 1 月 17 日、西安で筆者が西安培華女子大学の学長姜

維之にインタビューしたもの)。
26 任小燕「為中国教育事業獨辟蹊径的帯頭人――記西安培華女子大学校長姜維之教授」香港『大公報』1999年9月15日。
27 秦国柱「80年代我国民办高等教育的回顧」魏貽通主編『民办高等教育研究』厦門大学出版社、1991年、70〜71頁。
28 「北京民族大学」中国成人教育協会民営高等教育委員会編『中国民办高教之光』湖北科学技術出版社、1998年、344頁。
29 「涼山大学」、同上書、26〜27頁。
30 『中国人材報』1989年9月6日。
31 例えば、西安逸仙自修大学、武漢成材自修大学、武漢大学武漢地区同窓会自修大学、長江自修大学など。
32 これらの大学は当初独学の受験者を指導することを目標としていたが、後にそれぞれの実情によって、それ以外の教育を行っているものも少なくない。
33 一部の通信大学は、設立後に、面接授業も行った。
34 「三無」とは、校舎がない、経費がない、専任教員がないということである。このような状況は、初期の民営大学と同様であった。
35 「湖北函授大学――民間教育潜能放光彩」、楊智翰主編、前掲書、106頁。
36 韓憶萍「蒋淑雲办学傳奇」共産党北京市海淀区委員会編『新星也燦爛』、1991年。
37 羊羽「上海前進進修学院院長蔡光天夜訪録」武漢市高齢者科学院『老年問題研究』1991年第1期、43頁。
38 1982年11月上旬に、教育部副部長黄辛白は『人民日報』の記者のインタビューに対し、高等教育の発展については「社会諸勢力に依頼する」と述べて、民営大学に対する政策の転換を示唆したが、これは、「1982年憲法」公布直前のことであり、また法規や公文書ではなかった(『人民日報』1982年11月8日)。
39 金鉄寛主編『中華人民共和国教育大事記(三)』山東教育出版社、1995年、1435頁。
40 厦門大学高等教育研究所魏貽通の博士論文「民办高等教育立法之前期研究」、1994年、19頁。
41 『内蒙古盟訊』1983年第6期。
42 1983年3月初め頃、鄧小平は上海市、江蘇省を視察した時、高等教育の発展を重視した。3月10日、中国共産党中央書記処は第45回会議を開き、高等教育の発展をめぐって討論した。結論としては、「大手工業・鉱業企業、民主人士、新しい都市が大学運営することを奨励する」と述べられている(前掲、『中華人民共和国教育大事記(三)』、1423、1425頁)。
43 前掲書、1506頁。
44 『中国教育報』1987年7月8日。
45 「四項の基本原則」とは、「中国共産党の指導を堅持し、マルクス・レーニン主義、毛沢東思想を堅持し、人民民主独裁を堅持し、社会主義の道を堅持する」ということである。
46 四川省教育委員会成人教育処編『社会力量办学文件彙編』、1998年、139〜142

頁。
47 同上書、162〜163頁。
48 同上書、144〜147頁。
49 同上書、153〜154頁。
50 同上書、148頁。
51 秋晨「培養人才、还是撈銭?」『中国人材報』1999年11月29日。
52 魏貽通、前掲論文、1994年、37頁。
53 同上、31頁
54 この見方には、二つ根拠がある。一つは、政府の民営高等教育担当者と民営高等教育研究者の論証である(董明伝、前掲論文、58頁)。また、游清泉「完善和発展民办高等教育的若干問題」(中国成人教育協会民营高等教育委員会編『中国民办高等教育的理論與実践 (一)』専利文献出版社、1996年、23頁)。今一つは、1986年1月に、国家教育委員会と中国共産党中央委員会宣伝部が共同で公布した「関於不得乱登办学招生広告的通知」を皮切りに、次々と、民営大学を規制・抑制する方針が打ち出されたことである。
55 楊智翰「強化宣傳力度、促進民办高等教育的発展」、前掲、『中国民办高等教育的理論與実践 (一)』、141〜142頁。
56 楊智翰「在民办高等教育研討会上的発言」、前掲、『中国民办高教之光』、362頁。
57 国家が公布した公立大学の設置基準は、学生数600人以上、校舎の建築面積は13,200平方メートル以上、専任教師は60人以上とされている。
58 魏貽通、前掲論文、55頁。
59 1993年10月、国家教育委員会は社会諸勢力運営学校管理室を設けた(1997年6月16日、筆者が国家教育委員会社会諸勢力運営学校管理室主任王志強にインタビューしたもの)。1994年2月26日に、国家教育委員会弁公庁は「関於啓用国家教育委員会社会力量办学管理办公室印章的通知」を公布した(河南省教育委員会成人教育処編『社会力量办学文件選編』、1996年、183頁)。
60 民営大学の学長たちを指す。
61 「1991年全国部分民办高校校長座談会紀要」、前掲、『中国民办高教之光』、382頁。または、魏貽通、前掲論文、23頁。
62 中南海は地名であり、北京市で国家の指導者が居住し、執務する場所である。
63 『民办高教通訊』1991年第4期。
64 事実上、李暁春と劉忠徳の発言後、1992年から、民営大学に施策の柔軟化が始まった。
65 前掲、楊智翰「在民办高等教育研討会上的発言」。また、朱国仁「民办高等教育——中国高等教育的新生力量」黄河科技学院編『黄河科技大学学報』民办教育研究専号 1999年、57頁。
66 前掲、「1991年全国部分民办高校校長座談会紀要」『中国民办高教之光』、382〜389頁。
67 魏貽通、前掲論文、34頁。
68 1級学会とは、国レベルの学会。2級学会は、1級学会の分科会である。

69　このようなことは、後に行った民営高等教育委員会の成立過程にも起きた。本書第4章第3節参照。
70　『民办高教通訊』1991年第5期。
71　「心理学函授大学――開拓普及心理学教育、成就可観」、楊智翰主編、前掲書、166～167頁。
72　その8人の有力者は、ほとんど中央政府や教育機関の元高官である。熊復は共産党中央委員会機関誌『紅旗』の元編集長、楊海波は全国人民代表大会常務委員兼教育文化衛生委員会副主任、劉培植は農業部元副部長、王国権は民政部元常務副部長、于北辰は中央教育行政学院元院長、王路宾は北京大学の元常務副学長、張萍は北京大学元副学長、蒲通修は教育部元副部長である。
73　陳致寛「創業回眸――兼述『八老上書』」『民办教育』1999年第1期、40頁。
74　北京市社会教育研究室編『北京社教通訊』第11期、1991年。
75　政府の民営大学に対する基本方針は1993年までに明らかになった。

# 第4章 鄧小平「南巡講話」と民営大学に対する方針の定着

　本章は、第2章、第3章に続いて、民営大学の発展過程と政府政策の展開過程、いわゆる「発展史」について述べようとするものである。その内容は、時間的には1992年初頭の鄧小平「南巡講話」から2000年にかけての9年間についてのものである。この時期には、政府が民営大学に対する奨励策を打ち出し、定着してきた。

## 第1節　鄧小平「南巡講話」と民営大学設立の第二次ブーム

### 1　「南巡講話」から「中国教育改革と発展綱要」へ

　1992年初頭、一つの出来事が中国に大きな影響を与えた。1992年1月から2月にかけて、中国の最高指導者鄧小平は、武昌、深圳そして珠海など南の特区あるいは経済開発地域を視察して重要な談話を行った。これは、「南巡講話」と言われる。この「南巡講話」は低迷していた改革開放に強烈な刺激を与えた。「南巡講話」によって、改革解放はさらなる高潮期を迎えた。これは国家戦略としての「科教興国」[1]、つまり、科学と教育により国を興すことであって、経済建設と社会発展の基盤を科学技術の進歩に置き、教育を国家の基本に置くという方針で、科学と教育を経済と社会の発展のための戦略的地位に位置づけることを意味している。

　鄧小平「南巡講話」の内容は、中国共産党中央委員会第14回全国代表大会とそれを受けて公布された「中国教育改革と発展綱要」（以下、「綱要」と称する）の基調となった。1992年10月に開かれた同大会で書記長江沢民は、「国家は様々なルート、様々な方式で社会の資金を集め、あるいは民間による学校を運営することを奨励する」と述べ[2]、民営大学の奨励を明確に打ち出した。1993年2月13日、中国共産党中央委員会・国務

院は「綱要」を正式に公布した。

　改革開放後、国の最高指導部中国共産党中央委員会は、教育改革に関する公文書を二つしか公布していないが、その一つが、1985年5月27日に公布された「教育体制改革に関する決定」(以下、「決定」と称する)で、今一つがこの「綱要」である。「決定」と比べて、「綱要」の内容はより具体的で明瞭なものとなっている。「綱要」の全文は6章50条で構成され、30頁にもおよぶ長文のもので、教育に関する主な問題が一条一条詳しく書かれている。例えば、第48条は、「国家財政による教育経費支出（各級財政の教育支出金、都市・農村の教育費付加、企業の小中学校の経費、校営企業の減税免税部分を含む）の国民総生産に占める率を次第に高め、本世紀末に4％に達するようにする（下略）」と明記されている[3]。その他、「綱要」の制定・公布者は「決定」のように共産党中央委員会だけではなく、国務院をも加えており、「綱要」の実行力が一層強くなることを示唆している。

　「綱要」全6章のそれぞれのタイトルは次のようなものである。①教育の直面している情勢と任務、②教育事業発展の目標、戦略、指導方針、③教育体制の改革、④教育方針を全面的に貫徹し、教育質を全面的に向上させる、⑤教員陣の建設及び⑥教育経費。

　ここに、本論のテーマと関連のあるものを拾って論じたい。

　まず、民営教育に対する基本方針を打ち出したことである。「綱要」の第16条は、「（前略）国家は社会団体および公民個人が法律に従って学校運営することに対して積極的に奨励し、強力に支持し、正確に指導し、管理を強化するという方針を実行する」と述べている。これは、中国語で「積極鼓励、大力支持、正確引導、加強管理」という16文字なので、「16字方針」と言われている。この「16字方針」は、最初1992年8月に開かれた全国成人高等教育工作会議に提出され、その後民営教育に対する国の基本方針として「綱要」で正式に公布されたものである。さらに、1997年7月31日に国務院が公布した「社会諸勢力による学校運営に関する条例」の第1章第4条によって法規として定着した。「16字方針」は、政府が民営教育を認知することを明らかにするとともに、その基本方針を明確化したものである[4]。

次に、学校運営体制の改革について、「綱要」第16条は、「学校運営の体制を改革しなければならない。学校の運営はすべて政府が引き受ける現在の状況から、政府による運営を主体として社会各界が共同して運営する体制へ次第に転換しよう。（中略）高等教育は次第に中央、省（自治区、直轄市）、二級政府の運営を主とし、社会各界参加の新しい構造を形成しなければならない。職業技術教育と成人教育は、主として職業、企業、事業体など社会各方面によって運営する」と述べている。この条文からは、次の3点を読み取ることができる。①新しい学校運営体制にとって、社会諸勢力による学校運営は欠かすことのできないものとして重視しなければならない。②高等教育の分野にも社会諸勢力の参加が必要である。③職業教育と成人教育は、主に社会諸勢力による運営とする。要するに、高等教育特に職業高等教育と成人高等教育は、民間にこそその役割を果たさせなければならないとしている。

　ここで、指摘しておかなければならないのは、その高等教育あるいは職業高等教育・成人高等教育への民間参加の要請は、政府のもう一つの決断、いわゆる「211工程」と密接な関連があるということである[5]。「211工程」とは、21世紀の初めごろまでに、科学技術を国際社会の第一線に対等に立ち並ぶことができるような水準にまで引き上げ、ハイレベルの人材養成を実現するため、約100校の重点大学（公立大学）を指定しようという国家事業である。「211」の初めの2文字「21」は21世紀の「21」を示し、最後の「1」は「100」の最初の文字を示す。「綱要」第9条は次のように述べている。「（前略）世界の新しい技術革命に挑戦するため、中央と地方など各方面の力を集中して約100校の重点大学と重点学科・重点専攻を効果的に運営し、21世紀の初めごろには、一部の大学及び学科・専攻が教育の質、科学研究、運営管理などの面で世界的に見てより高い水準に達するように力を尽くす。」つまり、政府の高等教育運営の重点はこれから「211」工程へ移行するのであって、高等教育分野に民間参加を要請することは、「211工程」の目標を達成するための政策と考えられる。

　最後に、上述したことの延長線として、民営高等教育に対する規制緩和あるいは施策の柔軟性が当然必要となるが、これについて「綱要」第10

条は、「学歴証書の授与権がない各種の成人教育機関は、卒業生の実態にあった学業修了証明書を授与することができる。卒業生が国家に認められた学歴証書を獲得したかったら、国家の行う学歴証書試験あるいは独学試験を受けることによって獲得ができる」としている。この学歴証書試験制度は、民営大学の発展にとって非常に重要な意義を持っているので、次節で論じることとする。

## 2 民営大学設立の第二次ブーム

「南巡講話」の波に乗って、1992年から民営大学設立の新しい高潮期を迎えた。全国民営高等教育委員会常務副主任陳宝瑜のデータによると、1992年から1994年にかけて全国で600余校の民営大学が設立された[6]。また、国家教育委員会の統計によると、1994年の時点で全国の民営大学数は880校に達し、在籍学生数は約145万人(そのうち、通信教育学生70万人)に達し、当時の公立大学学生数との比例は1:3.2であった[7]。北京市の場合、1992年には民営大学が40余校あったが[8]、1995年末に98校に達し、在校生は10万人近くになった[9]。これは、民営大学設立の第二次ブーム(以下、第二次ブームと言う)と言われている。

説明しておかなければならないことは、陳宝瑜が提供したデータと国家教育委員会の統計数字との食い違うところがあることである。国家教育委員会の統計によると、1991年の時点で全国の民営大学数は450校であった(1992年、1993年の校数は不詳)[10]。つまり、国家教育委員会の統計によって計算すれば、1992年~1994年の間の新設民営大学数は約430校であって、陳宝瑜が言った600余校ではなかった。陳宝瑜の数字と国家教育委員会の統計と食い違うことについては、二つの理由があると推測できる。一つは、一部の民営大学が自ら運営停止したり、点検・整理によって停止したりした。今一つは、陳宝瑜あるいは国家教育委員会の統計結果が正確かどうかということである[11]。しかし、統計の食い違うところが若干あったとしても、民営大学設立の第二次ブームが出現したという事実は否定できないと思う。

第二次ブームの時期に生まれた民営大学は、圧倒的多数は新設されたも

のであったが、非高等教育機関から大学へ昇格したものもあった。例えば、江西渝州電子工業学院は1983年に家庭電気製品を修理する訓練クラスとしてスタートし、1988年に電子技術学校となり、1992年には江西渝州電子工業学院に昇格した[12]。また、江西新亜商務学院の前身は、中国民主同盟南昌市委員会が1982年に設置した青雲学校であったが、1992年に民営大学に昇格している[13]。さらに、私立華聯学院の前身は1990年10月に発足した華聯実用外国語科学技術学校であったが、数年間の発展を経て運営資金や経験を蓄積し、1994年4月に民営大学に昇格している[14]。

　第一次ブームと比較して、第二次ブームにはいくつかの特徴がある。

　まず、第二次ブームではいわゆる「三無」の民営大学は、第一次ブームの時より著しく減少していることが挙げられる。そのうえ、多額の投資がある民営大学も出現している。

　上海市浦東開発区における杉達大学は1992年に設立されたが、その財源として、香港の実業家古勝祥、曹光彪がそれぞれ100万米ドルを寄付したのに加え、地元の金橋輸出加工区開発会社は土地41ムー[15]（当時の時価人民元1,400万元）を贈与している[16]。また、1992年に設立した私立青島遠東職業技術専修学院の建学者（個人）は親戚や友人から100万元を集めて学校運営を始めた。その後の5年間に投資総額は3,000万元を超え、6棟の講義棟を建て、進んだ設備を購入した[17]。このほか、個人資金550万元で雲南省農業機械幹部学校（公立）の校舎や設備を購入し、民営企業と共同で1994年に設立した民辦東方聯合学院（雲南省昆明市）[18]、個人資金600万元で1993年に開設した私立威海外国語培訓学院[19]、個人資金3,000万元を投資して1992年に発足した西安同仁文化大学など枚挙にいとまがない[20]。

　第二に、第一次ブームと比べて、第二次ブームの規模はより大きく、地域分布もより広いことが指摘できる。第一次ブームの4年間（1983～1986年）に設立された民営大学250校であったのに対して、第二次ブームの3年間（1992～1994年）に現れた民営大学は400余校（あるいは600余校）で、その地域は、甘粛省、吉林省、新疆の巴州、山東省の威海、河北省の秦皇島、江西省の渝州に広がっている[21]。

第4章　鄧小平「南巡講話」と民営大学に対する方針の定着　　89

第三に、第二次ブームで最も注目されるのは国営企業・民営企業による建学である[22]。例えば、山東省電子工業局と浪潮電子情報産業集団会社は、1992年にコンピューター教育を主とする浪潮計算機培訓学院を設立しているし[23]、1993年に設立された黒龍江省東亜大学は、チチハル第一工作機械工場職工機電学院培訓部から発展してきたものである。また、1993年に設立された中新企業管理学院は、国内と外国の数10個企業の投資によって運営されており[24]、山東省淄博市における民办万傑医学院は、郷鎮企業の投資1億元によって設立されたものである[25]。

　第四に、外国との合弁大学が現れたのもこの時期の特徴である。北京英迪経貿学院は、1993年、北京市機械工業局職工大学とマレーシアの英迪学院とが共同で設立したもので、建学経費はマレーシア側が出資し、理事会は中国側とマレーシア側それぞれ3人で構成され、理事長は機械工業局の責任者が兼任している。マレーシアの英迪学院はイギリスやアメリカの大学との提携関係を持ち、学生がマレーシアで2年ほど勉学した後イギリスやアメリカへ留学することができる。北京英迪経貿学院は、マレーシアの英迪学院を通じて、イギリスのCoventry大学、Herdfortshire大学、ニュージーランドのAuckland大学との提携関係にあり、学生の後期課程はそれらの大学で行い、学位も獲得することができる[26]。同様に、北京華夏管理学院は、北京市東城区職工大学とシンガポールの華夏管理学院との合弁学院として、1994年に設立されたものである。同学院はシンガポール側を通じて、イギリスの企業家協会（Society of Business Practitioners）の協力を得ており、学生がその企業家協会の試験に合格すれば、当該協会の資格証書を獲得することができる[27]。そのほか、北京市労務輸出訓練センター、中央教育研究所とアメリカ汎太平洋会社、ロサンゼルスのアメリカ言語学院との合弁学院として1993年に設立された、北京美国英語語言学院などがある[28]。

　ここで、指摘しておかなければならないのは、第二次ブームの民営大学の諸特徴が、中国の社会・経済発展と深い関連があることである。第一次ブームの現れた時期は1980年代の前半であり、その当時、中国の国民の収入はかなり低水準で民間の資金蓄積はほとんどなく、国から経営自主権

を与えられていない国営企業にとって、民営教育を運営することなど思いもよらぬことであった。これに対して、第二次ブームの時期には、国営企業の経営自主権は次第に拡大してきており、国の要請に応じて民営学校の運営ができるほどに成長していた。

　一方、下記の表に見るように国民の収入は大幅に増加し、民間の資金蓄積も相当な規模になっていた。

表 4-1　　　1980年と1994年との国民の貯金額に関する比較

| 年 | 国民の貯金総額 | 1人当たりの貯金額 | 前年よりの増加額 |
|---|---|---|---|
| 1980年 | 399.5億元 | 40.5元 | 12.0元 |
| 1994年 | 21,518億元 | 1793.0元 | 526.3元 |

(出所) 国務院発展研究センター課題組「実現国営経済的戦略重組」『改革』1997年第7期。

さらに、1992年の「南巡講話」以後、以下の表に示すように、私営企業は横ばい状態から脱して新しい急成長の段階を迎えていたことも、民営大学の第二次ブームをもたらした大きな要因である。

表 4-2　　　　　　　1990～1994年私営企業の発展

| 年 | 私営企業数（万個） | | 従業員数（万人） | | 登録資金数（億元） | |
|---|---|---|---|---|---|---|
| | 絶対数 | 前年より増 | 絶対数 | 前年より増 | 絶対数 | 前年より増 |
| 1990年 | 9.8 | 8.3% | 170.2 | 3.8% | 95.2 | 12.6% |
| 1991年 | 10.78 | 9.9% | 183.9 | 8.0% | 123.2 | 29.4% |
| 1992年 | 13.9 | 28.8% | 231.9 | 26.0% | 221.2 | 79.8% |
| 1993年 | 23.8 | 70.4% | 372.6 | 60.7% | 680.5 | 207.6% |
| 1994年 | 43.2 | 80.1% | 648.4 | 74.0% | 1447.8 | 112.8% |

(出所) 張厚義「1995～1996年中国私営企業主階層状況」江流、陸学芸、単天倫主編『社会藍皮書1995～1996年中国社会形勢分析與予測』中国社会科学出版社、1996年、323頁。

　民間資金の増加は、民営大学への投資が可能になっただけではなく、民営大学進学者の増加にも大きな影響を与えた。ある統計によると、1993年には、自費で大学に通える高校卒業生は全体で約15～20％に達しており、特に都市、例えば北京市では約75％にも上っている[29]。1995年、中国人民銀行が2万世帯の預金者に対して行った調査によれば、預金動機の第一

位は子供の教育のためであった。このように、親や学生側の高等教育への需要の高まりと、その経済負担能力の向上も、第二次ブームの要因の一つとして見逃すことはできない。

**表 4-3** 中国人民銀行が行った2万世帯の預金動機調査（動機の上5位）

| 子供の教育費 | 住宅購入 | 利息支払 | 養老貯蓄 | 不慮事故対応 |
| --- | --- | --- | --- | --- |
| 13.8% | 11.5% | 8.9% | 7.3% | 5.5% |

（出所）朱慶芳「1995～1996年人民生活状況」前掲、江流、陸学芸、単天倫主編『社会藍皮書 1995～1996年中国社会形勢分析輿予測』、146頁。

要するに、第二次ブームの形成には、政府の民営大学に対する積極政策のほかに、社会・経済面での発展が大きな影響を与えていたのである。

## 第2節　「民営高等教育機関の設置に関する暫定規定」と学歴証書試験制度

### 1　「民営高等教育機関の設置に関する暫定規定」の主要点

1993年8月17日、国家教育委員会は「民営高等教育機関の設置に関する暫定規定」（以下、「暫定規定」と称する）を公布した。この「暫定規定」には、総則、設置基準、設置の申請、審議と認可、管理、変更と調整、その他の7章が含まれている。全体的に見ると、「暫定規定」はより積極的な具体策を打ち出し、民営大学が直面している諸問題に解決の道を開くものであった。「暫定規定」は「綱要」を着実に遂行する一環であり、主要な点は以下の通りである。

(1)民営大学を認知すること

「暫定規定」の冒頭には、「民営高等教育機関は我が国の高等教育事業を構成する部分であり、民営高等教育を積極的に奨励し、正確に指導し、民営高等教育機関の合法的な権益を保護し、民営高等教育に対する管理を改善するため、国家の関係法規に基づいて本規定を制定する」と述べている[30]。これは、国が民営大学を高等教育機関として、さらには国の高等教育事業の一部として明確に認めることを意味しており、また、法規上これ

を認知することも明らかにされた。

(2) 民営大学に対する規制緩和

「暫定規定」の第8条は、「民営高等教育機関の設置基準は、普通高等教育機関と区分し、教育の基本的需要を満足させることを出発点として、実情に即して確定しなければならない」と述べているが、これは、政府の民営大学に対する態度の大転換である[31]。

また、民営大学の設置基準も大きく規制緩和されている。例えば、第10条は、「校舎建設のため自ら資金を調達することが困難である民営高等教育機関は、既存の適切な校地・校舎あるいは他の機関の適切な土地・建物を借り入れて教育を行うことができる。ただし、その契約は法律上の効力を持つものでなければならない。長期にわたり他の機関から土地や建物を借りて学校運営の需要を満たすことができる学校は、その設置時の資金面の要求を適度に緩和することができる」と明記している。また、第14条は「民営高等教育機関の設置は、予備設置と正式設置の二つの段階に分けられる。設置基準に達したものは、直接正式設置を申請することができる。設置基準に達していないものは、まず、予備設置として申請する。予備設置の条件は、省レベルの人民政府が規定する。認可された予備設置の民営高等教育機関は学生を募集することができるが、高等教育学歴証書を授与する資格はない。学生は学業修了後に、学校から実態に合った学業修了証明書を授与され、あるいは国家が行う高等教育学歴証書試験または独学試験を受けることができ、合格した者には学歴証書が授与される。学生の試験合格率が70％以上に達しかつ学校設置の条件を基本的に具備した学校は、正式設置を申請することができる」と規定している。

要するに、民営大学側が最も困っている経費、校舎、学歴証書(あるいは学業修了証明書)の授与などに対する規制緩和は、民営大学にとって非常に重要な意義を持っていたのである。

(3) 民営大学の権益を保障すること

「暫定規定」の第6条には、「民営高等教育機関およびその教員・学生は，国の設置する高等教育機関およびその教員・学生と平等な法律上の地位を享受する。民営高等教育機関における学歴取得のための教育を受ける

学生の募集は、高等教育の学生募集計画に組み入れられる。民営高等教育機関の学生は卒業後自主的に職を選び、国がその学歴を承認する」と明記されている。また、第7条は「民営高等教育機関は営利を学校運営の目的とすることはできない。その財産は学校の所有に属し、いかなる団体および個人もそれを侵してはならない。その収入は主として運営条件の改善あるいは学校の一層の発展のために用いなければならない。民営高等教育機関が運営する企業には、普通高等教育機関が運営する企業と同等の政策を適応する」と規定している。

(4)民営大学の運営自主権が認められること

「暫定規定」の第29条は、民営高等教育機関に対して、校内の規則制度の制定、管理機構の設置、学長と教職員の採用、専攻の設置と調整、学費の徴収など10項について運営自主権を認めることを規定している。

## 2 学歴証書試験制度の展開

中国の高等教育においては、国による統一的な学歴証書制度がとられている。民営高等教育機関を除き、普通高等教育機関や成人高等教育機関などすべての高等教育機関は学歴証書の授与権を持っている。すなわち、高等教育機関の卒業証書は学歴証書としての性格を持っている。これに対して、大多数の民営高等教育機関は学歴証書の授与権を持っていないため、学生に対して卒業証書の授与権も持っていない[32]。このため、学生が2～3年あるいは4年間どんなに努力しても、結局その学校の修了書のようなものしか得られないのである。卒業証書授与権の有無は学生募集と密接な関連があるため、民営大学側の立場としては、たとえ国に公認された卒業証書ではなくても、「卒業証書」という文字を表記した「証書」の授与権がほしいのである。卒業証書の授与権が得られない場合は、学生の募集のみならず、学校の存続自体にも悪影響があることになるからである。この問題をめぐって、民営大学側は長期にわたって政府に解決策を要請し続けた。

一方、これに対する政府側の見解は、大多数の民営大学の運営水準や教育の質が高くないため、卒業証書あるいは学歴証書の授与権は与えられないというものであった。また、国としては統一的学歴証書制度を守る必要

があり、この制度が破綻すれば、高等教育全体の質の低下を招くことを危惧していた。

この問題について、1991年3月に開かれた北京市教育工作会議で、「権威的な国家試験機関を設けて、民営大学の学生に学歴認定試験を行う」という案が出され、北京市教育委員会はこれを国家教育委員会に報告した。同年6月、国家教育委員会は北京市人民政府へ文書を出し、民営大学の学歴証書試験の試行を北京市に委託すると回答した。そこで、北京市教育委員会は関与機関や専門家を集めて調査・研究を行い、同年9月「北京市社会諸勢力運営高等教育機関に対して国家試験を行うことに関する試行案」を国家教育委員会へ提出した。1年後の1992年11月7日、国家教育委員会はその試行案を承認した[33]。

上述した国家教育委員会の決定は、1993年2月公布された「綱要」の中でも触れており、「暫定規定」の第14条にも述べられている[34]。1994年1月7日、国務院に承認された国家教育委員会の「成人高等教育のさらなる改革と発展に関する意見」には、「国家教育委員会は社会諸勢力運営

表4-4 学歴証書試験を試行した15校及び15専攻(北京市)

| 大　学　名 | 専　　攻 |
|---|---|
| 中華社会大学 | 会計 |
| 中国科技経営管理大学 | 金融 |
| 燕京大学 | 国際貿易 |
| 中国管理軟件学院 | 企業管理 |
| 北京応用技術大学 | 旅行管理 |
| 北京建設大学 | 英語 |
| 東方財経日本語大学 | 日本語 |
| 北京京華医科大学 | 法律 |
| 北京興華大学 | 秘書 |
| 北京東方大学 | 工芸美術 |
| 京西大学 | コンピューター応用 |
| 京橋大学 | 工業と民用建築 |
| 北京民族大学 | 応用電子技術 |
| 北京培黎職業大学 | 漢方医学 |
| 中国農民大学 | 漢方薬学 |

(出所)中国科技経営管理大学編『鞭策集』、1995年、187～188頁。

高等教育を指導・管理することを担当し、国家認定の学歴証書試験を行う」と明記されている[35]。

1993年10月9日、北京市成人教育局は、「社会諸勢力運営高等教育機関が国家による学歴証書試験を受けることの試行に関する意見」を提出し、北京市における民営大学15校と15の専攻を選び、学歴証書試験の試行を始めた(表4-4)。

それ以降、民営大学は、国の統一的学歴証書授与権の有無で区分すれば、次の3種に分けられるものになった。

(1)学歴証書授与権がある学校

この種の学校は、公立大学と同様な学歴証書授与権を持っている。学生の入学は、国によって定められた統一的な合格点を基準として選抜が行われ、学生の募集数や専攻課程の設置も国の計画に組み入れられている。

この種の学校の設置基準については、1993年7月に公布された「民営高等教育機関設置暫定規定」の第2章に細かな内容が規定されている。この種の民営大学は、1996年現在で21校しかなく、うち通常の大学は15校、成人大学は6校である[36]。北京市の海淀走読大学、上海市の杉達大学、広東省の広東業余大学、河南省の黄河科技学院、黒龍江省の北方聯合大学などがこれに当る。

(2)学歴証書試験校(学歴証書授与権はないが、国や地方の行う試験と並んで、30%の試験を行う学校)

これは、中国の独特な高等教育における資格付与の方法で、この種の学校では、学歴試験のうち30%を自校で自主的に実施でき、残りの70%(一般的に、12～15 科目の主な科目)を国や地方の試験機関が行うというものである[37]。学歴証書試験校の場合、学生の募集は主にその年の大学入試の不合格者(合格点以下50～100点以内の者)、またはその年の中等職業技術学校の卒業生である。ただし、応募の学生は、高校卒業証書(またはこれに相当するもの)を持っている必要がある。

学歴証書試験校の特徴は、「寛進厳出、教考分離」と言われている。つまり、入学のための選抜はゆるやかであるが、卒業(学歴の取得)は厳しい。学校は授業をするが、試験は主として学校ではなく、国や地方の試験

機関が実施するということである。

1996年現在、学歴証書試験校は89校ある[38]。しかし、学歴証書試験制度は北京市で試行が行われた後、次第に他の省、自治区、直轄市へ拡大しており、1995年には遼寧省、上海市、1996年には吉林省、福建省、陝西

表 4－5　　　　　　　　　　三種の学校間の相違点

| 学校種類＼相違点 | 学歴証書授与権がある学校 | 学歴証書試験学校 | 学歴証書授与権がない学校 |
|---|---|---|---|
| 設置条件 | 「暫定規定」第2章の条件を達成 | 「暫定規定」第2章の条件を大部分達成 | 「暫定規定」によらず、地方教育行政機関の規定の条件を達成 |
| 正式名称 | 専科の場合、〇〇学院、本科の場合、〇〇大学 | 〇〇学院（籌）、〇〇専修学院、〇〇進修学院 | 〇〇学校、〇〇専修学院、〇〇進修学院 |
| 設置の認可機関 | 国家教育委員会 | 地方教育行政機関 | 地方教育行政機関 |
| 上部機関 | 国家教育委員会高等教育司、地方教育行政機関の高等教育処 | 国家教育委員会高等教育司、地方教育行政機関の成人教育処 | 地方教育行政機関成の人教育処 |
| 教育の目的 | 高等教育学歴証書を取得する | 高等教育学歴証書を取得する | 補助学習、技術訓練（非学歴教育） |
| 学歴証書の授与資格 | ある | なし(学生がすべての課目に合格すれば、学歴証書を国から得る) | なし(年齢、学歴の制限はほとんどなし) |
| 学生入学の条件 | ①高校卒業者または同等の学歴を有する者②普通大学と同じ統一入試を受けて合格基準に達した者③成人の場合、成人向けの統一入試を受けて合格した者 | (1)高校卒業者または同等の学歴を有する者②普通大学と同じ統一入試を受けて合格基準以下50点までの者など[39] | 年齢、学歴の制限はほとんどなし |
| 授業形式 | 面接授業 | 面接授業 | 面接授業・通信 |
| 授業と試験との関係 | 出題者は学校である（教考合一） | 出題者は主に国または地方の試験機関、学校の出題権は30％しかない（教考分離） | 出題者は学校である（教考合一） |

（出所）賀向東主編『高等教育学歴文憑考試理論與実践』中国人口出版社、1997年など関係資料により作成。

省、広東省、1997 年には黒龍江省、山西省、河北省、内モンゴル、河南省、湖南省、江西省の順で、拡大している。1999 年末現在、学歴証書試験校は 370 校、在籍学生数は 25.8 万人に達している[40]。

(3)学歴証書授与権がない学校

この種の民営大学は、主に非学歴教育を行っている。学生の募集はほとんど条件を付けられていない。学生たちが自由に課程を選択して履修するが、過程を修了して学校から修了（修業）証書を受けても、国からは認められない。この種の学校の学生が国の学歴証書を取得するためには、国の独学試験を受けなばならない。

民営大学のうち、大部分がこの種に属する。1996 年の統計によると、全国でこの種の民営大学は 1,109 校あり、そのうちの 89 校は、通信授業の学校である[41]。

表 4-5 に見られるように、学歴証書授与権を焦点とした政府と民営大学側との対立あるいは取引後の妥協の産物と理解される面もあるが、一方で、その裏には毎年 200 万人ほどの（公立）大学入試不合格者がおり[42]、その学生の強い入学への要望を無視することができないという事情もある。この問題について、国家教育委員会主任李鉄映は 1992 年 8 月、次のように述べている。「一部の社会諸勢力運営学校は、学歴証書の授与権を持っていない。しかし、それらの学生は成績が優秀ならば、学歴証書をどのように取得するか。国家試験を受けて取得することができる。国家は彼らのために完全な国家試験を設けることを検討している」[43]。学歴証書試験制度の実行の結果は、民営大学側だけではなく、大学入試不合格者にも恩恵を与えているのである。

## 第3節　民営高等教育委員会の成立事情

### 1 民営高等教育委員会の成立過程

民営高等教育委員会（原語は、民办高等教育委員会）[44]の起源は、1985 年に成立した北京市社会高等通信院校連合会にさかのぼることができる。

1985 年に北京市で通信教育を行っていたいくつかの民営大学は、自発

的に北京市社会高等通信院校連合会(以下、連合会と称する)を設けた。この連合会は純民間の団体であり、その目的は学校間の情報連絡や意見の交流にあった。通信教育を行う民営大学は通信教育という性格から全国的なネットワークを持っているため、連合会の影響力は北京市を越えて、全国の民営通信高等教育機関に及んだ。

1989年1月に、武漢で開かれた民営高等教育に関するセミナーは、初めての全国的な民営大学の会合であったが、その場で各地の民営大学関係者が全国民営高等教育研究会準備委員会(原語は、全国民办高等教育研究会筹备組)(以下、研究会と称する)を結成した。研究会は全国的な性格[45]を持っていたが、社会団体としては政府に認められていなかった[46]。

一方、前述の通り、1991年3月の「八老投書」は、民営高等教育協会のような全国的な民営高等教育の団体の成立を要望したが、政府からの回答は得られなかった。

さらに、1993年春、その「八老」と他の関係者は、鄧小平「南巡講話」の上げ潮に乗って、再び共産党の指導者や国務院へ投書した。同年10月、北京で民営高等教育委員会準備委員会(以下、準備委員会と称する)を結成した。翌年、「八老」の一人于北辰は準備委員会の代表として、国家教育委員会主任朱開軒を訪れ、民営高等教育委員会の設立について陳情し、結局、その場で朱開軒からの同意を得た[47]。

これを受けて、1993年12月、国家教育委員会成人教育司の斡旋で、準備委員会と研究会を統合して、統一的な全国民営高等教育協会の成立を目指すこととなり、1994年1月15日に準備委員会は国家教育委員会へ「全国民営高等教育協会の設立に関する報告」を提出した。

その後、政府側が民営高等教育協会を1級協会としてなかなか認めないことから、準備委員会は、その報告を1年間に5回の修正を余儀なくされた[48]。このような膠着状態を打開するため、民営大学側はやむを得ず妥協の道を選び、1994年11月12日、準備委員会は会議を開き、政府の意見に従い、中国成人教育協会の2級協会として民営高等教育委員会の設立を申請することを決議した。1995年1月27日ついに、国家教育委員会は中国成人教育協会民営高等教育委員会の設立を認可した[49]。

1995年5月25日〜27日、各省、自治区、直轄市（チベット自治区、青海省を除く）の民営高等教育機関106校、代表者155人の出席を得て、北京で民営高等教育委員会の成立大会が開かれた。
　1985年北京市社会高等通信院校連合会の発足以来、10年もの長い年月をかけて、民営高等教育の全国的な団体がようやく政府に認められたのである。しかし、結局全国成人教育協会の名義を借りざるを得なかった。民営高等教育委員会の成立過程は民営高等教育発展の紆余曲折と複雑さを象徴している。

### 2 民営高等教育委員会の組織と役割

　「民営高等教育委員会規則」によると、「本委員会の最高権力機構は会員代表大会である。委員会は、会員代表の選挙で選ばれる。委員会の任期は4年で、再任を妨げない。委員会は重要問題を検討・決定し、本委員会の規則を改定するほか、主任、副主任、常務委員を選挙し、常務委員会を組織する。委員会の閉会時には、常務委員会が委員会の職権を行使する」[50]。

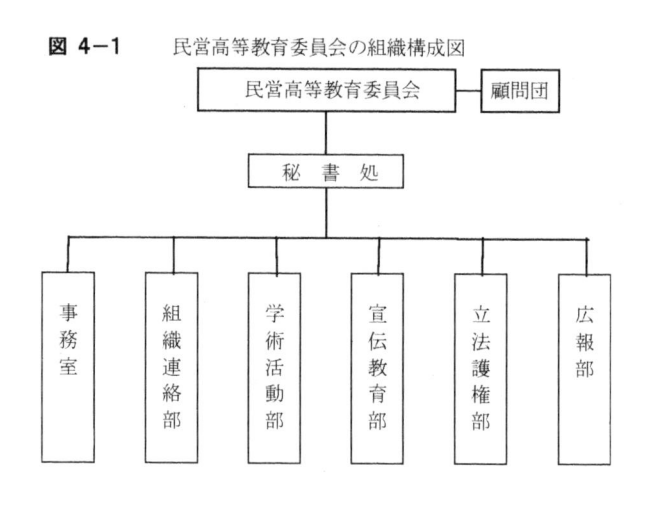

図 4−1　　民営高等教育委員会の組織構成図

```
          ┌─────────────────┐   ┌──────┐
          │ 民営高等教育委員会 │───│顧問団│
          └────────┬────────┘   └──────┘
                   │
              ┌────┴────┐
              │ 秘 書 処 │
              └────┬────┘
   ┌────┬────┬────┼────┬────┬────┐
 事務  組織  学術  宣伝  立法  広報
  室   連絡  活動  教育  護権   部
        部    部    部    部
```

（出所）「第1期民営高等教育委員会組織機構・役員名簿」中国成人教育協民営高等教育委員会編『中国民办高教之光』湖北科学技術出版社、1998年、440〜441頁より作成。

民営高等教育委員会は実際に、主に次のような役割を果たしてきた。
　第一に、政府と民営大学との間の架け橋としての役割である。民営高等教育委員会は常に民営大学側の要求や意見を政府の機関に伝達し、政策の形成・改善に貢献してきた。
　民営高等教育委員会は数度の全体委員会、主任拡大会議、工作会議を開催して、民営大学の直面している課題、政府に対する期待・要望について種々の建議・提案を提出し、下情上達の役割を果たした。例えば、1996年、民営高等教育委員会が主催して民営高等教育の立法に関するセミナーが北京で開かれ[51]、また1997年の民営高等教育委員会（南方）工作会議では、「民営教育法」（建議案）が提案された[52]。その他、1998年、教育部成人教育司に協力して民営大学に関する調査研究[53]を行うなど、いろいろな調査・研究を行って、政府の施策に協力してきた。
　第二に、良質の民営大学を表彰し、民営大学側の権益を守ることである。
　民営大学の表彰は、良質の学校、優秀な学校の運営者、良質のテキストの三つの観点から行われている。1997年には、委員会は民営大学109校を選出して良質の民営大学として表彰した[54]。1998年には、民営大学237校、学校の創立者・運営者または関係者232人を表彰し、民営大学の編集したテキスト30余種を表彰した[55]。それと同時に、『中国成人教育信息報』、『民办高教通訊』、『民办教育』などを通じて、民営大学の実績を宣伝している。
　これらの表彰活動は民営大学の運営改善や教育の質の向上を促した反面、選考における公正性や客観性への疑い、「評議」の名目で金を徴収するなどの問題も出てきたため、1999年5月、教育部は「社会諸勢力による学校運営の評価活動を厳格に統制することに関する通知」を公布した[56]。
　また、権益保護については、民営高等教育委員会は立法護権部を設けて、民営大学の権益侵害事件の調査を行ったり、対策を立てたり、交渉をしたりしている。例えば、中国公共関係学院院長翟向東の職権が奪われた事件[57]、新疆ウイグル族自治区に起こった民営大学の校産をめぐってのもめごと[58]、吉林省、上海市、南京市、鄭州市、江西省の行政機関が民営大学

から管理費を徴収したこと[59]などについて対策や交渉を行った。

第三に、民営高等教育に関する出版物を編集、出版し、民営高等教育の理論研究や学術活動を促進する役割を果した。

民営高等教育委員会が編集している定期刊行物である『民办教育』[60]、『民办高教通訊』のほか、不定期的に編集・配付している政府や関係機関向けの『情況反映』、民営高等教育委員会の動きを紹介する『工作簡訊』がある。

民営高等教育委員会によって編集された主な書物としては、『中国民办高等教育的理論與実践（一）』(1996年)、『中国民办高等教育的理論與実践（二）』(1999年)、『中国民办高教之光』(1998年)、などである。

また、民営高等教育委員会は中国新聞学院などと共同してインターネットでホームページを開設し、情報交換などを行っている。

第四に、民営大学間の交流・協力を促進するとともに、民営大学の国際交流に貢献することである。

民営高等教育委員会は会員代表大会や工作会議などを開くほか、座談会や討論会などの会合も主催し、地域間・民営大学間の相互理解、協力を促進している。

1995年5月の民営高等教育委員会成立当時、会員校は86校しかなかったが、12月には133校になり[61]、1997年7月には278校に達し[62]、さらに1998年10月には380余校に達している[63]。

さらに、民営高等教育委員会は国際交流事業も行っており、例えば、民営大学学長のアメリカやタイの私立大学視察を実施し、それらの国の私立大学協会との友好関係を締結したほか、国際会議などを契機として、日本、韓国、フィリピンなどの私立高等教育の関係者との交流を行っている。

## 第4節 「社会諸勢力による学校運営に関する条例」とその意義

### 1 「社会諸勢力による学校運営に関する条例」制定の経緯

鄧小平「南巡講話」後、民営大学の発展が急激に進むとともに、民営教育の立法に関する要望もますます強くなってきた。

1994年、第8期全国人民代表大会第2次全員会議には、民営教育に関する32件もの提案が提出された。また、同年に開かれた中国政治協商会議第2次全員会議で、中国国民党革命委員会中央委員会副主席李贛騮は、党の有力者10人の代表として次のように発言した。「この10数年間、わが国はいくつかの暫定規定しか作ってこなかったので、民営教育に関する権威ある基本的な法律はいまだに定められていない。民営学校の法律上の地位、学校の性格、校産の帰属、また政府と学校間における権利、責任、義務などが明らかにされていない」と発言し、国務院に「民営学校条例」と「民営学校条例の実施に関する細則」の制定をなるべく早くするようにと強く要請した[64]。

　さらに、民営大学を直接に管理している地方政府も、管理上の様々な問題について関係法規の不足を痛感し、中央政府に対して民営教育に関する立法を切望していた。一部の地方政府、例えば北京市、黒龍江省、山西省、雲南省、河北省などは、自主的に民営教育に関するする地方レベルの法規を定めていた[65]。

　このような中で、国務院、国家教育委員会は民営教育の立法を開始し、1993年8月11日には、国家教育委員会が起草した「民営学校条例」（草案）（以下、「草案」と称する）が国務院法制局へ提出された。

　1994年、国務院、国家教育委員会は、浙江省、江西省、湖北省などへ調査研究団を派遣して現地調査を行い、その調査結果を参考として「草案」を修正、補充した。例えば、浙江省温州などの経験を参考として「援助と保障」の章を追加した。この第1回目の修正の結果、「草案」は8章56条になった[66]。

　その後、国家教育委員会、国務院は政府の各部、委員会（日本の各省庁に相当）、及び各省、自治区、直轄市の地方行政機関の意見を聴取し、さらに全国工業商業連合会、各民主党派、民営学校側の意見を聴取して「草案」の2回目の修正が行われた。

　1997年3月3日、国務院法制局から正式に「草案」が国務院へ提出され、同年7月3日、国務院第156回総理執務会議で「草案」が基本的に認められた。しかし、一部修正することが勧告され、その結果、第5条が追

加されるとともに、第25条、第37条についても一部の内容が追加された[67]。

1997年7月31日、国務院第226号令で「社会諸勢力による学校運営に関する条例」（原語は「社会力量办学条例」、以下、「条例」と称する）が公布された[68]。同年10月14日、国家教育委員会は、「『社会諸勢力による学校運営に関する条例』の実施に関する若干問題の意見」（以下、「意見」と称する）を公布した[69]。

上記の「条例」成立の過程について若干補足しておくと、「条例」（草案）の名称は、当初は「民営学校条例」とされていたが、公布時に「社会諸勢力による学校運営に関する条例」と変更された経緯がある。しかも、「条例」のいかなる条項にも「民営」という文字は一切使われていない。この用語の使い方は、国家教育委員会が1993年に公布した「民営高等教育機関の設置に関する暫定規定」とは明らかに違う。「民営」から「社会諸勢力」へ改称された原因は一体何だったのか。1997年8月14日『中国教育報』の記事「『社会諸勢力による学校運営に関する条例』の成立過程」によると、国務院法制局と国家教育委員会のスタッフが現地調査した後、北京へ戻って「民営」を「社会諸勢力」に改称したのだという。この記事は改称の時期は明らかにしているが、改称の原因については触れていない。筆者の調査によれば、この改称は国家指導者の意見との関わりがあるということである[70]。

「草案」を提出する前に、国家科学技術委員会は国務院に「民営科学研究機構の管理に関する条例」案を提出したが、当時の国務院総理は「民営とは一体何か」と尋ね、民営という名称の法律上の根拠に疑問を呈したとのことである。結局、「1982年憲法」第19条の規定に基づいて「社会諸勢力」を使うこととなり、この経緯に則り、「民営学校条例」は「社会諸勢力による学校運営に関する条例」と改称されたという。

## 2 「社会諸勢力による学校運営に関する条例」の主要点

公布された「条例」は8章60条で構成されているが、その主な内容は次のようなものである。

表 4-6　　　　　　　　「条例」の枠組と要領

| 章の名称 | 主　な　内　容 |
|---|---|
| 第1章　総則 | ①主旨 ②民営学校の性格 ③民営教育に対する方針 ④民営学校は営利を目的とすることができない ⑤民営学校の権利と義務 ⑥民営教育に対する政府の管理方式・範囲 |
| 第2章　教育機関の設立 | ①設立者の資格 ②学校設立の条件 ③学校の審査・認可の機関と基準④学校設立の手続き ⑤学校の名称 |
| 第3章　教育機関における教育と管理運営 | ①理事会・学長の選出と職責 ②教職員の採用 ③学生募集と管理④カリキュラムの計画と教材の使用 ⑤学校の質に対する評価・監督 |
| 第4章　教育機関の財務管理 | ①財務管理の制度 ②費用の徴収と徴収基準の査定 ③財産管理と使用 ④教職員の給与・福祉厚生費の保障 |
| 第5章　教育機関の変更と解散 | ①学校の名称、性質、教育段階などの変更に対する審査・認可 ②学校合併の手続き ③学校解散の手続きと措置 |
| 第6章　保障と支持 | ①政府の関係部門は民営教育を支援しなければならない ②業務指導、教育・研究活動に対する支援 ③学校の用地に対する支援 ④教職員、学生の権利の保障 |
| 第7章　法律上の責任 | ①運営資金の引き上げに対する処罰 ②学校運営許可書の偽造・売買に対する処罰 ③費用の乱脈徴収に対する処罰 ④教職員の給与・福祉関係経費の不正支払いに対する処罰 ⑤教育・授業の質低下に対する処罰 ⑥教育行政機関の職権濫用に対する処罰 |
| 第8章　附則 | 略 |

(出所)「社会諸勢力による学校運営に関する条例」『人民日報』1997年8月12日より作成。

## 3　「社会諸勢力による学校運営に関する条例」の意義

「条例」の読み方は様々あるが、ここでは、「条例」とそれ以前に公布された諸法規・諸通知などと比較して、「条例」の特徴と意義を解明することとする。

(1)「条例」の性格

「1982年憲法」公布後打ち出された民営教育に関する諸規定や諸通知は、すべて国務院の下部機関としての部、委員会(例えば国家教育委員会、財政部、公安部など)によるものであり、しかも、その他、多数の法規は「暫定」という文字を冠しており、臨時的なものであった。例えば、1987年に公布された「社会諸勢力による学校運営に関する若干の暫定規定」、1993年に公布された「民営高等教育機関の設置に関する暫定規定」など。これらに対して、「条例」は国務院によって公布され、諸法規や諸通知の

上位法として権威度が高く、その主な内容も一時的なものではなく、定着したものである。

また、「条例」以前に公布された諸法規・諸通知は、個々の問題(例えば財務、広告、卒業証書の授与など)をめぐって定められたものがほとんどである。1987年に公布された「社会諸勢力による学校運営に関する若干暫定規定」(以下、「1987年暫定規定」と称する)の内容はより幅広いが、全体的に見るとあまりにも簡素かつ未成熟なものであり、包括的なものとは言えない。「条例」は「1987年暫定規定」の全22条と比べて、条数も大幅に増えて60条になっており、民営教育の全般を包括的に規定している。

(2)「条例」の精神

「条例」の冒頭には、「社会諸勢力による学校運営を奨励し、学校創設者、学校及びその他の教育機関、教員及びその他の教育関係者、被教育者の合法的な権益を保護し、社会諸勢力による学校運営事業の健全な発展を促進するため、本条例を制定する」と明記されている。これが「条例」本来の主旨である。これに対し、「1987年暫定規定」の第1条は、「『中華人民共和国憲法』第19条に基づき、社会諸勢力による学校運営を奨励・支持し、マクロ的な管理を強化し、社会諸勢力による学校運営の健全な発展を促進するため、本条例を制定する」と述べるに止っている[71]。両者を対照すると、二つの相違点が浮かんでくる。一つは、「条例」は民営学校側の権益保護を明確に述べている点である。今一つは、「条例」には「1987年暫行規定」のような「管理強化」の意思が表われていないことである。要するに、法規制定の主旨が、民営教育に対する管理強化の重視から権益保護の強調へ変化したことがうかがえる。もちろん、これは管理強化を放棄したという意味ではないが、管理強化を法制定の目的あるいは主旨としていないことを示唆している。「条例」第4条は、「国家は社会諸勢力による学校運営に対して、積極的に奨励し、強力に支持し、正確に指導し、管理を強化するという方針を実行する」と述べている。

具体的に見ると、「1987年暫定規定」22条のうち、民営学校の権益の保護に関しては第3条にしか規定はないが、これに対して「条例」は、上述

の「総則」第1条のほか、第8条では、「国家は、社会諸勢力の運営する教育機関の合法的権益を保障する。社会諸勢力の運営する教育機関は、法律に従って運営上の自主権を享受する」とし、第10条でも、「社会諸勢力の運営する教育機関及び教員・学生は、法律によって国の運営する教育機関およびその教員・学生と同等の法律上の地位を享受する」と規定している。さらに、第6章「保障と支持」で、具体的な保障・支持措置を個別に記してある。

また、「1987年暫行規定」にはあまり見られないが、「条例」には政府側の職権・責任に対する規定も盛り込まれている。例えば、第33条は、「いかなる行政部門も、教育機関に対して監督・管理を実施する場合、その費用を徴収してはならない」とし、第36条は、「いかなる組織及び個人も教育機関の財産を侵してはならない」と定め、さらに第56条は、「審査・認可機関が職権を濫用して情実のため不正を働いた場合、それについて直接責任を負う主管者その他の直接責任者に対しては、法に基づいて行政処分を行う。犯罪を構成するときは、法に基づいて刑事責任を追及する。行政部門が教育機関に対する監督管理実施の費用を徴収した場合、徴収した費用を返還しなければならない。直接責任を負う主管者その他の直接責任者に対しては、法に基づいて行政処分を行う」と規定している。その他、第7条、第13条にも、類似の内容が書かれている。これらの条項によって直接あるいは間接的に民営学校の権益を守ることとなった。

(3)「条例」の施行重視の特徴

「1987年暫定規定」と比べて、「条例」の今一つの特徴は施行重視である。「総則」と「附則」を除いて、「条例」の各章には実施の部門、内容、方法、過程など詳細に明記されており、例えば、教育機関の設立については、第15条、第16条、第17条で詳しく規定されている。

また、「条例」公布直後、国家教育委員会は、「『社会諸勢力による学校運営に関する条例』の実施に関する若干問題の意見」(以下、「意見」と称する)[72]を公布し、「条例」の実施についてさらに説明している。例えば、「条例」第59条は、「本条例施行前に、法律・法規または規則に照らして成立しまたは登録された社会諸勢力の運営する教育機関は、引き続き存続

することができる。本条例の規定に照らして学校運営許可証の手続きをすべきものは、その許可証を追加申請しなければならない。そのうち、本条例に規定する条件を完全に備えないものは、規定の期限内にその本条例の規定する条件に達しなければならない」と規定しているが、この条項について「意見」は、「『条例』第59条によって主管の教育行政部門は人員を組織し、1998年6月30日までに教育機関が『条例』に照して自己点検を行ったところに基づいて、各校に対してそれぞれの運営方向、運営条件、学校章程、学生募集広告、教育の質、学校の証書、学校の名称、学校の財産・財務、学校の内部管理などを全面的に点検しなければならない」と具体的な措置を示している[73]。

要するに、「条例」は、民営教育の20年近くの発展と政府の民営教育に対する施策の双方の経験や教訓を政府が総括したものであり、国の民営教育に対する政策を法規として定着させたことを示すものであって、民営教育の規範化の時期が到来したことを意味する[74]。

しかし、「条例」も完璧なものとは言えず、「条例」について大いに議論された問題の一つは第5条である。第5条の内容は次のようなものである。「社会諸勢力は、職業教育、成人教育、後期中等教育ならびに就学前教育を実施する機関を運営することを重点としなければならない。国家は、国の実施する義務教育の補完として社会諸勢力が義務教育を実施する教育機関を運営することを奨励する。国家は、社会諸勢力が高等教育機関を運営することを厳格に統制する」。この条項については、二つの点に注目しなければならない。一つは国の奨励するものと抑制するものとが明確に区分されていることであり、今一つは、奨励対象とされている義務教育実施のための民営教育機関は、公立教育の補完者としてその位置が明確にされていることである。ただし、民営「高等」教育機関が公立高等教育の補完となると規定しているわけではない。民営高等教育機関が国の高等教育分野においてどのような位置に置かれているかについて、政府の方針は曖昧かつ消極的である。さらに、この第5条は、第4条と矛盾するところもある。つまり、民営高等教育は「積極的に奨励し、強力に支持する」の対象になっていない。また、第5条と「暫定規定」とを比べてみると、大きな

違いがある。「暫定規定」第13条では、専科レベルの民営高等教育機関の設置は奨励されているが、学部レベルの民営高等教育機関の設置は厳格に抑制されているのに対して、「条例」は、専科や学部などのレベルを問わず、すべての民営高等教育機関の設置を厳格に抑制するとしている。これは「暫定規定」以前への逆戻りとも受け取れる。

さらに、注意しなければならないことは、この第5条の由来である。1997年3月3日、国務院法制局が「条例」（草案）を国務院へ提出したとき、この第5条はなかったのである。同年7月3日、国務院総理の執務会議で、「条例」（草案）を認めると同時に、改定を求める若干の意見表明がなされた。これによって、法務局と国家教育委員会が第5条を追加し、第25条、第37条も一部追加を行ったのである[75]。要するに、第5条はその当時の政府の指導者の意見を反映したものと言える。

なお、「条例」の公布機関が国の最高行政機関・国務院であり、その影響力は「暫定規定」よりはるかに大きかった。「条例」公布後、これを受けて国家教育委員会は直ちに20世紀中は新しい民営高等教育機関の申請を受け付けないという姿勢も表明した[76]。

## 第5節　21世紀に向けての民営大学に対する政策

### 1 民営大学に対する政策の新展開

1998年は民営大学にとって大きな意義を持つ年であった。8月29日には、第9期全国人民代表大会常務委員会第4回会議で、「中華人民共和国高等教育法」（以下、「高等教育法」と称する）が可決され[77]、さらに12月24日には、教育部により「21世紀に向けての教育振興行動計画」（以下、「行動計画」と称する）が公布されたのである[78]。

「高等教育法」の対象は主として公立高等教育であるが、民営高等教育にも触れている。しかし、その民営高等教育に関する内容は非常に重要な意味を持っている。民営大学に対する「高等教育法」の最も重要な役割は、「条例」を是正することであった。

「高等教育法」第6条は、「国家は、企業事業体組織その他の社会組織、

公民などの社会諸勢力が法律によって高等教育機関を運営し、高等教育事業の改革と発展に参加してこれを支持することを奨励する」と明記している。これは、「条例」第5条を徹底し、基的な考え方を抜本的に変更したものと言える。この「徹底・抜本」は、三つの意味を持つ。

まず、内容的に見て、この第6条は「条例」第5条と正反対の関係にある。

次に、「高等教育法」の権威性である。民営大学に関する法規はその制定機関によって分ければ、次の3種類になる。①国家教育委員会あるいは国家教育委員会と共産党や政府の他の機関が共同で制定・公布した法規。例えば、国家教育委員会によって公布された「暫定規定」、国家教育委員会と中国共産党中央委員会宣伝部、国家教育委員会と財政部によって公布された規定・通知など。②国務院が公布した法規。例えば「条例」。③国家の最高権力機関である全国人民代表大会が制定した法律である。この3種のうち、①と②は、言わば日本の省令、政令などの法規に相当するのに対して、③は法律として①と②の上位法の性格を持つ最も権威があるものである。このたびの「高等教育法」は、その意味で「条例」を抜本的に是正したものである。

最後に、歴史的に見ると、政府の民営高等教育に対する政策は、常に奨励と統制との間でその一方の極から他方の極へと揺れ動いた。「高等教育法」の誕生は法律のレベルで、民営高等教育に対する奨励策が定着したことを意味する。

「行動計画」は教育発展の中長期的な計画であるが、そのうち高等教育に関する主な目標として、①「211工程」と、②高等教育の大衆化の二つが掲げられている。前者は質の向上を目指し、後者は量の拡張を目標とする。高等教育大衆化の具体的な計画は、2000年までに高等教育の入学率を11%、2010年までに15%近くまでに到達させるというものである。この15%の目標はアメリカの高等教育研究者マーチン・トロウのいう大衆化の状況である[79]。

高等教育大衆化策の提起するものは非常に重要な意義を持つと考えられる。1998年以前には、高等教育の拡大論と反拡大論の相対立する議論

があり、それぞれに論拠のあるものであった[80]。また、拡大論の中でも、漸進的な拡大と大規模で急激な拡大との両論があった[81]。この「行動計画」は国家戦略としての高等教育大衆化を打ち出し、高等教育の大規模且つ急激な発展路線を選んだこと意味している。しかし、12億の人口を持つ発展途上国中国にあっては、高等教育がエリート段階からマス段階へ進むことは非常に困難である。1999年、全国の普通大学の新入生は前年より48％、52万人増えて160万人に達し[82]、また、成人高等教育機関も116万人の入学者があった。高等教育の入学率は10.5％に達した[83]。入学者の急増によって施設の不足や教育の質の低下などが問題になっている。ある調査によると、全国619校の普通大学のうち、学生宿舎、図書館、教室、食堂、浴室などの施設が不十分なものがほとんどであり、国の定めた基準を下回っている[84]。つまり、高等教育の大衆化を目指す限り、これから取るべき道は、高等教育機関は必然的に国立、公立、民営などに多様化するほかないということである。政府はこのような情勢と展望に基づき、民営大学に対する明確な奨励・支持策を断行してきたことは明らかである。

　ここで、検討しなければならないことは、「条例」から「高等教育法」、「行動計画」への政策転換の経緯である。「条例」の公布と「高等教育法」、「行動計画」の公布との間は僅か1年数ヵ月である。この時期に起こった一つの出来事は、新しい内閣の誕生であった。1998年3月に開かれた第9期全国人民代表大会によって任命された新しい総理朱鎔基は、中外記者会見の時、「本期政府の最大の使命は科教興国策を実施することである」と宣言した[85]。その後、国務院で科技教育工作指導組が設けられ、朱鎔基は組のリーダーとなった。民営高等教育に対する政策の転換は、朱鎔基内閣の教育重視の姿勢と明らかに関わりがある。例えば、「行動計画」は1998年12月24日に朱鎔基が主催した国家科学技術指導組の会議で可決されたものである[86]。むろん、政策の転換は単に総理個人の意思決定によるものではなく、社会の情勢もその要因になっていたと考えられる。

　当時、政府にとっての難関は教育支出のGNP比4％という数値目標を達成することであった。1993年公布された「綱要」は、国家の教育支出金の国民総生産（GNP）に占める率が本世紀末4％に達するという数値目標

を定めた(本章第1節参照)。この4%の発想は、当時の指導者鄧小平の考えに溯ることができる。1980年1月16日、中央幹部会議の席上、鄧小平は「教育・衛生に対する配分は国民経済の比例において少な過ぎ、かなりの不均衡が見られる。例えばエジプトの場合を見ると、国民1人平均の教育費はわが国の数倍に相当している。20世紀末には、国の経済状況は現在と比べものにならないほど良くなっているはずだから、かりに国家予算の5%の教育予算を計上するとすれば、500億ドルになる。これは現在の80億ドルの6倍に相当する。その数値目標を目指せ」という趣旨のことを発言した[87]。「綱要」は鄧小平が当初示した国家予算の5%の数値目標を1%引き下げ、4%と慎重な数値を定めた。しかし、数年を経てもその4%の数値目標にはなかなか接近できず、1990年代後半に入ると、低水準で横ばい状態が続いていた。

表4-7　　　　　　　　国の教育支出金のGNPに占める率

| 年 | 1990 | 1991 | 1992 | 1993 | 1994 | 1995 | 1996 | 1997 | 1998 |
|---|---|---|---|---|---|---|---|---|---|
| % | 3.04 | 2.85 | 2.73 | 2.52 | 2.62 | 2.45 | 2.46 | 2.49 | 2.55 |

(出所)1990~1994年のデータは、国家統計局編『中国統計年鑑1995』中国統計出版社、1995年により、1995~1998年のデータは、育文「中国教育経費問題的回顧輿思考」『人民日報』1998年9月3日により作成。

「行動計画」の審議は1998年末のことで、その時点で、20世紀に4%の目標を達成できないことが明らかになった。「科教興国」が最大な任務と宣言した朱鎔基内閣は、教育経費がかなり不足しているにもかかわらず高等教育を発展させなければならないという問題を解決するため、民営大学に積極的な奨励策を打ち出した。換言すれば、政府の選択肢は二つや三つではなく、ただ一つしかなかったのである。それは、民営大学あるいは民間に役割を与えることであった。1998年8月に公布された「高等教育法」第60条第3項は、「国家は、企業事業体組織、社会団体およびその他の社会組織と個人の高等教育への投資を奨励する」と明記している[88]。1999年6月開かれた全国教育工作会議で、朱鎔基は次のように述べた。「わが国は貧しい国として大規模な教育を運営しているので、様々な方式で学校運営の道を開かなければならない」「最善の方法は民営教育の発展を積極

的に支持し、民族の素質を高めることである。これは、わが国が社会主義の強国を建設するための根本的な保障である」[89]。また、1998年4月、全国人民代表大会委員長李鵬（元総理、朱鎔基の前任）は、浙江省で開かれた高等教育座談会で次のように述べている。「民営高等教育を発展させなければならない。すべての学校を国によって運営することにはならない。国はそんなに多大な財力を持っていないからである」[90]。

さて、次に問わなければならないことは、教育経費が極めて乏しい状態で、なぜ政府が高等教育の大衆化政策を打ち出し、実施しなければならなかったかである。

1996年の第8期全国人民代表大会第4回全体代表会議で採択された「国民経済と社会発展の第9回5ヵ年計画および2010年までの長期目標に関する綱要」は、高等教育の大衆化に全く触れていない[91]。その後、1997年9月に開かれた中国共産党中央委員会第15期全国代表大会でも、高等教育大衆化策の兆しは見えていない。1997年7月に公布された「条例」は民営高等教育に厳しい抑制方針を示し、高等教育の大衆化は全く念頭に置かれていない。その当時の国家教育委員会主任（日本の文部大臣に相当）朱開軒の構想によると、大学の入学率は2000年には8％、2010年には11％に達し、2020年前後に高等教育の大衆化を実現することになっていた[92]。これらの流れを見ると、1998年に打ち出された高等教育大衆化策は急に提起されたものと見られる。

高等教育大衆化策が急いで打ち出された主な要因としては、少なくとも次の三つが挙げられる。

第一に、経済発展の促進である。1990年代後半から、中国経済は、国内市場低迷、消費不振に陥っていた。1999年3月に開かれた第9期全国人民代表大会第2回全員会議で朱鎔基総理は、今国が直面している主な問題の一つは、消費需要が弱く市場の始動が困難なことであると指摘した[93]。一方、教育に対する消費が急激に増えてきた。ある調査によると、1990年以降都市部住民の教育支出の増加率は年に20％程に達し、高レベル・高質の教育を受けたいという需要が高まってきた[94]。都市部だけではなく、豊かな農村でも若者の大学進学意欲が高まった[95]。消費市場の

全体状況を見ると、ほとんどの商品は過剰であるが、供給不足の唯一の商品は教育、特に高等教育であった。高等教育の拡張は教育消費を促進するとともに、他の消費セクターにも刺激を与えることが期待され、高等教育の急激な拡大策が断行された。

教育部発展研究センターの調査によると、1999年に普通大学によって拡大募集された新入生51万人は、60～70億元ほどの国民経済増加をもたらした。これを項目別に見ると、①学費収入。全国で1人当たり3,500～4,000元。②食事代。都市・農村からの学生の年平均食事代は1人1,044元。③交通費（鉄道）。1人で303元。④学習用品。1人で510元。⑤宿舎支出。1人で500元[96]。

第二は、失業の緩和である。国営企業の改革と行政機関の簡素化によって失業者がますます増え、高校卒業者の就職難も進んでいた。これに対して高等教育の拡張は、失業を緩和する方途の一つであるという側面もあった。また、民営教育の発展は、直接に失業者へ就職のチャンスを与えることにもなった。湖南省の1999年の統計によると、同省における民営教育機関2,016校は失業者25,000余人を雇用したという[97]。陝西省の場合、民営大学の発展は、周囲の交通、通信、飲食、商業などサービス業を繁栄させ、社会人8,000余人に職を与えたと報告されている[98]。

第三は、人材不足の解決である。人材不足、特に中上級技術労働者の不足は、経済・社会発展への課題となっていた。ある労働管理機関は、2000年には上級技術労働者400万人、中級技術労働者2,000万人が必要であると予測している[99]。教育部の調査は、2010年までに高等教育は、3,400～4,000万人の専門人材を養成しなければならないとしている[100]。また、南京大学が行った全国10都市[101]における40余りの国営企業の調査によると、製造に従事する労働者のうち、上級技術者は僅か2%に過ぎず、技術の進んだ上海市の場合でも3.7%であるのに対して、先進国では30%に達しているという。さらに、世界銀行のある調査は、中国の操業者の教育程度と技術水準が低いため、鉄道系、発電所などの基礎施設に対する投資は4分の1ほど無駄使いされていると報告している[102]。そのほか、国家統計局の資料によると、欠損企業の3分の1はその欠損の主な原因が内部

管理の混乱あるいは労働者の技術水準の低さにあり、労働者の技術低下によってもたらされた経済損失は年1,000億元に上るという[103]。農村部でも、技術者不足の問題が深刻で、1998年末、全国で農、林、牧、漁業に従事する労働者4.6億人のうち、非識字者や半識字者が1億人(22.7%)、小学校卒業者が2億人(45.5%)にも上っており、技術者の不足は新しい農業技術の応用と普及を阻む原因になっている[104]。

　高等教育大衆化の実施によって、重荷としての人口が豊富な人材資源へと転化することができるというのが、鄧小平の発想であった。鄧小平は「わが国は、国力の強弱、経済発展の継続力の大小が、ますます労働者の素質、インテリの人数と質によって決まる。人口10億人の大国は、教育が進んだら、人材資源における圧倒的な優勢はどの国でもくらべものにならない」と述べている[105]。これはまさに、「科教興国」の戦略の源とも言える。

## 2 有力な民営大学の成長

　1990年代後半に入ると、民営大学の成長は主に学歴教育指向に基いている[106]。1996年と1999年とを比べてみると、下記の表が示すように、学歴証書授与権がある学校と学歴証書試験学校の発展が注目される。

表 4-8　　　1996年と1999年民営大学の校数・学生数(万人)

| 学校種類 | 1996年 | | | | 1999年 | | | |
|---|---|---|---|---|---|---|---|---|
| | 校数 | % | 学生 | % | 校数 | % | 学生 | % |
| 学歴証書授与権がある学校 | 21 | 1.7 | 1.4 | 1.2 | 37 | 2.9 | 4.6 | 3.7 |
| 学歴証書試験学校 | 89 | 7.3 | 5.2 | 4.5 | 370 | 29.0 | 25.8 | 21.0 |
| 学歴証書授与権がない学校 | 1,109 | 91.0 | 108.4 | 94.3 | 870 | 68.1 | 92.6 | 75.3 |
| 合計 | 1,219 | 100 | 115.0 | 100 | 1,277 | 100 | 123.0 | 100 |

(出所) 国家教育委員会成人教育司編『成人教育情況』第12期、1997年5月、または『民辦教育』2000年第5期、1頁により作成。

第4章　鄧小平「南巡講話」と民営大学に対する方針の定着

**表 4-9**　　　　　学歴証書授与権がある民営大学 37 校一覧表

| 大　学　名 | 主管機関名称 | 所在地 | 性質 |
|---|---|---|---|
| 海淀走読大学 | 北京市海淀区 | 北京市 | 普通 |
| 民办天獅職業技術学院 | 天津市 | 天津市 | |
| 民办内蒙古豊州学院 | 内モンゴル自治区 | 呼和浩特市 | |
| 民办万成経貿職業学院 | 遼寧省 | 大連市 | |
| 民办吉林華僑外国語職業学院 | 吉林省教育委員会 | 長春市 | |
| 民办黒龍江東方学院 | 黒龍江省教育委員会 | 哈爾濱市 | |
| 民办東海職業技術学院 | 上海市教育委員会 | 上海市 | |
| 民办杉達学院 | 上海市教育委員会 | 上海市 | |
| 民办新僑職業技術学院 | 上海市教育委員会 | 上海市 | |
| 民办明達職業技術学院 | 江蘇省教育委員会 | 塩城市 | |
| 民办三江学院 | 江蘇省教育委員会 | 南京市 | |
| 民办浙江樹人学院 | 浙江省政治協商会議 | 杭州市 | |
| 民办金華職業技術学院 | 浙江省 | 金華市 | |
| 民办三聯職業技術学院 | 安徽省 | 合肥市 | |
| 仰恩大学 | 福建省 | 泉州市 | |
| 民办福建華南女子職業学院 | 福建省教育委員会 | 福州市 | |
| 民办藍天職業技術学院 | 江西省 | 南昌市 | |
| 民办山東万傑医学高等専科学校 | 山東省教育委員会 | 淄博市 | |
| 民办青島濱海職業学院 | 山東省 | 青島市 | |
| 民办中原職業技術学院 | 河南省 | 駐馬店市 | |
| 民办黄河科技学院 | 河南省教育委員会 | 鄭州市 | |
| 民办長江職業学院 | 湖北省 | 武漢市 | |
| 湘南医学高等専科学校 | 湖南省 | 衡陽市 | |
| 民办培正商学院 | 広東省高等教育庁 | 広州市 | |
| 民办南華工商学院 | 広東省総労働組合 | 広州市 | |
| 私立華聯学院 | 広東省 | 広州市 | |
| 民办白雲職業技術学院 | 広東省教育委員会 | 広州市 | |
| 民办潮汕職業技術学院 | 広東省 | 揭陽市 | |
| 邕江大学 | 民革広西自治区委員会 | 南寧市 | |
| 民办四川天一学院 | 四川省教育委員会 | 成都市 | |
| 涼山大学 | 涼山州人民政府 | 西昌市 | |
| 西安培華女子大学 | 西安市教育委員会 | 西安市 | |
| 天津聯合業余大学 | 天津市 | 天津市 | 成人 |
| 上海工商学院 | 上海市 | 上海市 | |
| 湖北函授大学 | 湖北省 | 武漢市 | |
| 広東業余大学 | 広東省 | 広州市 | |
| 寧夏石嘴山職工大学 | 寧夏回族自治区 | 石嘴山市 | |

（出所）『民办教育』1999 年第 5 期、44 頁、または各校関係資料により作成。

上表の学歴証書授与権がある学校37校の多くは、いわゆる有力な民営大学であり、例えば、本科の学歴証書授与権がある黄河科技学院、仰恩大学、職業教育重視の白雲職業技術学院、藍天職業技術学院、潮汕職業技術学院、青島濱海職業学院等、女子高等教育を行う福建華南女子職業大学、西安培華女子学院、立派な校舎・設備を持つ実力派の金華職業技術学院、海淀走読大学、湖北函授大学、培正商学院等である。

　また、学歴証書試験を行う学校のうち、有力な民営大学といわれるものには、北京市の中国科技経営管理大学、黒龍江省の東亜大学、陝西省の西安翻訳培訓学院、西安外事服務培訓学院、西安民办京西大学、西安欧亜培訓学院、河北省の河北中華冀联医学院、山東省の南山職業技術培訓学院、江西省の東南進修学院、渝州電子工業学院などがある。

　民営大学の成長の型を大別すれば、次の4種がある[107]。

　(1)蓄積型。学校の発足はほとんど「三無」からであったが、授業料や校営企業収入などによって次第に拡大し、有力なものになった。例えば、黄河科技学院が1984年10月に発足した時[108]、創立者は人民元30元（当時約1,000円）で紙と墨を買い、学生募集の広告を書いて町へ貼りに行ったという。ぼろな音楽教室を借り、独学試験の受験生に補導を行うことから始まり[109]、その後10数年の発展を経て、トップレベルの民営大学になった。1999年の時点で、在籍学生と教職員は1万人に近く、校舎は13万平方メートルを越え、キャンパス面積500ムーに達した[110]。2000年3月、黄河科技学院は国家教育部によって本科教育を実施する普通高等教育機関と認められた。

　(2)投資型。国内あるいは海外から資金の豊富な会社、集団、個人によって設立された学校で、この型の学校は運営経費が充実しており、校舎や設備も相当な規模になっている。例えば、山東省淄博市万傑集団が1億元を投資して設立した万傑医学院、ミャンマーの華僑が提供した3億元によって設立した仰恩大学[111]、台湾同胞の1億元によって設けられた河南広亜経貿学院など[112]。

　(3)運営方式変改型。公立学校の「公」の所有権は変わらないが、運営権を民間法人に移し、民営大学として運営するもので、国営企業の職員

機電学院を前身とする黒龍江東亜大学がこの例である。学校は民営大学の運営方式を導入して、自ら資金を調達し、学生を募集して公有民営の高等教育機関となっている[113]。

(4)附属学院型。この種の民営大学は、公立大学の教育資源（例えば、教員、教室、設備、図書、運動場、食堂など）を利用し、公立大学の附属学院として運営するものである。西安交通大学職業技術教育学院は、西安交通大学の附属学院として民営の性格を持ち、設立後8年間に専科・本科レベルの学生8,000人を育て、自力で校舎を建て、540余万元の設備を購入して西安交通大学に管理費170万元を上納した[114]。

おわりに

以上、1992年から2000年にかけての9年間における民営大学の発展と民営大学の政策展開過程について述べてきた。前章で述べた9年間（1982年末～1991年）と比べると、この時期の民営大学の発展には、次のような特徴が見られる。

①学校規模の拡大。民営大学の校数や学生の人数は急速に増えてきたとともに、学校の規模も拡大しており、特に、学生万人前後に達した大手民営大学の成長は、注目される。

②質の向上。学歴証書授与権がある学校と学歴証書試験学校の数は著しく増え、多くの民営大学が受験補導機関から本格的な高等教育機関に変身した。

③規範化が進んだ。政府の政策によって民営大学は、それぞれ学歴証書授与権がある学校、学歴証書試験学校、学歴証書授与権がない学校に分けられ、学校運営の構造・過程も規範化された。

民営大学の発展は、政府の奨励策の明確化・定着と密接な関連がある。この時期の民営大学に対する政策としては、次の二点が注目されている。

①政府の民営大学に対する政策の展開過程には曲折があったが、その基本的な傾向は、民営大学の発展を促すことにあった。この政策傾向は、1980年代後半から1990年代初頭にかけての民営大学に対する厳しい規制・抑

制とは異なり、政策の基本点は規制から奨励へと転換した。

②民営大学に対する政策の定着。「16文字方針」を打ち出す以前、政府の民営教育、特に民営大学に対する方針は終始曖昧な状態を続けていたが、「16文字方針」の打ち出しとその後公布された「高等教育法」、「行動計画」によって、民営大学に対する方針はいよいよ明確となって定着してきた。

1990年代の民営大学に対する奨励策に弾みをつけたものは、鄧小平の「南巡講話」であった。「16字方針」の打ち出し、「科教興国」戦略の策定、高等教育大衆化の強力推進など、一連の重大策の精神淵源は、すべて「南巡講話」に溯ることができる。この「南巡講話」によって民営大学大発展の新しい段階を迎えたのである。

## [注]

1 「科教興国」というスローガン自体は、1993年以降に出てきたものだが、内容は鄧小平「南巡講話」の中で繰り返した「科学技術は第一の生産力であり、教育は国の基礎である」(原語は科学技術是第一生産力、教育是基礎) が基になっている。
2 『人民日報』1992年10月18日。
3 中国共産党中央委員会・国務院『中国教育改革和発展綱要』人民出版社、1993年。
4 「綱要」公布後の1993年8月に、国家教育委員会が公布した「民辦高等学校設置暫行規定」は「綱要」実施の一環である。
5 「211工程」という単語が初めて姿を現したのは、1991年末の国家教育委員会の国務院に対する文書においてだが、その考え方自身は、同年1月24日に提出された国家教育委員会主任李鉄映による「国家教育委員会1991年工作会議報告」や3月25日に第7期全国人民代表大会で、李鵬総理によってなされた「政府工作報告」等にすでに見られる (遠藤誉『中国教育革命が描く世界戦略――中国の国立大学法人かと産官学協同』厚有出版株式会社、2000年、202頁)。
6 民営高等教育委員会常務副主任陳宝瑜「我国民辦高等教育発展的回顧與思考」『民辦教育』1998年第4期、6頁。
7 董明伝「中国私立高等教育――現状、問題與対策」厦門大学高等教育研究所編『亜太地区私立高等教育国際研討会論文集』、1996年、58頁。また、「民辦高等教育委員会第一次全体会議紀要」(中国成人教育協会民営高等教育委員会編『中国民辦高等教育的理論與実践 (一)』専利文献出版社、1996年) は、800余

校としている。
8 賀向東「転換脳筋、放寛路子、譲民办学校走出困境」『民办教育』1993 年第 1 期、7 頁。
9 劉培植「高挙『科教興国』旗帆、大力発展民办高等職業教育——在民办高等教育委員会第二次会員大会上的報告」中国成人教育協会民営高等教育委員会編『中国民办高教之光』湖北科学技術出版社、1998 年、416〜417 頁。
10 董明伝、前掲論文、58 頁。
11 国家教育委員会の統計は不完全なものと見られる（教育部発展計画司助理巡視員、民営教育の担当者瞿延東 1999 年 1 月 26 日に北京市で開かれた「改革開放 20 年における北京市民営高等教育の経験の総括・交流会」での講話、本書第 3 章第 1 節参照）。
12 民办江西渝州電子工業学院「増強市場意識、办好職業教育」、前掲、『中国民办高等教育的理論與実践（一）』、260〜266 頁。
13 「江西新亜商務学院」、前掲、『中国民办高教之光』、204〜206 頁。
14 「私立華聯学院紹介」、同上書、39〜41 頁。
15 1 ムーは約 200 坪に相当する。
16 1997 年 6 月 24 日に、筆者が杉達大学の常務副学長袁済にインタビューしたもの。
17 「私立青島遠東職業技術専修学院——被評為青島市管理優秀等級学校」楊智翰主編『中国民办大学 20 年』光明日報出版社、1999 年、280 頁。
18 「民办東方聯合学院黄伝貴院長——黄家医圏投資办学院」、同上書、137〜138 頁。
19 「私立威海外語学院許景義院長——創出一条私人办学路」、同上書、139〜141 頁。
20 「西安同仁商務培訓学院臧其恕董事長——『創業』百花斉放、迎来満園春色」（西安同仁商務培訓学院の前身は、西安同仁文化大学である）、同上書、335〜337 頁。
21 それぞれの民営大学は、例えば甘粛省経済技術進修学院（1992 年）、吉林俄語専修学校（1993 年）、巴州高級人材培訓中心、秦皇島愛輝旅行学院（1993 年）、など。
22 国営企業の大学運営は改革開放以前にあったが、それは企業自身の職員向けの教育機関であり、すべての運営経費は企業から出されていた。例えば、上海工作機械工場の七・二一職工大学、首都製鉄工場職工大学、黒龍江省のチチハル第一工作機械工場職工機電学院など。これらの大学とは違い、企業営の民営大学は自らで運営経費を賄い、社会一般から高校卒業生や社会人を募集・訓練し、卒業生の就職も当該企業とは必ずしも関係がないという特徴を持つ。
23 「浪潮計算機培訓学院——発揮企業集団優勢、大力発展民办教育」楊智翰主編、前掲書、282〜285 頁。
24 「北京中新企業管理学院」、前掲、『中国民办高教之光』、138〜142 頁。
25 民営高等教育委員会「気勢宏大充満活力的中国民办高等教育」、前掲、『中国

民办高教之光』、7頁。
26　「北京英迪経貿学院主体報告」北京市教育委員会編『北京民办高校評估』、1998年、225〜238頁。
27　「北京華夏管理学院主体報告」、同上書、264〜280頁。
28　北京美国英語語言学院は1994年、北京市成人教育学院(公立)の下部学院(民営)となった「北京美国英語語言学院主体報告」、同上書、157〜177頁。
29　陳宝瑜『民办高等教育論譚』北京燕山出版社、1996年、18頁。
30　『中国教育報』1993年8月26日。
31　「綱要」公布前は、民営大学の設置基準を公立大学と同じようにするというのが政府の立場であった。1990年8月23日、国務院副秘書長劉徳忠は民営大学の学長たちに次のように述べている。「高等教育は国家による運営であっても、地方による運営であっても、社会諸勢力による運営であっても、質的な基準は同様にすべきだ。国営大学、地方営大学、民営大学それぞれ異なる基準を持つことはよくないだろう」(『民办高教通訊』1996年第1期)。これは、政府の従来の方針と合致するものである。
32　学歴証書試験制度の試行前に、全国で学歴証書授与権を有していた民営大学は、僅か11校しかなかった。
33　賀向東主編『高等教育学歴文凭考試理論與実践』中国人口出版社、1997年、59〜61頁。
34　「綱要」第10条参照。
35　賀向東主編、前掲書、61頁。
36　国家教育委員会成人教育司編『成人教育情況』第12期、1997年5月。
37　国家教育委員会「関於同意上海市進行国家学歴文凭考試試点的批復」、賀向東主編、前掲書、6〜7頁。
38　前掲、『成人教育情況』第12期。
39　この入学の条件は、各地の基準によってそれぞれである。1997年には、上海市は合格基準以下50点まで者、陝西省、福建省は得点400点以上の者、吉林省は得点350点以上の者、北京市、遼寧省、四川省は得点の要求がなかった（李維民「高等教育学歴文凭考試初探」『民办教育』1997年第4期、13頁）。
40　『民办教育』2000年第5期、1頁。
41　同上。
42　『民办教育』1998年第1期、13頁。
43　賀向東主編、前掲書、61頁。
44　民営高等教育委員会の全称は「中国成人教育協会民営高等教育委員会」である。一般的に、民営高等教育委員会と称する。
45　後に、200余校の民営大学が研究会に参加した（前掲、『中国民办高等教育的理論與実践（一）』、360頁）。
46　中国では、社会団体を作る場合、「社会団体登記管理办法」によって民政部の認可を必要とする。
47　『民办教育』1999年第1期、40頁。

48 中国の場合、全国的な協会は1級協会と呼ばれる。その1級協会の下に2級協会（あるいは分会）を設けることができる。しかし、協会と言っても純然たる民間の団体ではないので、特に1級協会の設立に対する審査は非常に厳しい（民営高等教育委員会準備会秘書処「民办高等教育事業発展的一個里程碑──中国成人教育協会民办高等教育委員会筹備過程」、前掲、『中国民办高等教育的理論與実践（一）』、360〜361頁）。
49 同上書、361頁。
50 「中国成人教育協会民办高等教育委員会章程」、同上書、362頁。
51 『民办教育』1996年第6期、1頁。
52 前掲、『中国民办高教之光』、468〜476頁。
53 前掲、『中国民办高等教育的理論與実践（二）』、364頁。
54 楊智翰主編、前掲書、6〜8頁。
55 同上書、9〜15頁。
56 『中国教育報』1999年5月22日。
57 劉培植、前掲論文、420頁。
58 陳方伯「話不能不説了」、『民办教育』1998年第1期、12頁。
59 陳宝瑜「民办高等教育委員会 1998 年工作彙報」、前掲、『中国民办高等教育的理論與実践（二）』、365頁。
60 この専門誌は1993年創刊した当初、『民办高教天地』という雑誌名であったが、1994年1月から『民办教育天地』に改名、1998年1月からはさらに『民办教育』と改名した。本論文では、『民办教育』を用いる。
61 前掲、『中国民办高等教育的理論與実践（一）』、383頁。
62 前掲、『中国民办高教之光』、502頁。
63 前掲、『中国民办高等教育的理論與実践（二）』、365頁。
64 夏越「『社会力量办学条例』出台記」『中国教育報』1997年8月14日。
65 『民办教育』1996年第6期、1頁。
66 夏越、前掲論文。
67 同上。
68 「社会力量办学条例」『人民日報』1997年8月12日。
69 上海市教育委員会弁公室編『基礎教育办学体制改革文件選編』、1998年。
70 筆者の 1997 年の調査による（情報提供者の承諾を得ていないため、場所と氏名を省略）。
71 『中国教育報』1987年7月8日。
72 四川省教育委員会成人教育処編『社会力量办学文件彙編』、1998年、127〜136頁。
73 同上書、136頁。
74 この見方の論拠は主として三つある。①「条例」の公布、②「条例」の実施から 1998 年 6 月までに行われた民営教育に対する全面的な点検、③「条例」に基づき、1997 年 12 月、国家教育委員会と労働部が共同で行った「関於実行社会力量办学許可証制度有関問題的通知」の公布である。

75 夏越、前掲論文。
76 李維民、前掲論文。
77 「中華人民共和国高等教育法」『人民日報』1998年8月31日。
78 教育部『面向21世紀教育振興行動計画学習参考資料』北京師範大学出版社、1999年。
79 トロウの理論によれば、高等教育システムの発展段階は、エリート型、マス型、ユニバーサル・アクセス型に分けられる。すなわち、該当年齢人口に占める大学在籍者率が15%までのものをエリート型と言い、15%~50%はマス型、50%以上はユニバーサル・アクセス型と言う（喜多村和之『高等教育の比較的考察』玉川大学出版社、1986年）。
80 拡大論の主な論文としては次のようなものがある。王一兵「高等教育大衆化——中国面臨的挑戦和戦略選択」（『民办教育』1998年第2期）、「歴史機遇與決策——再論高等教育大衆化的歴史経験與発展中国家面臨的挑戦」（『高等教育研究』1999年第5期）、潘懋元「21世紀：可持続発展的中国高等教育——兼論中国高等教育大衆化問題」（黄河科技学院編『黄河科技大学学報』民办教育研究専号 1999年）、邬大光「21世紀中国民办高等教育面臨的機遇、挑戦、危機與使命」（同上誌）。拡大反対論者は主に政府の関係機関で、例えば、国家教育委員会のある責任者は至るところで、「大学生が多すぎる」と発言している（前掲、『中国民办高等教育的理論與実践（二）』、11頁）。
81 急激な拡大論の主な論文は、何祚麻、蘭士斌「高等教育適度発展还是大力発展？」（『上海高教研究』1998年第7期）。彼らの提言によると、2010年に、高等教育の入学率は34%以上に達しなければならないとしている。
82 『民办教育』2001年第4期、4頁。
83 『民办教育』2000年第1期、29頁。
84 『民办教育』1999年第5期、44頁。
85 『人民日報』1998年3月6日。
86 『民办高教通訊』1999年第10期、4頁。
87 『鄧小平文選』第2巻 人民出版社、1994年、250頁。
88 『人民日報』1998年8月31日。
89 張忠沢、陳致寛「新的機遇、新的挑戦——訪原全国人民代表大会教科文衛委員会副主任楊海波同志」『民办教育』1999年第4期、4~5頁。
90 「針対教育現状、坦言改革思路——劉培植主任給中央領導写信談建議」『民办教育』1998年第3期、5頁。
91 『人民日報』1996年3月15日。
92 朱開軒「21世紀的中国教育改革與発展」『民办教育動態』1998年第2期。
93 朱鎔基「政府工作報告」『中国教育報』1999年3月18日。
94 游清泉「民办教育要面向資本市場」『民办教育』2000年第4期、8頁。
95 1999年、楊海波が行った浙江省、江蘇省の農村調査による（『民办教育』1999年第4期、4頁）。
96 『新聞汇報』1999年10月7日。

⁹⁷　唐之亨（湖南省副省長）「加大社会力量办学発展力度、迎接新世紀湖南教育振興」湖南省教育委員会社会諸勢力運営学校管理処・湖南省社会諸勢力運営学校協会秘書処編『湖南省社会力量办学協会成立大会専輯』、1999 年、5〜6 頁。
⁹⁸　李維民「陝西民办高等教育與社会功能」西安外事服務培訓学院民営教育研究所編『民办教育研究』第 3 集、1999 年、102 頁。
⁹⁹　劉培植「解捆松绑莫商量」『民办教育』1998 年第 6 期、8 頁。
¹⁰⁰　陳宝瑜「回顧民办高教歴史、探索復興発展規律──我国民办高等教育発展的回顧與思考」、前掲、『中国民办高等教育的理論與実践（二）』、26 頁。
¹⁰¹　それぞれ深圳、広州、上海、北京、武漢、重慶、蘇州、無錫、宜昌、南京である。
¹⁰²　劉培植「借鑑国際経験、落実科教興国戦略、促進中国民办高等教育事業深入発展」、前掲、『民办教育研究』第 3 集、28 頁。
¹⁰³　楊智翰「我国高等教育大衆化之路」『民办教育』1998 年第 2 期、20 頁。
¹⁰⁴　『民办教育』1999 年第 3 期、14 頁。
¹⁰⁵　鄧小平「把教育工作認真抓起来」『鄧小平文選』第 3 巻　人民出版社、1993 年、120〜121 頁。
¹⁰⁶　「中華人民共和国高等教育法」によると、高等教育は学歴教育と非学歴教育を含む。学歴教育とは、被教育者が国に認められた高等教育学歴証書を取得するために行われた教育である。
¹⁰⁷　この分類方法は華中科技大学劉莉莉の論文「民办高教発展的模式與道路」（『民办教育』2000 年第 1 期、14〜15 頁）を参考した。
¹⁰⁸　当初の名称は鄭州高等教育自学考試輔導班であった。1985 年、黄河科技専科学校と改称し、1988 年、黄河科技大学と改称し、1994 年、黄河科技学院と改称した (張錫侯「黄河科技大学光輝的 15 年大事記」黄河科技学院学報編集部編『黄河科技大学学報』慶祝建校 15 周年専刊、1999 年、109〜120 頁）。
¹⁰⁹　胡大白「創办具有中国特色的社会主義民办大学」、同上誌、5 頁。
¹¹⁰　民営高等教育委員会整理・李国喬、陳宝瑜執筆「民営大学 100 校の調査統計および粗略な分析」（原語は「百所民办高校調査統計與初歩分析」）、前掲、『中国民办高等教育的理論與実践（二）』、229〜262 頁。
¹¹¹　鄔大光、史秋衡、謝作栩、柯佑祥編『改革有為、追求卓越──仰恩大学的办学思想與実践』、1999 年、9 頁。
¹¹²　前掲、民営高等教育委員会「気勢宏大充満活力的中国民办高等教育」。
¹¹³　「黒龍江東亜大学」、前掲、『中国民办高教之光』、130〜137 頁。
¹¹⁴　「西安交通大学職業技術教育学院趙継栄的実践──国办高校発展網絡教育大有可為」、前掲、『中国民办大学 20 年』、338〜339 頁。

# 第5章 地方政府の民営大学に対する施策

前諸章で論じた民営大学に対する政策は主に中央政府に関するものであったが、本章では地方政府の施策を中心として論じたい。

周知のように、中国における政府の構造は、基本的に中央集権の垂直的構造である。行政機関を段階によって分ければ、中央政府の下位に地方政府があり、地方政府は上から順次、①省（自治区、直轄市）②地区（自治州、市）③県（自治県、県級市、市轄区）④郷、鎮（民族郷）という4段階に分けられる[1]。この4段階のうち、民営大学の管理機関は主として省、自治区、直轄市（いわゆる1級行政区画）の地方政府である。

## 第1節 地方政府の民営大学政策の展開

### 1 地方政府の民営大学政策の形成条件

地方政府の民営大学に対する政策の展開は、次のような条件を持っていた。

(1) 地方政府の権限の拡大

1978年に開かれた中国共産党中央委員会第11期代表大会第3次全体会議以降、中央政府と地方政府との関係は改革の時期を迎えたが、その中心的内容は次のようなものであった。①中央の統一的指導の下、地方の自主性・積極性を発揮させることを、中央と地方の国家機関の権限に関する大原則とする。②国務院と省、自治区、直轄市の権限範囲を明らかにする。③省レベルの地方政府は立法の権限を有することとする。④計画、財政、税務、投資、国際貿易、価格、人事、教育、科学技術などの体制改革によって、中央政府から地方政府へ一部の管理権限を移譲する。

1985年に共産党中央委員会が公布した「教育体制の改革に関する決定」は、高等教育について「中央、省（自治区、直轄市）、中心的都市の3段

階で学校を管理する体制とする(原語は「3級管理」)」と明記し、また、「地方各級の共産党と政府は、教育を戦略の重点地位に置き、教育事業の発展を自らの主要な任務の一つとして重視しなければならない」と述べている[2]。その後、共産党中央委員会と中央政府が打ち出した教育に関する主要な政策や法規は、一貫して地方政府の教育管理権限を拡大し、地方政府に教育の促進を奨励した。

(2)地方の実情

地方政府の民営大学に対する政策は各地方の実情によって異なる。中国は国土が広く、各地方の社会、経済発展の状況も不均衡であり、沿海部と内陸部、都市と農村などの間に大きな格差がある。そのうちでも、特に東部の沿海部と西部の内陸部との格差は非常に深刻である。

例えば、1級行政区画である上海市と貴州省について、1998年の1人当たりのGDP(国内総生産)、消費支出、地方政府支出の教育経費、科学技術開発費を比べると、がそれぞれ12:1、6.1:1、10:1、53:1であった[3]。

また、公立大学の地域配置も東部と西部との間で次のような格差がある。

**表 5-1** 公立普通大学の東部、中部・西部における配置(1998年)

| 地方 | 大学数の比率 | 大学教員の比率 | 在籍学生の比率 |
|---|---|---|---|
| 東部 | 47.16% | 50.21% | 50.51% |
| 中部 | 33.06% | 30.73% | 31.50% |
| 西部 | 19.78% | 19.06% | 17.99% |

(出所)李維民「搭乗西部快車、振興民办教育」『民办教育』2000年第4期、10頁により作成。

西部からの人材流出も深刻で、甘粛省の公立重点大学である蘭州大学では、毎年10〜20人の中堅教員(その中には、中国科学院院士、博士学位授与権がある教授も含まれている)が流出し、また、青海省の公立普通大学は教員流出のために、1999年に博士学位を有する教員は僅か4人、修士学位を有する教員も教員全体の9%に過ぎない[4]。これに対して、2000年現在の全国の公立普通大学における修士・博士学位を有する教員の比率は、31.3%となっている[5]。

このような各地の実情は、地方政府の民営大学政策の形成にも影響を与えた。例えば、東部の沿海部浙江省の場合、1979年から1997年までに、全省総生産の年平均増加率は13.6%で、1998年の総生産額は4,980億元（約630億米ドル）、1人当たり11,230元（約1,400米ドル）に達した。また、1998年の工業総生産構成を見ると、国営経済は11%、労働者集団経済は32・2%、私営経済は45・1%、海外投資その他の経済は11.7%をそれぞれ占めており、浙江省政府は経済活動の多様化と豊富な民間資金を活用して、企業や民間の高等教育に対する投資の奨励策を打ち出している[6]。これに対して、西部の甘粛省、青海省、チベット自治区などは、経済的にも公立高等教育の面でも余裕がなく、民営大学に対する政策などはなかなか打ち出せない状態である。

(3)地方政府のリーダーの意思

地方政府のリーダー、あるいは教育行政機関の責任者は、常に民営大学に対する政策形成に大きな影響力を持っている。

地方政府の民営大学に対する政策の形成過程を見ると、リーダーの意思決定は非常に重要であった。1980年代初頭、当時北京市の副市長白介夫（教育担当）と成人教育局の局長関世雄は、厳しい非難に耐えて民営大学を支え、北京市政府の民営大学に対する奨励策の打ちしについては、彼らが大きな役割を果した。彼らのこの決断によって、多数の公立大学入試不合格者に民営大学において高等教育の機会を与えたのである[7]。

1990年代、陝西省の民営大学は非常に迅速な発展をとげ、全国で在校学生1万人以上の民営大学8校のうち、4校が同省の大学である[8]。このいわゆる「陝西民営大学事象」の形成要因の一つは、陝西省省長、副省長らの強力な支持であり、陝西省省長程安東は、「教育省長」と呼ばれている[9]。

これに対して、一部の地方の教育関係者は、民営大学に対する保守的な考えから、これに対して消極的な姿勢をとっていた。例えば、1984年に江蘇省における初めての民営大学南京育材職業大学が教育家朱剛[10]などによって設立され、学校は学生の実践能力育成を重視した結果、卒業生全員が就職するなどの成果を上げたが、江蘇省教育行政機関の責任者は「こ

れは高等教育分野のブルジョアジー自由化だ」と言って南京育材職業大学を厳しく批判し、さらに、1989年には、この大学が自らの校舎を持っておらず、専任教員がいないなどの理由で、学校の運営を停止するよう命じた[11]。

(4) 民営大学の発足と成長の実状

民営大学の発足と発展に対してどのように対応するかは、地方政府にとって大きなの課題となった。例えば、民営大学の設立、運営、教育の内容と質、学生募集、財務制度などに対する審査、管理、指導、監督、点検、規範など。時間的に見れば、各地方政府の政策は、それぞれの民営大学が出現した後に打ち出されたものがほとんどであった。すなわち、民営大学の成長に応じて政府の対応策が次第に展開された。民営大学が発達している地域では、民営大学政策も比較的完備していた。民営大学の進展自身が地方政府の施策をおこす原動力の一つでもあった。

## 2 地方政府による民営大学政策の展開過程

地方政府が民営大学関連の政策を打ち出す時期も、それぞれの地方の事情によって様々である。1981年4月、北京市政府が「北京市個人による学校運営に関する暫定管理規則」[12]を公布したのを皮切りに、1983年の湖南省政府の「湖南省社会団体・個人による学校運営に関する試行規則」[13]、1984年の同政府の「湖南省社会諸勢力運営学校に関する暫定管理規則」[14]、1984年の北京市政府の「北京市社会諸勢力による学校運営に関する試行規則」[15]、1985年の上海市政府の「上海市社会諸勢力による学校運営に関する試行規則」[16]など、民営大学に関する規則が相次で定められた。これらの規則は、民営学校の設置条件、審査・認可の手続き、学校運営の内容、または学校に対する政府の管理・指導・監督などを具体的に規定するものであった。

全体的に見ると、この時の民営大学に対する地方政府の政策は、次のような特徴を持っていた。

①各地方が公布した「規則」は、すべて「暫定」、「試行」とされたこと。
②規則などの法規や公文書によらず、各級政府のリーダーの支持表明に

よる施策の実施の場合が多かったこと。例えば、天津聯合業余大学は天津市市長李瑞環の支持[17]、海淀走読大学は共産党北京市海淀区委員会書記長賈春旺の支持[18]、湖北函授大学は共産党湖北省委員会書記長関広富の支持[19]、私立華南女子大学は共産党福建省委員会書記長項南の支持[20]を得たものであった。しかし、これらの支持は、一般的に特定の一校を対象としたものであって、民営大学一般に対する支持という性格のものではなかった。

③まちまちな認可・管理機関。民営大学の認可・管理をどのレベルの地方政府が行うかは統一されておらず、例えば、湖南省における初期民営大学の認可・管理機関は3級行政区画としての区教育局であり、海淀走読大学の管理機関は2級行政区画としての海淀区政府であり、中華社会大学の認可・管理機関は1級行政区画北京市の工農教育管理室（原語は、工農教育办公室）であった。

④規則を公布した地方政府は、ごく少なかった。1985年までに、民営学校に関する規則を公布した1級行政区画は、北京市、湖南省、上海市、河南省しかなかった。

1987年、国家教育委員会が「社会諸勢力による学校運営に関する若干暫定規定」を公布したのを受けて、多くの地方政府は民営教育に関する法規を制定し、またすでに法規を有していた北京市、湖南省、上海市、河南省などはこれを改訂した。これらの規則の基調は、「社会諸勢力による学校運営に関する若干暫定規定」を反映して、当然民営教育を統制・規制することにあった。

鄧小平「南巡講話」後、各地の政府は比較的に積極的な政策を打ち出した。1994年以降、北京市、黒龍江省、陝西省、山西省、雲南省、河北省、上海市、湖南省、福建省等の地方政府は、相次いで社会諸勢力による学校運営に関する法規を新しく整備した。しかし、これらの法規には、民営大学に対する奨励・支持の意思は表明されていたが、その具体策はまだ少なかった。

地方政府の民営大学に対する支持策の本格的な展開は、1998年以降のことである。同年の中央政府の「科教興国」策の実施と「高等教育法」、

「21世紀に向けての教育振興行動計画」の公布によって、各地の政府はかなり積極的な政策を打ち出した。主なものとしては、以下のようなものがある。

1998年

山西省政府は、「山西省社会諸勢力運営学校の専任教師の職階評議実施に関する意見」、「山西省社会諸勢力運営学校の費用徴収の項目・基準査定に関する通知」を公布した[21]。

浙江省政府は、「社会諸勢力学校運営参加奨励に関する若干規定」を公布した[22]。

1999年

河南省政府は、「社会諸勢力の学校運営参加奨励に関する若干規定」を公布した[23]。

江蘇省政府は、「江蘇教育の現代化の実施綱要」を公布した[24]。

山東省政府は、民営大学の発展促進に関する優遇措置10条を公布した[25]。

共産党北京市委員会、北京市政府は、「教育体制の改革促進、素質教育の全面推進に関する意見」を公布した[26]。

2000年

遼寧省政府は、「社会諸勢力による学校運営奨励、民営教育の発展支持に関する意見」を公布した[27]。

海南省政府は、「教育体制の改革促進に関する規定」を公布した[28]。

湖南省政府は、民営学校の基礎建設に関する8項目の促進策を打ち出した[29]。

寧夏回族自治区政府は、民営教育の促進に関する若干の施策を打ち出した[30]。

四川省政府は、「全省の民営教育の発展促進に関する若干の意見」を公布した[31]。

江西省政府は、「社会諸勢力による学校運営の奨励・支持に関する若干規定」を公布した[32]。

青海省政府は、社会諸勢力による学校運営に対する若干の奨励策を打ち

出した[33]。

　雲南省政府は、「社会諸勢力による学校運営強化に関する若干の意見」を公布した[34]。

　陝西省政府は、「民営教育の運営の一層改善に関する決定」を公布した[35]。

　これらの施策は、民営教育に対して具体的な奨励・支持の措置を講ずるものであり、その主要な内容は次のようなものであった。

　①民営教育を地方教育の重要な部分と認め、民営教育の発展を地方教育の計画に積極的に取り入れること。

　②民営学校に対する投資への優遇措置。

　③民営学校の校地購入、校舎建設に対する優遇措置。

　④教員の職階評議、昇進などは、公立学校の教員と同様に扱うこと。

　⑤学生から徴収する授業料などの費用は、学校が学生養成のコストによって自主的に決定できること。

　⑥民営学校（校営企業）に対する免税、減税措置。

　⑦学生募集に対する規制緩和など。

### 3　民営大学に対する管理機関の設置

　地方政府における民営大学の管理は、社会諸勢力運営学校管理室あるいは社会諸勢力運営学校管理処によって行われている。

　1993年10月、国家教育委員会が社会諸勢力運営学校管理室を設ける以前は、各地方政府は民営教育に対する管理を、主として成人教育の管理機関に担当させていた。例えば、北京市の場合は北京市成人教育局[36]、天津市の場合は天津市第二成人教育局（成人教育の管理機関）であった。

　学歴証書授与権がある学校に対する管理は、中央では国家教育委員会高等教育司、地方では教育委員会高等教育処によって行われており、国家教育委員会社会諸勢力運営学校管理室の成立後は、各地方政府が次第に社会諸勢力運営学校管理室を設けるようになった。

　図5－1については、いくつかの補足的説明が必要である。

　①図5－1は経常的な管理図であり、また図で示す管理機関は民営大学

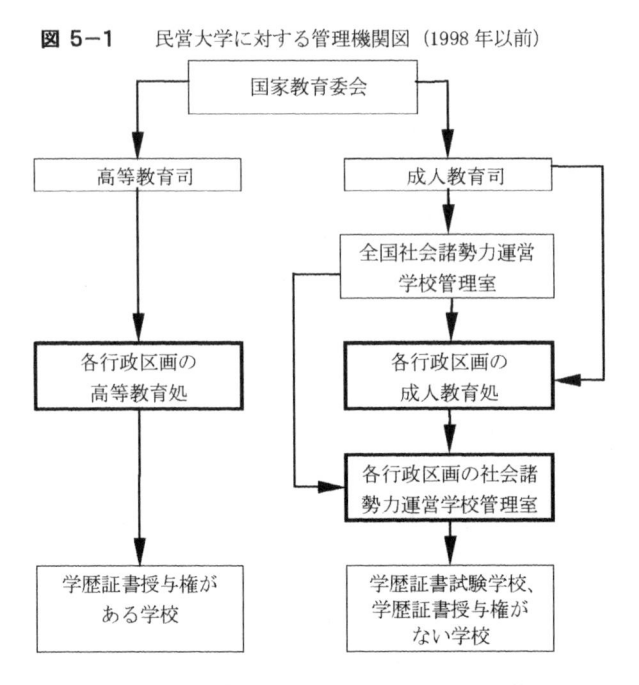

**図 5−1** 民営大学に対する管理機関図（1998 年以前）

```
                    国家教育委員会
                   ↙        ↘
            高等教育司      成人教育司
                              ↓
                      全国社会諸勢力運営
                        学校管理室
                ↓             ↓
          各行政区画の    各行政区画の
          高等教育処      成人教育処
                              ↓
                      各行政区画の社会諸
                      勢力運営学校管理室
                ↓             ↓
          学歴証書授与権が  学歴証書試験学校、
          ある学校        学歴証書授与権が
                          ない学校
```

（注）①矢印は指導の方向を示す。②太線に囲まれたものは、地方政府の管理機関である。

の主要な管理機関であるが、場合によっては他の行政機関も関与することがある。例えば、民営大学の授業料に関する管理部門は主として各行政区画教育行政機関の財務処と物価管理機関（例えば物価局）であり、民営大学の設置や学校の性質の変更についての審査機関は、教育行政機関の計画部門（例えば、各行政区画教育委員会の計画処）である。

②管理の中核は、各行政区画の教育行政機関である。学歴証書授与権がない学校は言うまでもなく、学歴証書授与権がある学校の管理機関も地方政府である[37]。

③学歴証書授与権がある学校の中に非学歴教育部門やクラスがあれば、その部門やクラスの上部管理機関は教育行政機関の成人教育処である。例えば、この双方を持つ北京市の海淀走読大学では、全日制の部門（学歴証書授与権がある）は北京市教育委員会高等教育処によって管理され、その

夜間部(非学歴教育を行う)は北京市教育委員会成人教育処によって管理されている。

④国家教育委員会社会諸勢力運営学校管理室が成立してからは、湖南省(1996年)、河北省(1997年)、山西省(1997年)、新疆ウイグル族自治区(1997年)が、次第に独立の管理機関としての社会諸勢力運営学校管理室(処)を設けた[38]。

1998年、教育部の機構改革によって、民営大学に対する管理機関は下図のように変化した。

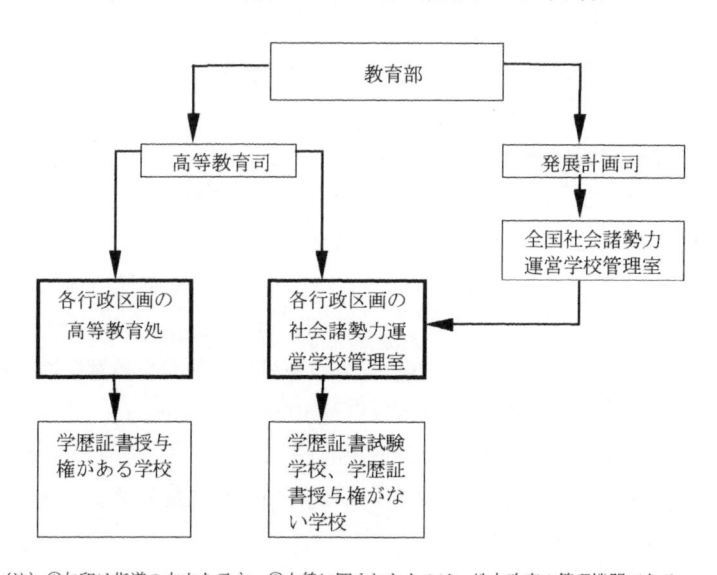

図 5-2　民営大学に対する管理機関図(1998年以降)

```
                        教育部
                    ┌─────┴─────┐
                高等教育司      発展計画司
                                    │
                                全国社会諸勢力
                                運営学校管理室
                                    │
    ┌───────┐   ┌───────┐
    │各行政区画の│   │各行政区画の│
    │高等教育処 │   │社会諸勢力運│←────
    └───────┘   │営学校管理室│
        │       └───────┘
    ┌───────┐   ┌───────┐
    │学歴証書授与│   │学歴証書試験│
    │権がある学校│   │学校、学歴証│
    └───────┘   │書授与権がな│
                    │い学校    │
                    └───────┘
```

(注)①矢印は指導の方向を示す。②太線に囲まれたものは、地方政府の管理機関である。

地方政府の社会諸勢力運営学校管理室(処)の執務内容は、各地方政府によってそれぞれ規定されている。例えば、湖南省教育委員会社会諸勢力運営学校管理処[39]が1996年に制定した「執務公開制度」によると、執務の内容は次のようなものであった。「全省の社会諸勢力運営学校を指導・管理し、社会諸勢力による学校運営に関する規則を制定し、非学歴教育を

第5章　地方政府の民営大学に対する施策　　*133*

行う各種の学校の設置を審査し、学歴教育を行う学校の設置に関する審査・報告に参加し[40]、学校の点検・評価に関する業務活動を組織・調整し、学校の教育・運営に対する指導・管理を行う」[41]。

また、浙江省教育委員会が 1997 年に公布した「『社会諸勢力による学校運営に関する条例』の実施に関する若干の意見」では、「社会諸勢力運営学校管理室[42]の主要な執務内容は、社会諸勢力による学校運営に対するマクロ的指導を行い、規定された範囲内の学校設置に対して審査、認可、確認、登録し、年度点検を組織し、学校運営許可書を交付し、省教育委員会の認可に基づいて学校の解散または撤去後の処理を行い、省内向けの学生募集広告に対する審査を行うこと」と規定している[43]。

## 第2節　地方政府の民営大学に対する役割

### 1 民営高等教育の計画

1980 年代には、ほとんどの地方政府は民営高等教育に対する全面的な長期的計画を立てていなかった。その主要な原因は、民営大学が公立大学の補足的なものとされ、重視されておらず、中央政府の政策自体も明らかにされていなかったからである。

1990 年代半ばに入ると、一部の地方政府は民営教育を教育発展の計画に組み込み始め、例えば、北京市政府が 1994 年に公布した「北京市社会諸勢力による学校運営に関する管理規則」第4条は、「各級の人民政府は、社会諸勢力による学校運営を教育事業発展の計画に組み込まなければならない」と述べている[44]。

また、1995 年に山西省政府によって公布された「山西省社会諸勢力による学校運営に関する管理条例」第5条は、「各級の人民政府は社会諸勢力による学校運営に対する指導を強化し、積極的に奨励し、強力に支持し、正確に指導し、管理を強化し、社会諸勢力による学校運営を教育事業発展の計画に組み込まなければならない」と述べている[45]。

さらに、同年に四川省教育委員会が公布した「『四川省社会諸勢力による学校運営に関する管理規則』実施細則」も、「社会諸勢力運営学校を教

育事業発展の計画に組み込まなければならない」と明記している[46]。

1998年、第9期全国人民代表大会の開催と「高等教育法」および「21世紀に向けての教育振興行動計画」の公布に応じて、各地の地方政府は民営大学に対してより積極的な計画を打ち出した。

1999年、共産党北京市委員会と北京市政府とは共同で、「教育改革を深化し、素質教育を全面的に推進することに関する意見」を公布し、高等教育の入学率を2005年に40%、2010年50%とすることを目標と定め、これを達成するための民営高等教育に対するより積極的な奨励・支援策を打ち出した[47]。

また、山東省が2000年に策定した計画によると、民営大学発展の重点を高等職業教育に置き、2005年までに既存の民営大学120校を100校程度に重点化し、その規模も現在の在籍学生数8万人から25万人に拡大し、さらに2010年には50万人まで増大させる予定だという[48]。

さらに、同年の浙江省政府の計画によると、高等教育の入学率が、2002年には15%、2005年には18%、2010年には25%、2040年には40%に達するものとし、高等教育の大衆化を実現するため、民営高等教育を強力に促進すべきであるとしている[49]。

## 2 民営大学設置の審査

民営大学の設立に対する審査・認可の基準と機関については、1993年国家教育委員会が「民営高等教育機関の設置に関する暫定規定」(以下、「暫定規定」と称する)を公布する以前には、各地方政府によって様々であった。

例えば、湖南省長沙市に設けられた3校の初期民営大学の認可機関は、それぞれ3級行政区画の区教育局であったのに対し[50]、1985年に成立した黄河科技専科学校は、2級行政区画の河南省鄭州市教育委員会により[51]、1984年に建学した南京育材職業大学は、1級行政区画の江蘇省高等教育局により認可された[52]。

「暫定規定」の公布によって、民営大学に対する審査・認可は、一応法令化されることとなった。「暫定規定」第14条は、「民営高等教育機関の

設置は、予備設置と正式設置の二つの段階に分ける。設置基準に達していないものは、まず、予備設置として申請する。予備設置の条件は、省レベルの人民政府が規定する」と述べており、また第15条は、「民営高等教育機関が予備設置を申請する時は、申請者は省レベルの教育行政部門に申請し、省レベルの教育行政部門は専門家を組織して本規定および省レベルの人民政府の関係補足規定に照らして評議し、省レベルの人民政府へ報告して審査・認可された後、国家教育委員会へ送付して記録にとどめる。民営高等教育機関を正式設置するに当っては、設置者が省レベルの教育行政部門に申請を提出し、省レベルの人民政府によって審査・認可された後、国家教育委員会に報告して審査・認可される」と定めている[53]。

「暫定規定」公布後、各地方政府は漸次民営大学の設置に関する法規を制定した。

ここに、北京市を事例として、非学歴教育を行う民営大学の設置基準について述べてみよう。

北京市の規定によると、非学歴教育を行う民営大学の設立を申請する時は、次の書類を準備しなければならない[54]。

①学校の設置と設置者・運営者に関する書類。(a)学校設置の申請書、学校設置に関する研究報告、計画書、(b)設置者(法人)の資格証明書類、(c)学校規則、理事会規則、(d)理事長、学長の履歴書、身分証明書、理事の名簿。

②学校の財務・財産に関する書類。(a)学校設置の資金額、銀行口座、(b)校舎の財産権に関する証明書類(校舎を借り入れる場合、その借入れの契約書)、(c)教育設備、実験設備、図書資料の情況 (d)財務・財産管理制度、財務会計人員の許可など、(e)学費などの徴収項目と基準、(f)教職員の給料、ボーナス、福祉の基準など。

③学校の管理に関する書類。(a)学校運営のシステム、管理機構の設置、(b)専任・兼任教師・職員の情況、(c)専任教師・職員の雇用、評価、解雇に関する規則、(d)学生の管理に関する規則。

民営大学の設置に対する審査・認可の手順は、次のようなものである[55]。

①上述した申請書類は教育行政機関へ提出(各年の第1四半期)する。

②教育行政機関はそれを受理する。

③民営大学設置の評議専門家委員会は、教育行政機関の委託によって、申請学校の書類審査、現地調査を行った後、「学校設置の評議意見書」を作成し、教育行政機関へ提出する。

④教育行政機関は、申請書類の真実性、合法性、有効性について審査する。

⑤教育行政機関は、国家と地方政府の法規または「学校設置の評議意見書」に基づいて、受理後3ヵ月以内に認可か否かを決定する。

⑥教育行政機関は、認可された民営大学に対して「社会諸勢力による学校運営許可書」を授与する。

### 3 民営大学に対する点検と評価

民営大学に対する点検には、経常点検と年度点検の2種がある。

経常点検とは、政府の教育行政機関が不定期的に民営大学の運営や教育を点検することである。例えば、北京市社会諸勢力運営学校管理室のスタッフは、全員北京市政府から授与された「執務証」(原語は、「執法証」)を持ち、いつでも民営学校に立ち入り点検・調査ができる[56]。

年度点検(原語は、年度検査あるいは年度審査であり、時には「年検」、「年審」と略称される)とは、年に一度行われる民営大学に対する点検である。年度点検は民営学校運営許可書に対する毎年更新と同時に行われる。

1990年、河南省教育委員会は「社会諸勢力による学校運営の許可書に対する年度審査制度の試行に関する通知」を公布し[57]、民営学校に対する年度点検の目的、内容、手順、賞罰などについて規定している。

1996年に公布された「『北京市社会諸勢力による学校運営に関する管理規則』の実施細則に関する通知」第54条は、点検について次のように定めている。「教育行政主管部門は、教育機関に対して年度点検制度を行う。教育機関は、毎年10月15日から11月30日の間に、学校の審査・認可機関に対し年度点検の結果報告および『学校運営許可証』の副本を提出しなければならない。教育行政主管部門は、年度点検に合格した教育機関の『学校運営許可書』の副本に年度点検印鑑を押す。年度点検に合格しなかった教育機関は、学生募集や新たな専攻設置を行うことが認められず、本規定

によって年度点検を受けていない教育機関は、自主的に運営を停止する」[58]。

上述した2種の点検のほかに、1997年に国家教育委員会が公布した「『社会諸勢力による学校運営に関する条例』実施における若干の問題に関する意見」[59]によれば、全国的な全面点検も存在したが、これは特別な事情があった場合のケースで、普段は行われていない。

この民営大学の点検は、悪質あるいは教育の質が低下している民営大学を淘汰するという効果を持っている。例えば、山西省では、1994年から1999年にかけて民営学校42校[60]、湖南省では、1998年に民営医学校100校[61]、陝西省では、1999年に民営大学43校を取り潰した[62]。

民営大学に対する評価の方法は、各地方政府によって様々であるが、ここでは、1996年11月から1997年11月にかけて、民営大学77校(全部で89校)を対象に北京市が行った評価を事例として、民営大学に対する評価の概要を以下に述べる[63]。

(1)評価の目的

学校の運営情況、管理水準に対する全面的な点検・評価を通じて、学校運営の改善、教育質の向上、学校の特色伸長と活力促進を目指す。

(2)評価の準備

①1996年8月〜10月、北京市教育委員会は、社会諸勢力運営学校を評価する指導組を組織し、その下に専門家13人からなる北京市民営大学に対する評価専門家委員会を設け、さらに、公立大学の専門家と関係者32人を調査員に加え、これを4組に分けた。

②それと同時に北京市教育委員会は、「北京市民営大学の評価工作に関する意見」、「北京市における面接授業を行う民営大学の管理水準に対する総合評価の指標体系」(原語は、「北京市面授民办高校管理水平総合評估指標体系」)、「北京市における通信授業を行う民営大学の管理水準に対する総合評価の指標体系」(原語は、「北京市函授民办高校管理水平総合評估指標体系」)を制定した。

③同年11月、社会諸勢力運営学校を評価する指導組は、訓練クラスを設け、専門家、評価人員および各民営大学の責任者に対して評価の目的、

内容、方法などを説明した。

④同月、評価対象の民営大学2校を選び、試験的に評価を行った。

(3)評価の項目

**表5-2** 北京市民営大学(面接教育を行う)の管理水準に対する総合評価の指標体系[64]

| 1級指標 | 得点 | 2　級　指　標 | 得点 |
|---|---|---|---|
| 行政管理 | 75 | ①指導部。指導者の資質、能力、業績、法律・政策の施行 | 27 |
| | | ②学校運営規模。専攻数、学生数 | 12 |
| | | ③管理体制。管理体制の合理性、中間管理層の能力、など | 8 |
| | | ④行政管理制度と施行情況。理事会規則、学校規則の施行、学校管理の状況、学校運営関係資料の保存 | 10 |
| | | ⑤日常行政管理。学校発展の計画、学年度の計画、各項目の工作の総括、管理の改善、学生募集広告の真実さ、卒業証書の授与、管理人員の人数、など | 18 |
| 教育管理 | 57 | ①教育制度。授業計画、授業大綱、授業の管理規則、授業の改善 | 7 |
| | | ②教員。専任教員の情況、学生に対する教員の比例、教員の選抜、雇用、管理、評価 | 6 |
| | | ③教育条件。校舎、設備、図書雑誌、教科書、など | 23 |
| | | ④教育の質。教育の点検、評価、改善の措置、学生の出席率、試験と成績、卒業生の就職状況、など | 21 |
| 学生管理 | 25 | ①思想政治教育。思想政治教育の責任者、実行部門、教育の計画、内容、方法、効果、教育に対する点検・評価、学生団体に対する指導、など | 11 |
| | | ②日常生活管理。学生宿舎の管理、食堂の衛生、物価、医療室の状況、学生文芸・体育の状況、保安制度、など | 14 |
| 財務管理 | 43 | ①財務部門と財務制度。財務部門と財務人員の状況、財務・財産の管理・監督制度 | 5.5 |
| | | ②経費の使用。経費使用の計画、経費使用の状況、設備・図書の購入状況 | 8 |
| | | ③固定資産の管理。財産別の帳面面、固定資産管理制度と管理員の状況、など | 6.5 |
| | | ④日常管理。財務支出の手続き、書類、財務報告書、財務の帳面面、財務会計人員の資格、財源別の帳面面、など | 23 |
| 合計 | 200 | 合　　計 | 200 |

(出所) 北京市教育委員会編『北京民办高校評估』、1998年、356〜360頁より作成。

(4)評価の日程と方法

一般的に、評価組は1校につき3日間程度で立ち入り評価を行う。①1日目、学校側の自己評価を聴取し、学校に関する資料を調べ、教室、事務室、設備、図書館、学生宿舎、食堂、医務室などを視察する。②2日目、授業を観察する。また、アンケート、座談会などを通じて教育の状況を調べる。③3日目、評価組は、把握した情報や資料によって、評価指標の各項目を採点し、評価意見書を作成する。

(5)評価の結果

評価された学校を優良、合格、基本合格、不合格の4級に分ける。

表5-3　1996～1997年北京市民営大学77校に対する評価の結果

|  | 優良 | 合格 | 基本合格 | 不合格 |
| --- | --- | --- | --- | --- |
| 校数 | 21 | 34 | 19 | 3 |
| % | 27.3% | 44.1% | 24.7% | 3.9% |

(出所)　前掲、北京市教育委員会編『北京民办高校評估』、2頁より作成。

## 4 援助と指導

民営大学に対する経済的援助は、1、2例を除いて、中央政府はほとんど行っていないが、地方政府の民営大学に対する援助には、経費、土地、校舎など直接的な金、物のほか、民営大学に対する優遇措置も含んでいる。

(1)経費援助

1980年代前半、湖南省の九嶷山学院は、湖南省教育委員会から3年連続で合計人民元4.5万元の援助を受けたほか、中央民族委員会からも5万元の援助を受けた[65]。1985年、浙江省政府は、創立したばかりの浙江省社会大学に建学費10万元を与えた[66]。1984年、海淀走読大学が創立された時、北京市海淀区政府から22万元を受け(そのうち建学費は11万元、学生の生活補助11万元)、その後、毎年20数万元の援助を受けた[67]。湖北函授大学は、建学当初(1983年)以降、省教育委員会から年数10万元を受けた[68]。北京市の中国科技経営管理大学は、国家教育委員会から数10万元、北京市政府から300万元の援助を受けた[69]。私立華南女子大学は、

1985年成立当初、福建省政府から数10万元の建学費の援助を受けた[70]。

1980年代における地方政府の民営大学に対する援助は、1、2の例外を除けば、一般的に援助金額10万元～20万元程度のものが多かったのに対して、1990年代には、援助金額はほとんどが100万元を越えるようになった。例えば、培正商学院は、1996年の設立時に、学校所在地の広東省花都市政府から200万元の運営基金の援助を受けた[71]。1999年、北京市政府は、業績のよい中華社会大学、中国科技経営管理大学、燕京華僑大学に、それぞれ100万元の援助を与えた[72]。

(2)学校用地

湖北函授大学は、1980年代半ばの校舎建設当時、個人は土地を買えないという政策があったため、共産党湖北省委員会と湖北省政府が共同して公文書を公布し、湖北函授大学に対して「民営公助」として土地を援助した[73]。海淀走読大学は、当初大手大学が集中していた海淀区中関村（地名）（いわゆる「黄金地所」）に校舎を建てようとしたが、その土地は、多数の企業や会社が競って買い取りを希望していたため、その時、海淀区政府は、「この土地は学校用地に適しているので、海淀走読大学の用地とする」と決定した[74]。江西贛江大学は、地方政府の援助によって学校用地を購入した[75]。培正商学院は、花都市政府からキャンパス用地400ムーを無償で、100ムーを低価で提供してもらった[76]。

(3)校舎

1985年、天津聯合業余大学の直面していた主たる困難は校舎がないことであったが、天津市政府はこれに対して校舎を建てて提供するという大きな援助を与えた[77]。浙江省政府は、1985年と1987年、浙江長征財経学院に校舎建設費合計90万元を援助した[78]。1996年、広東省南華工商学院が校舎を建設する際、省政府から建設費100万元の援助を受けた[79]。

(4)定員（原語は、「編制」）の援助

中国では、公立大学は定員制度、いわゆる「編制」という人事制度を行っている。政府はこの定員数に従って、人件費・福祉費を支出し、教職員に職階上の地位を与えるほか、定員にとされる教職員については戸籍移動の規制を緩和される[80]。海淀走読大学、湖北函授大学は、政府から「編

制」を受け、学校の一部の専任教師が戸籍などの面で公立大学の教員と同じように待遇されている[81]。

(5)免税措置

この免税措置については、説明を要する。上述した(1)～(4)の援助を受けた民営大学は極めて一部のものであるのに対して、免税の対象となった民営大学は極めて多数である。

地方政府が講じる免税措置は、校営企業・会社を対象とするだけでなく、一般企業が学校へ寄付・投資する場合にも免税の優遇を享受することができる。

(6)指導

地方政府の民営大学に対する指導方式は多様である。上述した年度検査や評価のほか、民営大学の学長・管理者に対する訓練、民営学校の協会や研究会に対する指導も行っている。

例えば、黒龍江省教育委員会は、1998年、訓練クラスを設け、省内の民営大学75校の学長に対して統一的に訓練を行った[82]。湖南省教育委員会は、1999年、社会諸勢力運営学校の幹部訓練センターを設け、民営学校の管理者を訓練した[83]。その他、浙江省、山西省、江蘇省、四川省、内モンゴル自治区、山東省、上海市、河南省、新疆ウイグル自治区などの政府は、民営大学学長の訓練クラスを設けて、民営大学の運営の改善、教育質の向上などを推進している[84]。

## 第3節　地方政府の民営大学政策に関する問題

### 1 地方政府の政策と中央政府の政策との関係

一般に、中央政府と地方政府との関係は、主として指導と指導を受ける関係であり、地方政府の政策制定は、中央政府の制約下にある。

中央政府の民営教育に対する政策は、主として教育行政機関としての国家教育委員会によって打ち出される。1997年の「社会諸勢力による学校運営に関する条例」第11条は、「国務院の教育行政部門は、全国の社会諸勢力による学校運営に関して統一的に計画し、総合的に調整し、巨視的な

管理を行う責任を負う」と定めている[85]。

　地方政府の教育行政機関は、国家あるいは国家教育委員会の政策に基づき、地方の実情に応じて、地方レベルの政策を策定する。例えば、1987年に国家教育委員会が「社会諸勢力による学校運営に関する若干暫定規定」を公布したのを受けて、北京市、上海市、湖南省、山西省などは、それぞれの実情に応じて、社会諸勢力による学校運営に関する規則を制定している。また1990年には、国家教育委員会が「社会諸勢力による学校運営の若干問題に関する通知」を打ち出したのを受けて、一部の地方政府はこの通知に基づいてそれぞれの地方の政策を策定した。例えば、河南省の場合、省教育委員会は「一部の高等教育独学補導機関が地区を越えて教育管理機関を設けることに関する通知」を公布した[86]。

　地方政府は、その政策の実施に当って問題が生じたときは、国家教育委員会に報告するものとされており、国家教育委員会はこれに対して回答・指示しなければならない。1991年8月の「四川省教育委員会の『社会諸勢力運営学校の省を越えた学生募集の問題に関する報告』に対する回答」[87]、1994年11月の天津市第二教育局に対する「社会諸勢力による運営する非学歴教育を行う高等教育機関の名称に関する問題の回答」[88]、1995年7月の北京市成人教育局に対する「社会諸勢力運営学校の管理体制に関する問題の回答」[89]などが、国家教育委員会の回答・指示の例として挙げられる。

　他方、地方政府は、単に中央政府の政策の受け皿・実施機関であるばかりではなく、より積極的な役割を果す場合が多かった。

　実際、中央政府に先駆けて民営大学に対する積極的な策を打ち出した地方政府も決して少なくなかった。初期民営大学は、ほとんど所在地の政府によって認められて成長してきたのである[90]。1997年、国務院が「社会諸勢力による学校運営に関する条例」（以下、「条例」と称する）を公布する以前にすでに、北京市、黒龍江省、山西省、雲南省、河北省、上海市、福建省などは、社会諸勢力による学校運営に関する条例や規則を相次いで打ち出していた。

　また、地方政府が打ち出した政策の中には、中央政府が参考にしたもの

も少なくなかった。中央政府の「条例」制定時には、浙江省温州市など地方政府の施策を参考にしている[91]。浙江省政府は 1998 年 12 月公布した「社会諸勢力の学校運営への参与を奨励することに関する若干規定」の中で、「国家の関係法律・法規に合致し、教育への投資増加に寄与し、教育規模の拡大と教育の質向上に寄与し、社会の教育需要を満足させることに寄与するあらゆる学校運営の方式を大胆に試行し、積極的に模索することができる」と述べているが[92]、この発想は、1999 年 6 月に開催された「全国教育工作会議」における朱鎔基首相の講話に際して、参考とされていた[93]。

さらには、地方政府の民営大学に対する問題処理・対応策が、国家教育委員会の重視するところとなり、それが全国の教育行政機関へ伝達されることもあった。例えば、1993 年に、国家教育委員会成人教育司は、各地方の教育行政機関に対して「天津市第二教育局・天津市公安局の『社会向けのボディー・ガード訓練クラスを早急に停止させることに関する緊急通知』を伝達することに関する通知」を公布した[94]。また、1995 年に国家教育委員会は、「陝西省教育委員会の『鄭文生等が『陝西総合大学』の名目で詐称することを取り調べて処罰することに関する報告』を伝達することに関する通知」を各地方教育行政機関に転送した[95]。

最後に、地方政府が中央政府と異なる政策を打ち出す場合もあった。この場合、地方政府は、地元の実情によって自ら判断し、政策を策定し施行した。例えば、1981 年、教育部は個人の大学設置・運営を認めなかったが、北京市政府は「北京市の個人による学校運営に関する暫定管理規則」を打ち出しているし、湖南省長沙市の教育行政機関も民営大学を認可している。1997 年 7 月、国務院が公布した「条例」には、「国家は、社会諸勢力が高等教育機関を運営することを厳格に統制する」と規定したが、同年 12 月、浙江省教育委員会が公布した「『条例』を実施することに関する若干の意見」では、「省教育委員会は、社会諸勢力が高等職業教育および成人高等教育を運営することについては、国家の規則に符合することを前提として、積極的にこれを奨励・支持する」と述べている[96]。

全体的に見ると、地方政府の施策は次のような特徴を持っていた。

第一、地方利益の重視。

　地方政府が民営大学を支える最大の理由は、地方の経済・社会の発展を促すことにあった。ほとんどの民営大学は、地元の人材育成に貢献しており、例えば、北京市における中華社会大学の統計によると、1985年から1991年の卒業生 5,020 人のうち、海外留学、不就職または他省市へ転出した者を除いた 4,720 人（94%）が、北京市で就職している[97]。南京市における金陵国際言語進修学院も、成立以来 11 年間に数万人の外国語人材を育てており、南京市のほとんどの企業・事業体、政府機関などに学院卒業生がいた[98]。

　第二、地方の特徴を重視。

　地方の長所を活かして民営大学を発展させることは、地方政府の施策の今一つの特徴である。福建省は華僑が集中しているところであることから、華僑の力を借りて教育を振興することが政府の方針であった。1983年9月、福建省は華僑による学校運営に関する工作会議を開き、華僑個人の学校運営を奨励する策を打ち出し[99]、1988年には、全国に先駆けて省政府と海外華僑とが共同で華僑大学仰恩学院を設立した[100]。北京市では、多数の公立大学が集中する利点を生かし、多くの民営大学を支援している。広東省は、経済特区の優遇策を利用し、多様な民営大学の在り方を模索している。例えば、私立華聯学院に見られる株式制度などである[101]。浙江省は、豊富な民間資金を利用して金華職業技術学院を設立し[102]、郷鎮企業の実力を活用して吉利教育センターを設立した[103]。

　第三、適時性と柔軟性。

　地方政府の施策は、民営大学の実情と動きに即して適時に打ち出されてきた。1994年6月、河南省における農業部農村情報通信社鄭州事務所、河南省経済戦略研究所訓練部、河南省企業発展戦略研究所訓練部、河南省国際経済戦略専門委員会などは、鄭州大学、河南医科大学、鄭州工学院などの公立大学の名を騙って学生を募集したが、これらの不正行為に対して河南省教育委員会は、1994年9月に、「最近ある事業体組織が違法に学校運営を行ったことに関する通報」を公布して迅速に事件の拡大を阻止して処理した[104]。1996年5月、河南省教育委員会は、鄭州私立西京学院の

学生募集広告の違法掲載に対して、「鄭州私立西京学院の規則違反に関する通報」を公布した[105]。翌6月、河南省教育委員会は、「学生募集広告の管理を一層強化することに関する通知」を打ち出し、民営学校の広告の乱脈掲載を阻止した[106]。

第四、具体性重視。

中央政府が打ち出したマクロ的な政策と比べて、地方政府はミクロあるいは具体的な施策に工夫している。ほとんどの地方政府は、地方レベルの社会諸勢力による学校運営に関する条例や規則を公布するのみならず、その実施細則も定めている。

また、地方政府は、中央政府の政策を地方の実情に合わせて、より具体的な策を制定・施行している。例えば、1995年に、国家教育委員会が「中外合弁学校に関する暫定規定」[107]を公布したのを受けて、1996年、河南省教育委員会は「海外の機関や個人が河南省で学校を合弁することを更に明らかにすることに関する通知」を公布している[108]。

## 2 民営大学の権益を侵す問題

民営大学の成長に伴って、民営大学の権益を侵犯するケースも各地で起った。そのうち、地方政府の関連したものとしては、民営大学に対する費用徴収の問題である。

この費用徴収には種々の名目がある。例えば、発展監督指導費（原語は発展督導費）、管理費、試験事務費（原語は考務費）、事業発展金、教育委員会成人教育科教育基金、授業基金（原語は教学基金）、年度審査費、国家学歴証書試験費、印鑑使用費（原語は験印蓋章費）、などである[109]。

北京市成人教育局は、1995年1月以降、民営学校から発展監督指導費を徴収し始めた。

1994年9月、北京市政府が公布した「北京市社会諸勢力による学校運営に関する管理規則」第23条によると、「学校あるいは教育機関は、定期的に成人教育局へ社会諸勢力運営学校の発展管理指導費を納めなければならない。身体障害者を対象とする学校あるいは訓練機関は、申請によりこれを減免することができる。市と区・県の成人教育局が徴収した発展監

督指導費は、社会諸勢力による学校運営の発展のために使用し、学校あるいは訓練機関を評価し、監督・点検を行い、情報を提供する。具体的な徴収基準は、市物価局と市財政局が制定する」と規定している[110]。その後、北京市の物価局・財政局の公文書によると、「社会諸勢力が運営しているあらゆる学校あるいは訓練機関は、毎年学費・雑費収入の5％を監督指導費として納入しなければならない（毎4半期一回払い込み）。虚偽を行い、規則に従わないものに対しては、運営を停止させまたは運営許可を取り消す。納入期限を超えた場合、1日に付き0.5％の滞納金を取りたてる」と厳しく規定している[111]。

　これに対して北京市の民営大学側から多くの苦情が出てきた。その結果、1996年4月、北京市物価局・財政局の北京市教育委員会に対する公文書には、「発展監督指導費は、5％から3％に調整する」と述べられ[112]、また1996年12月に北京市教育委員会が公布した「『北京市社会諸勢力による学校運営に関する管理規則』の実施細則」第58条は、「教育機関は、定期的に教育行政主管部門に学費・雑費収入の3％を納めなければならない。これは、市の社会諸勢力による学校運営の発展監督指導のために使用する」と規定されている[113]。民営大学側の費用徴収停止の要求は受け入れられなかったことになる。

　河南省の場合も、1989年1月に、省政府によって公布された「河南省社会諸勢力による学校運営に関する管理規則」第15条により、「学校は、直接に学校を管理する教育行政部門に学費・雑費収入の3％を社会諸勢力による学校運営の基金として納入しなければならない。これは、社会諸勢力による学校運営事業の発展のために使用する」と規定している[114]。さらに1990年12月、同省教育委員会は、「社会諸勢力による学校運営の基金の管理と使用に関する意見」を制定し、社会諸勢力による学校運営の基金の使用について、次のように述べている。「社会諸勢力による学校運営の基金は、社会諸勢力による学校運営に関する調査研究、監督・点検、表彰・奨励、経験交流、授業大綱の作成などに使用する他、社会的効果の期待される学校の教育条件を改善するために、利息付きあるいは無利息の投資をすることができる」とした[115]。

上海市政府が1989年7月に公布した「上海市社会諸勢力による学校運営に関する管理規則」第19条も、「学校は、審査・批准部門へ管理費を納めなければならない。管理費基準は、市教育行政部門・労働行政部門と市物価局とが共同で制定する。高齢者、身体障害者のための学校に対しては、管理費を徴収しない」と規定している[116]。

　要するに、この費用徴収とは以下のようなものである。①政府は、立法や行政命令を行い、強制的に費用を徴収する。②徴収した費用は、名目上民営学校のために使うが、実際上その大部分は、政府の民営学校管理費として使われる。③費用徴収の主な理由は、政府の教育行政機関の経費不足であり、費用徴収の本質は、政府が本来教育行政費として支出すべきものを民営学校側に転嫁することである。④民営学校側は、その費用徴収の基準、使途、使用方法などについて異議あるいは反対の権利を持っていない。

　注意しなければならないことは、地方政府のこの行為を中央政府が公認している点である。1996年4月、国家教育委員会は「社会諸勢力による学校運営の管理経費の問題に関する意見」を公布し、その中で次のように定めている。「現段階においては、行政事業費用は社会諸勢力による学校運営の管理経費を保障できないので、地方政府あるいは地方人民代表大会によって法規・規則を制定し、適切な費用徴収によって管理経費の問題を解決する。徴収した費用は、適正に管理・使用しなければならない」[117]。

　この状況は、1997年に公布された「条例」によって見直されることとなった。「条例」第8条は、「国家は、社会諸勢力の運営する教育機関の合法的権益を保障する」とし、第56条は、「審査・認可機関が職権を濫用して、情実のため不正を働いた場合、あるいは認可された教育機関が管理を怠って重大な結果をもたらした場合は、それについて直接責任を負う主管者その他の直接責任者に対して、法に基づいて行政処分を行う。犯罪を構成する場合は、法に基づいて行政処分を行う。行政部門が教育機関に対する監督管理実施中に費用を徴収した場合は、徴収した費用を返還しなければならない。直接責任を負う主管者その他の直接責任者に対しては、法に基づいて行政処分を行う」と定めている[118]。

　ところが、この「条例」公布後も、一部の地方政府では依然として費用

徴収を続けていただけでなく、その他の名目で費用徴収を行うものも少なくなかった。湖南省政治協商会議が主宰した社会諸勢力による学校運営調査団の調査報告によると、湖南省では民営学校から多種多様な費用が徴収されており、例えば、営業税、都市建設税、教育費付加、企業所得税[119]、治安連合防犯費、都市臨時居住管理費、予算外調節資金、さらに、衛生防疫費、白蟻予防・除去費、などがあった[120]。1999年広州市税務局は、民営学校が行う短期訓練クラスから税金を徴収し始めたが、その徴収基準は、一般商工企業と同じように、営業税、企業所得税、教育費付加、防洪費などすべてを含んでいた[121]。

そのほか、件数は少ないが、地方政府が民営大学の財産を接収・侵犯するという深刻な事態が生じた。その中でも、湖北省と新彊ウイグル自治区で起った事件は特に注目された。

湖北省通信大学鄂州分校は、建学者（民間人）が42万元借入れて1985年に設立したものであるが、数年間の運営を経て、学校資産は迅速に増え、3,000万元にまで達した。1990年に、湖北省教育委員会と鄂州市教育委員会は、学校に対する管理を強化する名目で理事会を解散させ、法人代表を交替させ、学校の名称も変更させて事実上の接収を行った。学校側は、湖北省政府を起訴し、1991年、学校所在地の裁判所は学校側勝訴の判決をしたが、湖北省政府側は行政権力を行使し、武漢市（湖北省の都）中級裁判所を通じて一審の判決を破棄し、学校側の訴訟を退けた。学校側は、その判決を納得せず、湖北省高級裁判所に上告した。湖北省高級裁判所は事件の複雑さや上からの指示がないなどの理由で2年間審理をしなかった。この訴訟が続けられた10数年の間に、学校の建学者と教職員は追放され、学校の施設は盗まれ、校舎も占拠されることになった[122]。

新彊聯合職業専科学校は、1981年に訓練クラスとして発足し、新彊ウイグル自治区（以下、新彊自治区と称する）政府によって認められ、1994年には同学校はウルムチ市成人教育学院（公立）と提携関係を結んだ。しかし、ウルムチ市成人教育学院の責任者は、新彊聯合職業専科学校を併呑しようとし、その結果1996年、新彊自治区社会諸勢力運営学校の管理機関が公文書を公布し、この専科学校への認可を取り消し、すべての校産は

ウルムチ市成人教育学院に帰属すると決定した。新疆聯合職業専科学校は、やむを得ず訴訟を起こし、結局は相手と和解したものの数年間の訴訟によって多大な時間、精力、資金を費やした。また、政府との関係も悪くなって、学校の将来は暗くなった[123]。

また、新疆ウイグル自治区における新疆振華職業専科学校[124]、新疆昆仑職業専科学校などでも類似の事件が起っている[125]。

このような事件について、以下の二点を指摘しておきたい。一つは、教育行政機関自体が直接に民営大学の権益を侵し、一般に悪影響を与えるところが大であったことであり、今一つは、それらの事件の阻止や事後の処置についての政府の努力が足りなかったことである。このような様々な事件に対処するため、民営大学側は、やむを得ず民営高等教育委員会内に法律による権益保護部門、いわゆる「立法護権部」を設置して民営大学に対する権益侵犯に対応措置を講じている。

### 3 民営大学分布の地域間不均衡

民営大学分布の地理的不均衡は、二つのレベルで見られる。一つは、全国範囲で見て、1級行政区画（省、自治区、直轄市）間に、分布不均衡現象があり、今一つは、一部の1級行政区画においては、その内部でも民営大学分布に地理上の不均衡があるということである。

表5-4によると、学校数50校以上、学生数5万人以上の比較的民営大学の多い行政区画は、北京市、山西省、上海市[126]、江蘇省、山東省、河南省、湖北省、四川省、陝西省であるが、これらは、さらに次の2グループに分けられる。①経済と公立高等教育とが共に発達しているものとして北京市、上海市、山東省、江蘇省。このグループのうち北京市を除けば、ほとんど東部の沿海地域である。②経済は発達していないが、公立高等教育機関が集中している、山西省、河南省、湖北省、四川省、陝西省。例えば、1997年、陝西省には公立の普通大学43校、成人大学41校、教職員5.78万人、定年退職した教授・助教授約1万人、図書2,532万冊、教育設備12.36億元、校舎面積917万平方メートルなど、豊富な公立大学の教育資源があり、これが民営大学に様々な便宜を与えている[127]。このグ

表 5-4　1級行政区画別、種類別民営大学数および学生数（1996年）

| 行政区画 | 学歴証書授与権がある学校 | 学生数 | 学歴証書試験学校 | 学生数 | 学歴証書授与権がない学校 | 学生数 |
|---|---|---|---|---|---|---|
| 北京市 | 1 | 未詳 | 15 | 27,642 | 84 | 286,730 |
| 天津市 | 1 | 309 | | | 45 | 14,093 |
| 河北省 | | | | | 98 | 37,385 |
| 山西省 | | | | | 69 | 78,858 |
| 内モンゴル自治区 | 2 | 未詳 | | | 22 | 11,869 |
| 遼寧省 | | | 34 | 14,200 | 6 | 438 |
| 吉林省 | | | 3 | 1,127 | 8 | 1,722 |
| 黒龍江省 | 1 | 520 | | | 53 | 26,845 |
| 上海市 | 2 | 2,032 | 6 | 1,685 | 111 | 未詳 |
| 江蘇省 | 1 | 513 | | | 57 | 118,494 |
| 浙江省 | 1 | 948 | | | 12 | 11,860 |
| 安徽省 | | | | | 8 | 26,500 |
| 福建省 | 1 | 611 | 4 | 966 | 2 | 1,410 |
| 江西省 | | | | | 30 | 61,246 |
| 山東省 | | | | | 70 | 60,001 |
| 河南省 | 1 | 760 | | | 93 | 63,500 |
| 湖北省 | 1 | 2,652 | | | 72 | 62,295 |
| 湖南省 | 1 | 未詳 | | | 80 | 14,926 |
| 広東省 | 3 | 2,264 | 3 | 430 | 27 | 22,206 |
| 広西チワン族自治区 | 1 | 900 | | | 6 | 1,500 |
| 海南省 | | | | | 8 | 未詳 |
| 四川省 | 2 | 169 | 6 | 203 | 52 | 83,977 |
| 貴州省 | | | | | 1 | 777 |
| 雲南省 | | | | | 3 | 447 |
| チベット自治区 | | | | | | |
| 陝西省 | 1 | 479 | 18 | 5,100 | 70 | 90,208 |
| 甘粛省 | | | | | 16 | 3,698 |
| 青海省 | | | | | | |
| 寧夏回族自治区 | 1 | 2,000 | | | | |
| 新疆ウイグル族自治区 | | | | | 6 | 2,450 |
| 合計 | 21 | 14,157 | 89 | 51,353 | 1,109 | 1,083,835 |

(出所) 国家教育委員会成人教育司編『成人教育情況』第12期、1997年5月による。

ループはほとんど内陸地域におけるものである。即ち、公立大学に対する依存度が、民営大学成長の如何を左右する要因の一つと考えられる。

これに対して、学校数 10 校未満、学生数 3,000 人以下のいわば民営大学の発展していない行政区画は、福建省、広西チワン族自治区、海南省[128]、貴州省、雲南省、チベット自治区、青海省、寧夏回族自治区、新彊ウイグル族自治区である。その中でも福建省と海南省を除いたほとんどの省・自治区は、内陸地域で、経済も公立高等教育もかなり低水準の地域である。

また、1 級行政区画内における民営大学の地理的不均衡という問題も存在している。例えば、民営大学は北京市や上海市の都市部に集中し、都市部から離れた郊県に所在するものは極めて少ない。湖南省の統計によると、省教育委員会が認可した民営学校 74 校（ほとんど民営大学）のうち、省都長沙市に所在するものは 51 校であるのに対して、他の地区、州、市（2 級行政区画）にあるものは僅かで、さらに 6 地区、州、市には 1 校もない状況である[129]。

## おわりに

地方政府の民営大学に対する施策に関する研究は、中国では今なお本格的には行われていない。1980 年代初頭、北京市政府は北京市社会諸勢力による学校運営の問題に関する研究課題組を組織して北京市社会諸勢力による学校運営の研究を行った。その後、他の地方政府が地域の民営教育を研究することがあった。しかし、これらの研究は、政策の立案を目標として行われたもので、地方政府の民営教育施策を対象とした研究とは異なる。

民営大学の成長にとって、地方政府の役割は非常に重要なものである。中央政府の政策と比べて、地方政府の民営大学に対する施策はより直接、具体的な内容を定めており、民営大学発展の方向、規模、速度などに大きな影響を与えている。地方政府の民営大学に対する施策が研究の視野に入ってこないと、民営大学政策の全貌を把握できず、民営大学の地域的な性格とその由来も解明できない。

1990年代に入ると、一部の1級行政区画では、民営大学における地方的パターンが次第に見られるようになった。例えば、陝西省では大手民営大学が次第に形成され、いわゆる「陝西民営大学現象」とも言うべき傾向が現れた[130]。2001年には、教育部は専科レベルの高等教育機関の審査・認可権限を地方政府に移すことを決定した。地方政府の民営大学に対する役割がますます重要になってきたわけで、地方政府の施策に関する研究もますます重視しなければならない。

　本章は、政府の民営大学政策をさらに全面的、具体的に把握するために、中央政府の政策の延長線としての地方施策を論じたものである。

## [注]

1　『中華人民共和国憲法』第3章「国家機構」人民出版社、1993年、参照。
2　中国共産党中央委員会『関於教育体制改革的決定』第4、5部分　人民出版社、1985年、参照。
3　朱慶芳「31個省市区社会発展発生新変化」『瞭望』2000年第10期、13頁。
4　李維民「搭乗西部快車、振興民弁教育」『民弁教育』2000年第4期、10頁。
5　『人民日報』(海外版) 2001年9月12日。
6　侯靖方「解放思想、大胆探索、鼓励和支持社会力量挙弁高等教育」魯松庭主編『浙江民弁教育探索』浙江人民出版社、1999年、5頁。
7　楊智翰「老教育家朱剛創建民弁大学18年的坎坷経歴」楊智翰主編『中国民弁大学20年』光明日報出版社、1999年、368頁。
8　李維民「民弁高校発展之前景——開拓創新、優勝劣汰」『民弁教育』2001年第4期、7頁。
9　王林「民弁高校発展中的『西安現象』」『民弁教育』2001年第4期、22頁。
10　1980年に、共産党南京市委員会は朱剛に委託して公立金陵職業大学を設置した。学校の学生は皆公立大学入試の落第者であって、自費、通勤制で学校に通っていた。卒業生は国によって職場配置されるのではなく、自らで職を探していた。これは、公立大学改革の先駆けであり、朱剛は高等教育改革の先駆者と言われている（楊智翰、前掲論文および陳漫天「南京市的『大才框』」『南方日報』1984年6月16日）。
11　楊智翰、前掲論文および『人民日報』科学教育文化編集室室長毕全忠の朱剛への手紙（南京市陶行知研究会等編『一位老人和他弁的三所学校——記朱剛』、1999年、86頁）、または、2000年1月27日に南京で筆者が朱剛にインタビューしたもの。

12 原語は、「北京市私人办学暂行管理办法」(北京市社会諸勢力による学校運営の問題に関する研究課題組編「関於北京市社会力量办学問題的研究」、1990年)。
13 原語は、「湖南省社会団体、私人办学試行办法」(湖南省衡陽市教育委員会社会諸勢力運営学校管理室編『社会力量办学政策法規選編』、1997年)。
14 原語は、「河南省社会力量办学暂行管理办法」(河南省教育委員会成人教育処編『社会力量办学文件選編』、1996年)。
15 原語は、「北京市社会力量办学試行办法」(朱国仁「民办高等教育：中国高等教育的新生力量」黄河科技学院編『黄河科技大学学報』民办教育研究専号 1999年、58頁)。
16 原語は、「上海市社会力量办学試行办法」、1990年。
17 厦門大学高等教育研究所魏貽通の博士論文「民办高等教育立法之前期研究」、1994年、19頁。
18 1997年6月18日に筆者が海淀走読大学常務副学長陳宝瑜にインタビューしたもの。
19 「湖北函授大学」中国成人教育協会民営高等教育委員会編『民办高教之光』湖北科学技術出版社、1998年、6～7頁。
20 魏貽通、前掲論文、19頁。
21 『民办教育』1999年第1期、18～19頁。
22 魯松庭主編、前掲書、221～223頁。
23 『民办教育』1999年第2期、14頁。
24 『民办教育』1999年第6期、46頁。
25 『民办教育』1999年第5期、44頁。
26 「中国共産党北京市委員会文件」(京発) 1999年第26号。
27 『民办教育』2000年第2期、17頁。
28 『民办教育』2000年第3期、35頁。
29 『民办教育』2000年第3期、33頁。
30 『民办教育』2000年第5期、39頁。
31 『民办教育』2000年第5期、40頁。
32 『民办教育』2000年第6期、17頁。
33 『民办教育』2000年第6期、16頁。
34 『民办教育』2001年第1期、39頁。
35 『民办教育』2001年第1期、22頁。
36 その前身は、北京市工農教育管理室 (原語は、北京市工農教育办公室) である。
37 学歴証書授与権がある民営大学は、名目上国家教育委員会高等教育司が所管するが、実際は、地方政府が管理している。
38 瞿延東「関於民办教育改革與発展中的幾個問題——全国民办教育改革與発展研討会上的講話」(上海市教育科学研究院民営教育研究センター・上海市教育学会民営教育専門委員会編『民办教育動態』1999年第10期、2頁)。
39 原語は、湖南省教育委員会社会力量办学処。

40 学歴教育を行う学校に対する審査の手順は、まず、地方政府の教育行政機関が審査し、これを国家教育委員会へ報告し、最終的には同委員会が審査・認可を行う。
41 2000年1月21日に長沙で筆者が湖南省教育委員会社会諸勢力運営学校管理処を調査したもの。
42 原語は、社会力量办学管理办公室。
43 魯松庭主編、前掲書、230～231頁。
44 「北京市人民政府令」1994年第23号、3頁。
45 山西省人民政府「山西省社会力量办学管理条例」、1995年。
46 四川省教育委員会成人教育処編『社会力量办学文件彙編』、1998年、242頁。
47 前掲、「中国共産党北京市委員会文件」(京発) 1999年第26号。
48 『民办教育』2000年第6期、16頁。
49 侯靖方、前掲論文、9頁。
50 本書第2章第2節参照。
51 黄河科技学院編『黄河科技大学学報』慶祝建校15周年専刊1999年、109頁。
52 南京育材職業大学校史編集室編『南京育材職業大学办学紀実』、1987年、1頁。
53 『中国教育報』1993年8月26日。
54 「北京市民办高等学校(非学歴)設置標準及申办審批有関規定(試行)」、「申報民办高校須提交的有関办学資料」北京市教育委員会成人教育処社会諸勢力運営学校管理室編『北京市民办高校申办設置審批文件資料彙編』、1999年、5～6頁、35～36頁。
55 前掲、「北京市民办高等学校(非学歴)設置標準及申办審批有関規定(試行)」。
56 1997年6月17日に筆者が北京市教育委員会成人教育処副処長、社会諸勢力運営学校管理室責任者陳継霞にインタビューしたもの。
57 前掲、河南省教育委員会成人教育処編『社会力量办学文件選編』、233～235頁。
58 「『北京市社会力量办学管理办法』実施細則」(「北京市教育委員会文件」1996年第14号)。
59 「国家教育委員会文件」教成1997年第6号。
60 『民办教育』1999年第4期、21頁。
61 これらの学校は、ほとんど「四無」学校であった。「四無」とは、固有の校舎がなく、有資格教員がおらず、基本設備がなく、実習病院がないということである(『民営教育』1998年第5期、46頁)。
62 同上、2000年第1期、46頁。
63 前掲、『北京民办高校評估』、1998年。
64 この指標体系は、3級指標まであるが、本表では3級指標の内容は2級指標の中に含めた。
65 九嶷山学院事務室から筆者への手紙による。
66 毛樹堅「創建浙江樹人大学的回憶」浙江樹人大学編『前進中的浙江樹人大

学』、1999年、32頁。
67 1997年6月18日、筆者が海淀走読大学常務副学長陳宝瑜にインタビューしたもの。
68 2000年1月10日、筆者が湖北函授大学事務室室長周一文にインタビューしたもの。
69 1997年6月18日、筆者が中国科技経営管理大学副学長郭子真にインタビューしたもの。
70 魏貽通、前掲論文、19頁。
71 「培正商学院」、前掲、『民办高教之光』、147頁。
72 『民办教育』1999年第4期、45頁。
73 2000年1月10日、筆者が湖北函授大学事務室室長周一文にインタビューしたもの。
74 陳宝瑜「民办学校的産権及其組合問題」『民办教育』2000年第5期、7頁。
75 張連泰「高中後職業技術教育的賞試」中国成人教育協会民営高等教育委員会編『中国民办高等教育的理論與実践(一)』専利文献出版社、269頁。
76 前掲、「培正商学院」。
77 魏貽通、前掲論文、19頁。
78 楊瑩「立足城市、面向農村、主動為経済建設服務」、前掲、『中国民办高等教育的理論與実践(一)』、244頁。
79 1999年1月6日、筆者が南華工商学院呉副院長にインタビューしたもの。
80 中国では、戸籍を移すこと、特に農村から都市へ移籍することは非常に厳しく統制している。
81 海淀区政府は、海淀走読大学に「編制」を与えるが人件費を出さないとした(1997年6月18日、筆者が海淀走読大学常務副学長陳宝瑜にインタビューしたもの)。湖北函授大学は、湖北省政府から、40人の「編制」と人件費を得た(2000年1月10日、筆者が湖北函授大学事務室室長周一文にインタビューしたもの)。
82 『民办教育』1998年第6期、42頁。
83 湖南省教育委員会社会諸勢力運営学校管理処、湖南省社会諸勢力運営学校協会秘書処編『湖南省社会力量办学協会成立大会専輯』、1999年、23頁。
84 瞿延東「貫徹条例、規範办学、提高質量、推動発展——在第2次全国民办教育研討会上的講話」西安外事サービス訓練学院民営教育研究所編『民办教育研究』第3期、1999年、7頁。
85 『人民日報』1997年8月12日。
86 前掲、河南省教育委員会成人教育処編『社会力量办学文件選編』、223～224頁。
87 原語は「対四川省教委関于社会力量办学跨省市招生問題請示的復函」、前掲、四川省教育委員会成人教育処編『社会力量办学文件彙編』、155頁。
88 原語は「関於社会力量挙办的非学歴高等教育機構名称的批復」、前掲、河南省教育委員会成人教育処編『社会力量办学文件選編』、184～185頁。
89 原語は、「関於社会力量办学管理体制問題的批復」(同上書、196～197頁)。

90 本書第2章第2節参照。
91 本書第4章第4節参照。
92 魯松庭主編、前掲書、221頁。
93 朱鎔基「在全国教育工作会議閉幕式上的講話」『人民日報』1999年6月19日。
94 原語は、国家教育委員会成人教育司「関於転発天津市第二教育局、天津市公安局『関於立即停止面向社会挙办保鏢培訓班的緊急通知』的通知」。
95 原語は、国家教育委員会「関於転発陝西省教育委員会『関于鄭文生等人以陝西総合大学名義進行詐騙活動査処情況的報告』的通知」。
96 前掲、『浙江民办教育探索』、226頁。
97 于陸琳主編『没有囲墻的大学——中華社会大学成立10周年文集』、1992年、364頁。
98 「私立金陵国際語言進修学院」、前掲、『民办高教之光』、111頁。
99 金鉄寛主編『中華人民共和国教育大事記（三）』山東教育出版社、1995年、1469頁。
100 華僑大学仰恩学院は、1989年に仰恩学院、1992年に仰恩大学と改称した（鄔大光、史秋衡、謝作栩、柯佑祥『改革有為、追求卓越——仰恩大学的办学思想與実践』、1999年）。
101 侯徳富、曾秋葦「私立華聯学院」私立華聯学院編『華聯大学』、1998年、33～37頁。
102 金華市政府「一種興办高等教育的新機制」、魯松庭主編、前掲書、44～45頁。
103 羅暁明「致力办学、涵養企業、報效社会」、同上書、128～129頁。
104 前掲、河南省教育委員会成人教育処編『社会力量办学文件選編』、251～252頁。
105 同上書、345～347頁。
106 同上書、348～349頁。
107 「国家教育委員会文件」教外総[1995]31号。
108 前掲、河南省教育委員会成人教育処編『社会力量办学文件選編』、302頁。
109 陳致寛「由『条例』引発的思考」中国成人教育協会民办高等教育委員会編『中国民办高等教育的理論與実践（二）』大衆文芸出版社、1999年、129頁。
110 「北京市人民政府令」1994年第23号。
111 「民办高等教育委員会主任拡大会議紀要」、前掲、『中国民办高等教育的理論與実践（一）』、390頁。
112 北京市物価局・財政局「関於調整社会力量办学発展監督費標準的函」民営高等教育委員会弁公室編『工作簡報』第3期、1996年5月。
113 「北京市教育委員会文件」1996年14号。
114 前掲、河南省教育委員会成人教育処編『社会力量办学文件選編』、217頁。
115 同上書、231～232頁。
116 上海市教育委員会政策法規処編『教育行政処罰工作手冊』、1996年、138頁。
117 民営高等教育委員会弁公室編『工作簡報』第3期、1996年5月。
118 『人民日報』1997年8月12日。
119 湖南省のある県の税務局は、その県の民営中学校から企業所得税を徴収した

(『民办教育』2001 年第 2 期、13 頁)。
[120] 湖南省政治協商会議が主催した社会諸勢力による学校運営の考察団「大力発展社会力量办学、促進城郷両個文明建設——湖南省社会力量办学考察報告」湖南省教育委員会社会諸勢力運営学校管理処編『新的増長点在這里——湖南省社会力量办学的実践與思考』、1997 年、3 頁。
[121] 『民办教育』1999 年第 6 期、16 頁。
[122] 陳致寛「権與法較量 12 年——至今未果」『民办教育』1999 年第 3 期、22 頁。
[123] 陳方伯「話不能不説了」『民办教育』1998 年第 1 期、12 頁。陳致寛「不平則鳴、無訟為貴——記新疆民办学校状告政府的一場官司」『民办教育』1998 年第 5 期、20 頁。陳致寛「声聞于両会」『民办教育』1999 年第 2 期、16 頁。
[124] その学校の前身は、1983 年に設置した新疆振華大学である(「新疆 4 所民办学校被侵権情況的調査」民営高等教育委員会弁公室編『情況反映』1995 年 10 月 10 日)。
[125] 同上。または、民営高等教育委員会弁公室編『工作簡報』1995 年 10 月 10 日。
[126] 上海市の学生総人数は出てこないが、10 万人以上と推測される。
[127] 李維民「陝西民办高等教育與社会功能」『民办教育』1998 年第 5 期、14 頁。
[128] 海南省の民営高等教育はかなり遅れており、学生人数は 3,000 人以下と推測される。
[129] 張学軍「湖南省社会力量办学的現状及発展思路」、前掲、『新的増長点在這里——湖南省社会力量办学的実践與思考』、20 頁。
[130] 前掲、李維民「搭乗西部快車、振興民办教育」。

# 第6章 民営大学の役割・特徴と政府の政策

　本章では、民営大学の役割と特徴に視点を置き、政府の民営大学に対する政策の効果と影響について論じることとする。

## 第1節　民営大学の役割と政府政策の目標

　1998年11月、国務院が「21世紀に向けての教育振興行動計画」を公布する直前、教育部部長陳至立はその記者会見で、「民営教育の発展は中国改革開放以来の飛躍的な進歩だ」と述べた[1]。この発言は、民営教育だけではなく、政府の民営教育政策にも言及している。政府が民営大学を認可・支持する主な理由は、①国の近代化を実現するために、多数且つ多種多様な実務人材を養成する②高等教育の経費不足を緩和する③高等教育の量の拡大と多様化を促進する、の3点にある。民営大学が果たした役割から見ると、政府の目標がある程度達成されたと言える。

### 1　人材養成

　民営大学の人材養成の目標は、政府の期待[2]に従って、研究型の上級人材やエリートの養成ではなく、技術や職業などいわゆる実務人材を訓練することである。そこで、その実務人材の訓練として、希少的な専門人材、農村・遠隔地人材、身体障害者人材などの訓練を工夫した民営大学について、いくつかの事例を取り上げながら民営大学の人材養成の特徴を以下に例証する。

(1) 希少的な専門人材の養成

　1993年、上海市における中華僑光職業学院は、上海に宝石・真珠装飾の人材が乏しいこと、また海外の宝石商人が上海へ続続と進出してきたことに対応して、宝石・真珠分校（原語は、珠宝分院）を設立した。学校は

宝石検定、装飾品の設計・加工、装飾品の営業管理の3講座を設置し、毎年、数十人の宝石技術人材を育成した[3]。江西3S専修学院は図書出版業の民営化傾向に応じて図書営業専攻を設け、一般に先駆けて市場経済に対応できる図書販売の専門人材を訓練した[4]。中華社会大学は、当時全国37,000の食品生産企業には食品栄養関係の人材がほとんどいなかったことから、1984年、全国で初めての栄養食品専攻を設置した[5]。四川国際標榜髪型美容専修学院は、上級美容人材養成を目標とする唯一の高等教育機関で、学校の卒業生は、美容や化粧品会社の需要に応じるものである[6]。

(2)農村・遠隔地の人材訓練

民営大学の学生の中には農村や遠隔地からきた者が多く、湖南省教育委員会の統計によると、同省の民営大学12校の在籍者中農村からきた者が95％を占め、そのうち貧しい山地からきた者が30％を占めていた[7]。

河北中華冀聯医学院[8]、河北中華求実医科専修学院[9]、山西老区医学院[10]、山西康華医学専修学院[11]、江西光明中西医結合学院[12]の学生は大部分、農村、山地、遠隔地、辺境からきた者であって、卒業後、地元でクリーニング店を設立したり、病院で働いたりする者が多い。

(3)身体障害者人材の養成

中国には、全国で6,000万人以上の身体障害者がいるが[13]、身体障害者向けの公立大学が一校もないのに対して、山東省の煙台永康グループは、1995年に3.8億元を投資して国内・海外の身体障害者向けの煙台永康身体障害者大学（原語は煙台永康残疾人大学）を設立した[14]。また、1996年には、黄河科技学院所属の国際身体障害者学院（原語は国際残疾人学院）が設置されている[15]。その他、江南進修学院、遼寧東北中山学院などの民営大学も身体障害者を積極的に受け入れている。

## 2 公的高等教育経費不足の緩和

公的高等教育経費不足の緩和に対して、民営大学の貢献も顕著である。

1994年以前は、一部の自費学生（主に大学入試の得点が不足した者）と企業からの委託訓練学生を除いて、ほとんどの公立大学の学生は学費無償で高等教育を受けていたが、1994年からは、公立高等教育機関の財政

難を解消するため、40数校の公立大学が学生に対する学費徴収を試行した。1997年以降、すべての公立大学が学費徴収を行うようになった[16]。1997年には、これらの学費や雑費収入の合計（高校を含めて）は320億元に達していた[17]。

ところが、これらの学費徴収は学生養成のコスト[18]の一部であり、国家教育委員会の規定によれば、全養成コストの25％を越えてはならないものとされている[19]。したがって、例えば上海市の場合、1997年の公立普通大学の学生養成の平均コストは、学生1人当たり14,500元（年）であったのに対して、学費徴収額は3,000～3,500元に止っている[20]。即ち、国は大学生養成のため依然として莫大な経費をかけており、高等教育の急激な拡大、特に大衆化実現のためには、高等教育経費が非常に厳しい状態にあることには変りがない。

この観点から見ると民営大学は、公的教育経費を使わずに数多くの人材を養成し、経済的な面で大きく高等教育に貢献していると言える。教育経済学学者張鉄明の計算によると、民営学校の学生が1％増えると、国は15億元以上の教育費を節約できるという[21]。また、民営高等教育委員会主任劉培植の推測によると、1995年までに民営大学は500余万人を訓練した（通信教育も含む）[22]。北京市成人教育局の統計では、1991年までの10年間に民営大学は106万人の卒業生・修了者を訓練した[23]。湖南省教育委員会の統計では、1978年から1996年までの18年間に、民営大学・民営中等専門学校は150余万人を訓練した[24]。表6-1は、一部の民営大学の卒業・修了者の状況である。

ある研究者の計算によると、1998年の時点で公立大学の学生養成のコストは1人当たり年に10,000～13,000元と推計されているが、これは経常運営経費であり、建設費などの資本的経費が含まれていない。仮に、高等教育の入学率の目標が20％であるとすれば、公立大学の定員は年に250万人、在校生は1,000万人に達し、学生が払う学費部分を除いても、国は年間に700～1,000億元を負担しなければならない。これは、国にとってほとんど負担できない額である[25]。

また、1999年現在で、民営大学に123万人が在籍しているが、仮にこ

**表 6-1** 　　　　　　　一部の民営大学の卒業・修了者数

| 大　学　名 | 所在地 | 授業形式 | 期間（年） | 卒業・修了者数 |
|---|---|---|---|---|
| 韮菜園業余大学 | 湖南省 | 面接 | 1980～1997 | 60,000 |
| 中華社会大学 | 北京市 | 面接 | 1982～1997 | 10,000 ＊ |
| 前進進修学院 | 上海市 | 面接 | 1983～1998 | 650,000 |
| 海淀走読大学 | 北京市 | 面接 | 1984～1998 | 6,850 ＊ |
| 武漢成材自修大学 | 湖北省 | 面接 | 1984～1998 | 60,000 |
| 黄河科技学院 | 河南省 | 面接 | 1984～1998 | 30,000 |
| 鄭州樹青医学院 | 河南省 | 面接 | 1984～1998 | 7,000 ＊ |
| 中国管理軟件学院 | 北京市 | 面接 | 1984～1998 | 4,500 ＊ |
| 中国科技経営管理大学 | 北京市 | 面接 | 1985～1996 | 17,000 ＊ |
| 金陵国際語言進修学院 | 江蘇省 | 面接 | 1985～1998 | 70,000 |
| 長江自修大学 | 湖北省 | 面接 | 1986～1998 | 10,000 ＊ |
| 西安翻訳培訓学院 | 陝西省 | 面接 | 1987～1997 | 10,000 ＊ |
| 湖北函授大学 | 湖北省 | 面接、通信 | 1984～1998 | 30,000 |
| 四川函授大学 | 四川省 | 通信 | 1982～1998 | 400,000 |
| 心理学函授大学 | 北京市 | 通信 | 1985～1998 | 30,000 |
| 北京人文函授大学 | 北京市 | 通信 | 1984～1998 | 500,000 |
| 中国農村致富技術函授大学 | 北京市 | 通信 | 1985～1997 | 3,000,000 [26] |

(注) ①卒業・修了者には1年間の短期訓練が含まれている。②＊を付けたものは、専科あるいは本科レベルの卒業生。
(出所) ①各民営大学の校史やパンフレット。②『民办教育』。③中国成人教育協会民営高等教育委員会編の民営大学に関する書籍。

の教育費を公費で負担するとすれば、1人当たり5,000元として年に約60億元の負担となる。即ち、民営大学はこの分だけ国の支出を肩替わりしていると言える。さらに、これまでに訓練された数百万人の卒業・修了者のコストを合わせれば、さらに莫大な公的教育費が節約されたことは間違いないであろう。

### 3 高等教育の多様化・活性化の実現

　高等教育の分野で民営大学が貢献した最も重要な点は、高等教育における公立独占の状態を打開し、高等教育の多様化・活性化を実現したことである。

　民営大学が登場する以前は、中国の高等教育は普通高等教育と成人高等教育に分けられ、前者は高校卒業生あるいは同等の学歴を持ちながら就職

していない青年を主たる教育対象とし、後者は就業者を主要な対象とする高等教育であった。しかし、普通高等教育であれ成人高等教育であれ、すべて公立教育機関であって、政府によって運営されていた。運営の経費は政府から支出され、学長は政府によって任命され、専攻の設置、学生募集の計画、卒業生の職場配置なども政府に認められなければならなかった。このような政府による「丸抱え式」の高等教育体制は、画一的なものとしか言えないものであった。

　民営大学は公立大学とは正反対の性格を持っており、自主的に学校を設置・管理し、自ら経費を賄い、学生は自由に学校を選ぶことができるものである。下表は、民営大学と公立（普通）大学との相異点全体を示したものである。

表 6-2　　　　　民営大学と公立（普通）大学との相異点

|  | 公立（普通）大学 | 民営大学 |
|---|---|---|
| 建学者 | 政府 | 主に民主党派、社会団体、個人、企業、公立教育機関など |
| 所有制 | 国有 | 主に私有、集団所有、混合所有 |
| 資金源 | 主に政府の教育費 | 自ら調達し、政府からの助成はほとんどない |
| 上級管理機関 | 中央あるいは地方政府の高等教育管理機関 | 地方政府の高等教育管理機関 |
| 学校管理体制 | 共産党委員会指導下の学長責任制 | 主に理事会指導下の学長責任制、あるいは校務委員会指導下の学長責任制 |
| レベル | 主に4年間以上の教育（学部教育、大学院生教育）を行う | ほとんど2～3年の教育（専科教育）と非学歴教育を行う |
| 人材養成の目標 | 主に上級人材の養成 | 職業と応用能力主体の人材の養成 |
| 入学条件 | 統一的な大学入試を受けて合格した者 | 統一的な大学入試の低得点者、または学歴、年齢の制限無し |
| 学費徴収基準 | 学生養成コストの一部（3分の1～2分の1程度） | 学生養成コスト全部 |
| 教員の性格 | 国家幹部 | 契約制の雇員 |

（出所）筆者作成。

民営大学の発生・発展は、中国の高等教育にとって次のような意味を持つと考えられる。
(1)高等教育の多様化
民営大学の発生・発展によってもたらされたものは、多様なレベルを持つ高等教育機関の数的増加だけではなく、高等教育の建学者、所有制、資金源、運営理念、運営方式などの多様化でもあった。
(2)高等教育の質の向上と量の拡大への貢献
公的教育経費の不足に直面していた公立大学にとっては、質の向上と量の拡大との両立は非常に困難であった。文革後、公立高等教育の規模は年々拡大してきたが、それは依然として社会のニーズを充足できるものではなかった。他方、政府から得た教育経費が学校規模の拡大や物価の上昇によって事実上目減りし、そのような経費不足に苦しんでいた公立大学にとっては、量の拡大が質の維持あるいは向上を妨げるものとなってきていた。高等教育の量の拡大に対する貢献について見ると、例えば、陝西省では1997年現在で、公立普通大学43校、在籍者14万人、公立成人大学41校、在籍者5.6万人であるのに対して、民営大学は62校、在籍者5.3万人であり、在学者数は全体の27％を占めている[27]。また、1999年10月の時点で、北京市における公立大学の65校、在籍者19.6万人に対して、民営大学は92校、在籍者28万余人に達している[28]。そして、このような民営大学の量的拡大は、公立大学の水準と質とを維持するための条件の一つともなっているのである。つまり、このような多数、多種類、多レベルの民営大学の存在がなかったら、公立大学は高等教育の急激な拡大または大衆化の重荷を負わなければならないので、高い教育・研究水準を維持することができなかったであろう。

また、ここで指摘しておかなければならないのは、高等教育の量的拡大によって高等教育の性格が変化してきたことである。例えば、高等教育の機会の拡大や柔軟化、高等教育のエリート養成の目標の転換（あるいは多様化）、高等教育の学問重視・市場軽視という伝統の変化などが挙げられる。これらの視点から見ると、民営大学発展の高等教育に対する貢献は、量の拡大に限られるものではないことが明らかである。

## (3) 高等教育への活力の注入

民営大学はその「実力」がなお乏しくはあっても、「活力」が溢れていると言われている。その「活力」こそ、従来の公立大学には欠けるとされていたものである。

1998年、陝西省省長は有力な民営大学西安外事サービス訓練学院を視察して、「彼ら（同学院の運営者を指す）の成功は、公立大学の改革に対してよい経験を提供した」と述べている[29]。

公立大学側もこのような民営大学の経験を参考にして、小規模また部分的ながらも、民営化の試行を1980年代後半から開始した。1988年4月、陝西省高等教育局の認可によって、西安交通大学は民営の職業技術教育学院を設立し、公立大学の民営学院運営の先駆けとなった[30]。これは、「一校二制」と言われている。また同年、錦州師範学院は民営の訓練センターを設け、独学試験の指導を開始した[31]。さらに、1992年、天津師範大学応用文科学院は、債務が累積したために民営化された。学院の院長は国家教育委員会によって任命されたが[32]、それ以外は民営大学同様、理事会指導下の学長責任制によって自主的に運営が行われている。もちろん、学生からも授業料が徴収されている[33]。

1990年代の半ばに入ると、多くの公立大学は民営の「二級学院」を設立したり、民営のメカニズム（例えば、自ら経費を調達する、自主的に学生を募集する、学生訓練のコストに従って学費を徴収するなど）を導入したりするようになった。

このような公立大学と民営大学との間の協力や競争のメカニズム形成は、高等教育に新しい活力を注入させるものとなった。

## 第2節　民営大学の特徴

### 1　多様性

民営大学の多様性には、いくつかの側面が含まれている。即ち、学校設立・運営者、資金源および教育内容における多様性であり、以下それぞれについて例証する。

(1)学校の設立・運営者の多様性

民営大学の設立・運営者は非常に多様であるため、その分類も視角によって様々なものがあり得るが、ここでは、国内4グループと海外1グループの計5グループに分類することとする。

①第1グループ——公、即ち地方政府、国営または公営企業・事業体、公立大学、軍隊、軍校などが設立、運営しているもの。

例えば、温州における浙江東方職業技術学院は、東方グループ（子会社16、所属企業300余を持つ浙江省の大手国営企業）が2.3億元を投資して設立した学校である[34]。また、遼寧省の錦州師範学院（公立）は、1988年に民営の訓練センターを設け、「一校二制」を行った[35]。天津師範大学（公立）応用文科学院は、1992年に民営化を始め、民営大学の特徴である理事会指導下の学院長責任制をとっている[36]。

②第2グループ——民主党派などの社会団体の設立、運営しているもの。

民主党派営の大学、例えば、(a)中国民主同盟系の大連科技文化学院、涼山大学（西昌）、成都社会大学、四川函授大学（成都）、達徳大学（北京）、(b)九三学社系の北京建設大学、南寧九三工学院、江蘇自修大学（塩城）、鄭州科技専修学院、(c)国民党革命委員会系の蘇州中山進修学院、西安逸仙自修大学、西安中山培訓学院、邕江大学（南寧）、(d)農工民主党系の江西光明中西医結合学院（南昌）、吉林中医薬訓練学院(長春)、(e)中国民主促進会系の長沙培才科技進修学院、西安進修大学、(f)民主建国会系の上海中華職業工商進修学院。

その他の社会団体営の大学としては、例えば、中国科学技術協会によって創設された中国農村致富技術函授大学（北京）[37]。北京市帰国華僑連合会が創設した燕京華僑大学（北京）[38]。寧波慈善総会によって設立された明州大学（寧波）[39]、広東省労働組合総会が設立・運営している南華工商学院(広州)[40]、四川省高齢者委員会によって運営されている成都博才専修学院[41]などがある。

③第3グループ——私営企業、郷鎮企業が設立・運営しているもの。

例えば、私営太陽グループは、5,000万元を投資、設立した芸能界の人材養成を目指す北京太陽影視芸術専修学院[42]、浙江吉利グループ（郷鎮

企業）が 1 億元を投資して設立した浙江経済管理専修学院（椒江）[43]、郷鎮企業が 1 億元を投資して設立した山東省淄博の民営万傑医学院[44]などである。

④第 4 グループ――個人が設立、運営しているもの。この個人もさらに(a)教育関係者（定年退職者、辞職者、現職者）、(b)専門家（定年退職者、辞職者、現職者）、(c)定年退職幹部、(d)同窓会、(e)その他の民間人に分類される。

教育関係者が作った大学の例としては、東海職業技術学院（上海）、私立華南学院(広州)、江西華聯外貿学院（南昌）、陝西電子信息専修学院（西安）、中国科技経営管理大学（北京）、北京華誠学院、南京金陵国際語言進修学院などが挙げられる。

専門家が設立した大学には、陝西烹飪学院（西安）、江西服装専修学院（南昌）、西安汽車科技学院[45]などがある。

定年退職した幹部が設立した大学には、巴州高級人材培訓中心（新彊庫尓勒）、西安郷鎮企業大学、深圳新安学院[46]などの例がある。

同窓会が設立した大学には、北京黄埔大学、天津聯合業余大学、広州南洋輔導大学、広州培正商学院、貴州大夏高等職業技術学院（貴陽）などがある。

その他の民間人が設立した大学の例としては、秦皇島愛輝旅行学院、私立威海外語培訓学院、江西東南進修学院（南昌）などがある。

⑤第 5 グループ――海外の企業、団体、教育機関、同窓会、華僑個人などが設立、運営しているもの。

ミャンマーの華僑実業家が設立した仰恩大学（泉州）、台湾同胞が設立した河南広亜経貿学院（鄭州）などがこの好例である。ただし、海外の場合は、資金の寄付などで民営大学を支えるのが主流で、直接学校の設立・運営を行う例は少ない。

上記の分類については、さらに説明を要する点が二つある。一つは、第 1 グループの中でも、地方政府や軍隊・軍校の場合は、単独で民営大学を設立・運営するのではなく、他のグループと共同で設立・運営するとしていることである。政府が単独で設置する大学は公立以外にはなく、軍隊・

軍校もそれ自体の性格や経費の面から単独で民営大学の設立はできない。今一つは、複数のグループの建学者が混合して学校を設立することがかなり多いという点である。例えば、政府や公営企業・事業体と民主党派や個人が力を合わせて学校を設けることなどである。

　1990年代中期に入ると、民営大学の建学・運営者については、次のような新しい動きが出てきた。

　まず、一部の公立大学は、大手企業や地方政府の協力を得て、相次いで民営の下部学院（原語は「二級学院」）を設けるようになっている。例えば、華中科技大学軍威学院(民営)は、華中科技大学（公立）と武漢軍威企業集団有限会社などが共同で設立・運営したものであり[47]、また、同済大学(公立)も浙江省蕭山市政府と協力して同済大学蕭山学院（民営）を設立しており[48]、さらに蘇州大学(公立)は、凱達会社と共同で民営の蘇州大学文正学院を設立している[49]。1999年の時点で、江蘇省においては18の公立大学が民営の「二級学院」を設立しており[50]、いわゆる「一校二制」の大学が急速に増えてきている。

　これらの最近できた「二級学院」が前述した錦州師範学院訓練センターや天津師範大学応用文科学院と異なる点は、①後者が、公立大学内の余った校舎・施設や教職員を利用して大学の一部を民営大学として運営しているのに対して、前者は、公立大学外の企業や地方政府が新しいキャンパスを提供し、公立大学の指導と教員によって運営していること、②後者は外部からの資金を導入していないが、前者は多額の外部資金を受け入れていることである。即ち、前者は公立大学側が「人、知識、情報」を出し、地方政府や企業側が「金、物」を出すというパターンであり、後者は公立大学が独自にその一部を民営化したものである。

　次に、株式制の大学が現れたことは注目する必要がある。

　例えば、私立華聯学院、温州大学、金華職業技術学院などである。これらの民営大学のことについては(3)で後述する。

　次に、大手の教育グループ営の民営大学が現れた。例えば、黒龍江省東亜学団の東亜大学、浙江省万里グループの万里学院、西安同仁学団の西安同仁商務培訓学院、上海中鋭グループの無錫南洋学院、成都拓展グループ

の拓展人材学院など。

最後に、企業側が民営大学へ積極的に投資し始めたことが挙げられる。

上述した東方グループ、陽光グループ、吉利グループ、煙台永康グループの他、広州珠江実業グループが広州珠江管理学院（広州）を設立した[51]。

企業による新しい投資方式も作られるようになった。例えば、2000年に、北京で「東方大学城」という共同キャンパスができたが、教室、宿舎、運動場などを揃え、貸しマンションのような型で民営大学に貸し付けるものであった[52]。

(2) 教育内容の多様性

民営高等教育委員会は、1998年4月から9月にかけて民営大学に対するアンケート調査を行った。回収した103校のアンケートによると、民営大学の教育内容は最大7種類に及んだ。多くの民営大学は3種以上、一部の民営大学は6、7種の教育内容を運営している。

表6-3　民営大学103校の教育運営の種類（1998年）

| 教育内容 | 校数 | ％ | 提供している教育内容の種類 | 校数 | ％ |
|---|---|---|---|---|---|
| 学歴教育 | 51 | 49.5 | 1種 | 7 | 6.8 |
| 独学試験補導 | 85 | 82.5 | 2種 | 11 | 10.7 |
| 学歴証書試験 | 68 | 66.0 | 3種 | 26 | 25.2 |
| 業余訓練 | 67 | 65.0 | 4種 | 24 | 23.3 |
| 中等職業教育 | 60 | 58.3 | 5種 | 26 | 25.2 |
| 成人高校 | 15 | 14.6 | 6種 | 7 | 6.8 |
| 生涯教育 | 43 | 41.7 | 7種 | 2 | 2.0 |

（出所）民営高等教育委員会整理・李国喬、陳宝瑜執筆「百所民か高校調査統計與初歩分析」中国成人教育協会民営高等教育委員会編『中国民か高等教育的理論與実践（二）』大衆文芸出版社、1999年、243～244頁。

(3) 資金源の多様性

民営大学の資金源はその建学者・運営者の場合と同様に複雑である。図6-1は、民営大学の資金源を整理したものである。

また、資金の調達方式については、近年、株式制度を導入して資金を賄う学校が現れているので、この中国独特の方式についてはやや詳細に述べ

**図 6-1** 民営大学の資金源

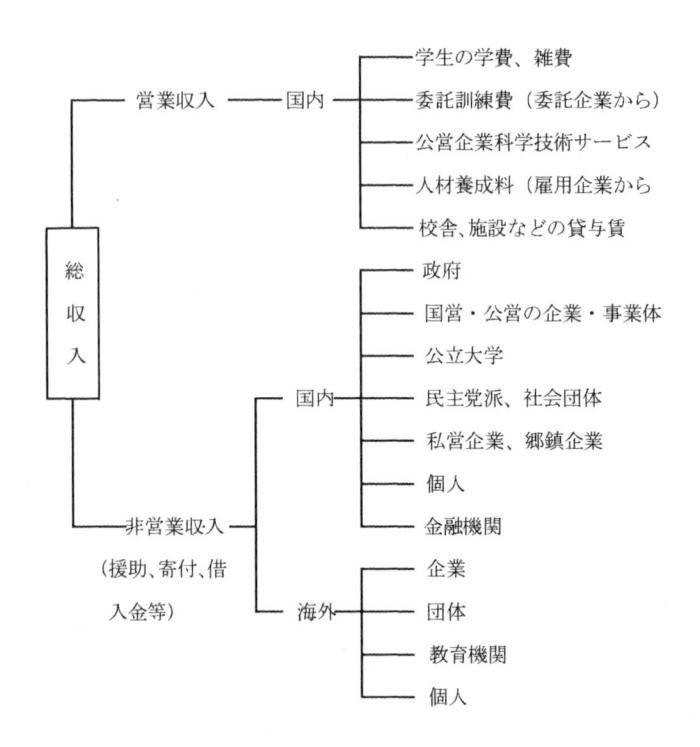

```
                  ┌── 学生の学費、雑費
                  ├── 委託訓練費（委託企業から）
        ┌営業収入─国内─┼── 公営企業科学技術サービス
        │         ├── 人材養成料（雇用企業から）
        │         └── 校舎、施設などの貸与賃
        │
        │              ┌── 政府
総       │              ├── 国営・公営の企業・事業体
収 ──────┤              ├── 公立大学
入       │         ┌国内─┼── 民主党派、社会団体
        │         │    ├── 私営企業、郷鎮企業
        │         │    ├── 個人
        └非営業収入──┤    └── 金融機関
         (援助、寄付、借  │
          入金等)     │    ┌── 企業
                  └海外─┼── 団体
                       ├── 教育機関
                       └── 個人
```

ておこう。

　1996年、広州私立華聯学院が始めてこの株式制度を導入したが、この制度の主な内容は、次のようなものであった。

　①学校は知識投資を中心として、知識投資と資金投資とを組み合わせて、株式制度を実施する。

　②学校の全財産は知識投資と資金投資によって構成され、学校の株主に帰属するものとする。

　③学校は、理事会指導下の学長責任制をとり、理事会においては、教授・助教授が多数を占めなければならない。学長は、理事会に教授・助教授層

または学校管理の経験・能力を持つ者を任命しなければならない。

④株式は、法人基金株、創立者株、普通株によって構成され、その比率は、それぞれ30％、25％、45％とする。

(a)法人基金株は、学校の創立者の貢献、教職員の貢献、海外華僑、香港・マカオおよび社会各界の寄付によって構成され、学校法人が保有するものである。

(b)創立者株は、学校の設置・運営に重大な貢献をした者が保有するものである。

創立者株は、A株とB株に分けられる。A株は、学校の創立者・創立参与者または学校の発展に対して知的貢献を大きくした者が保有するものである。B株は、現在、今後を通じて学校の運営・発展に貢献し、3年以上貢献した者が保有するものである。

(c)普通株は、個人投資者が保有するものである。

⑤配当金は、理事会が当該年度の財務状況に応じて、損失を補い、学校発展のための蓄積金を保留した後、次の計算によって配当する。

(a)普通株。最近の株価を基数とし、当該年度の銀行利率の150％によって配当する。

(b)法人株。普通株の配当を参考とし、配当金は全部学校の発展基金とする。

(c)創立者株。普通株配当金の30％以上を配当し、漸次増額して2005年に普通株の配当額と同額とすることを目標とする。

私立華聯学院の1998年の配当実績は、学校総収入の1.5％、純利益の5％であった[53]。

私立華聯学院の株式制度には、次のような特徴が見られる。

①学校の財産は、知的なものを含んでおり、学校に対する投資は知識投資と資金投資の双方が重視されている。

②株式の構成は、法人株、創立者株、普通株の3種に分けられ、学校法人、建学者・運営者・教職員および投資者の3者の利益を共に重視し、特に教職員が学校の株主であるとされることが注目されている。

③所有権と経営権は分離されている。学校の財産は株主所有であるが、

学校の運営・管理はもっぱら教育経験と管理能力を持つ教授・助教授によって行われる。これは、学校の発展と教育の向上を確保するため必要な措置であるとされている。

このような株式制度がとられているとは言え、政府の規制のため株式は一般に公開されず、株主のほとんどは学校の教職員や関係者であった。

株式制度をとっているもう一つの例としては、1994年に設立された金華職業技術学院がある。同校は学校所在地である浙江省金華市政府の強力な支援によって基金を設け、これにより運営されている。この基金の規程によると、投資額20万元以上の企業・団体、投資額5万元以上の個人は、学校に対する所有権を有し、理事となる。投資者は、学校に対する監督、助言権を持つほか、卒業生の採用、研究成果の利用などについても優先権を持つ。金華職業技術学院は建学後の5年間に87企業・事業体からの投資3,000万元を獲得し、学校の規模と質は急速に増強されている[54]。私立華聯学院と比較すると、金華職業技術学院の株式制度は、次のような特徴を持っている。

①政府の強力な支持によって行われ、金華職業技術学院発展基金の主席は、共産党金華市委員会書記長が兼任し、金華市政府の呼びかけによって企業・事業体が相次いで投資した。

これに加え、政府は学校に用地を贈与し、様々な免税優遇を与え、さらに政府の計画に従って、現存の小規模な公立専門学校や短期大学、例えば師範学校、農業機械学校、医科学校、経済貿易学校などが金華職業技術学院に合併された。

②学校の投資者は、校内の教職員ではなく、校外の公立あるいは私営企業・事業体であった。

③投資者に配当金は出ないが、卒業生の供給や科学技術の提供などの方式で便益を与えられている。

さらにもう一つの例として、1999年に株式制度を導入して民営化した浙江省温州市における公立温州大学がある。この新しい温州大学に対しては、地方政府が40%、国有企業が20%、私営企業が40%を出資している[55]。

北京中新企業管理学院も、株式制度を実施して国内と海外の33企業の

投資を受け、学校の理事会は毎年それらの企業に配当金を与えている[56]。

　株式制度で学校の資金を賄うことはユニークな試みではあるが、いまだ試行的な段階で未解決の問題も多く、法律上の根拠もなく、中央政府や多くの地方政府にも認められていない。しかし、民営大学の一つの在り方として注目すべきものである。

## 2 民営大学と市場との密接な関係

　中国における民営大学の発展は、国の経済が計画経済から市場経済に移行したことと相携えて進んできた。民営大学の発展と経済の市場化との間には、ただ時間的な平行関係だけではなく、内面的に深層部に至るまで切り離し得ない密接な関連があった。

　経済の市場化に伴って現れたのは、人材養成の在り方の変化である。中国では、改革開放後、人材の需給をめぐって三つの市場が形成されてきた。第一は人材雇用市場であり、第二は大学進学者あるいは未開発人材の市場であり、第三は教育者人材市場（主に公立大学の定年退職教員・教育管理者・技術などの専門家、在職の教員・技術などの専門家）である。これらの3市場は民営大学の存在と発展の基礎であり、より正確に言えば、民営大学はこれら3市場の結合点上に生まれてきたのである。

　市場とは、買い手と売り手の両者によって構成されるものであり、この視点から見れば、民営大学とこれらの3市場との間には、次のような3組の関係が成り立っている。

表6-4　　　　　　　　　　民営大学と3市場との関係

| 市　場　名　称 | 買　　　手 | 売　　　手 |
|---|---|---|
| 人材雇用市場 | 人材雇用部門 | 学生（民営大学、教員） |
| 大学進学者市場 | 学生 | 民営大学、教員 |
| 教育者人材市場 | 民営大学 | 公立大学の定年退職教員・専門家、教育管理人員、在職教員・専門家 |

（出所）筆者作成。

　民営大学をめぐるこの3組の関係については、次の3点が指摘できよう。

第一は、選択の主導権が、徐々に買手市場側へ移ってきていることである。つまり、一般的な傾向としては、雇用部門はその必要とする人材を選考して採用し、学生は好きな大学や専攻を選んで進学し、民営大学は教員を選抜して雇用するという方向に進んでいる。

　第二に、この3組の関係のうち、最大の影響力を持つのは人材雇用市場における買い手である人材雇用部門で、続いて学生、そして最後に大学である。つまり、教員は大学・学生・雇用市場という3者の評価を受けなければならず、大学は学生と雇用市場によって評価され、学生の業績は、雇用市場において評価されるのである。

　第三は、上記のことから、一般的に民営大学の成否に対する最終的な評価は雇用市場で行われるということである。このため、民営大学の中心的な任務は、その雇用市場で需要のある人材を養成することであり、これに応じるため、民営大学は種々な工夫をしている。

　民営大学が開設する専攻は、ほとんど市場で人材が欠乏している専攻または応用実践面の専攻である。例えば、北京の大手民営大学である中国科技経営管理大学で開設されている約100専攻のうち、新技術系、綜合管理系、希少応用技術系、向上適応系、技術工芸結合系、実務広告系（原語は、新技術型、綜合管理型、稀缺応用技術型、提高応変型、技芸結合型、応用公関型）が大部分で、専攻の廃止や更新も毎年行われる[57]。

　黄河科技学院でも市場の動きに応じて専攻や科目を調整している。例えば、英語専攻では、学生の英語応用の基礎能力を訓練した上で、最後の学期には、市場のニーズに応じて、貿易英語、国際金融英語、観光ガイド英語などが選択できるようになっている[58]。

　広州市の白雲職業技術学院は、「市場に白雲を認識させ、白雲を市場へ向かせよ」（原語は、「譲市場導向白雲、譲白雲走向市場」）をモットーに、職業教育、技術教育を重視し、1.3万平方メートルの技術実習工場を持ち、開設した専攻はほとんど広東省・広州市の経済発展を支える産業に関するものであった。例えば、自動車、バイク、建築施工、服装、電工、電子、パソコン応用、部屋内装、調理、商品販売など[59]。

　このように、民営大学の目指すものは、理論的な研究人材の養成ではな

く、応用的な実務人材を育てることにあり、授業もこの点に重点が置かれる。

　上記の中国科技経営管理大学では、すべての学生が各自の専攻のほかに、英語のタイプ、漢語のタイプ、コンピューター応用、英語会話の4科目を履修しなければならない。また、学生の能力や技術を育てるため、調理、ホテル管理、経済貿易などの実習教室、さらには実習レストラン、グリーン食品生産実習工場などを設置している[60]。このように様々な応用技能を身につけるというのが、民営大学の学生訓練の特徴である。

　湖南省の渉外経済学院は、外資系企業向けの人材を育てており、卒業生全員「五つの証書」、即ち卒業証書、外国語4級の証書、コンピューター2級の証書、会計免許、車免許を取得させることを目指している[61]。

　また、学生の就職活動についても熱心で、広報や卒業生の推薦にも努力してきた。多くの民営大学には、学生推薦のための専門機構が設けられている。河南省の有力な民営大学黄河科技学院では、ある人材斡旋会社と連携して校内にその会社の支店を設けて卒業生を直接市場へ送り出していた[62]。

## 3　公立大学への依存

　民営大学の第三の特徴は、公立大学に対する依存体制である。ほとんどの民営大学は公立大学との深いつながりを持ち、公立大学から種々の便宜を受けている。この公立大学依存体制は、大別して3種に分けられる。

　第一は「直接依存型」で、これには、「一校主幹型」と「多校連合型」がある。

　「一校主幹型」とは、一つの公立大学に直接依存して民営大学を設置するものを言う。例えば、北京師範大学で定年退職した教授・助教授が中心となって京師科技学院という民営大学が設けられた。学生は、北京師範大学の図書館、パソコン室、L.L教室、運動場、会議室、食堂、医療室などを利用することができる[63]。上海の済光学院は、同済大学の定年退職管理者・教員50余人が共同で創設した民営大学である。学校は同済大学から100万元の建学経費を借り入れて発足した[64]。瀋陽市における東北大学の定年退職幹部・教職員協会は、瀋陽英才学院を設置した。学校は、東

北大学の定年退職した教授・助教授 550 人を中心とし、授業を行い、東北大学の施設・設備をも利用していた[65]。

「多校連合型」とは、いくつかの公立大学に依存して民営大学を設立するものを言う。例えば、黒龍江省におけるいくつかの公立大学の元学長が連携して設立した北方聯合大学（ハルビン）[66]、上海交通大学、北京大学、清華大学という三つの名門大学の教授 8 人が発起して設立した杉達大学（上海）[67]、華南師範大学、華南理工大学、暨南大学、華南民族学院の定年退職教授と広州市教育労働組合の幹部とが共同で設置した私立華聯学院（広州）、などがある[68]。

第二は「間接依存型」である。個人やいくつかの社会諸勢力が民営大学を設立し、公立大学から種々の便宜(主に教員)を受けるのがこの型である。

北京市の中華社会大学、燕京華僑大学、上海市の前進進修学院、中僑学院、南京市の金陵国際言語進修学院などは、この型である。これらの民営大学は、多数の公立大学から在職の優秀な教員を兼任教員として採用することができる。例えば、前進進修学院の場合、1991 年の当時、公立大学から外国語学部の学部長・副学部長 8 人、外国語教育研究室の室長（日本の講座主任に相当）30 余人、教授・助教授 55 人を兼任教員として採用していた。このような超一流の教員陣には重点公立大学でも比べものにならなかった。

第三は、「協力型」である。一方で民間あるいは地方政府が、また他方では公立大学が協力することによって設けられた民営大学である。

例えば、清華大学、北京大学、中国人民大学という三つの公立大学と北京市海淀区政府および個人との協力の下に設けられた海淀走読大学（北京）[69]、大手国営企業長虹グループと西南科技大学とが共同で設立した長虹学院（成都）[70]、上海交通大学と上海市徐匯区政府とが協力して設立した光啓学院（上海）[71]。華東師範大学と上海市普陀区政府とが協力して設立した華夏学院[72]などがある。

また、民営大学が公立大学に依存する内容については、次のように分けられる。

①施設：教室、事務室、会議室、運動場、雨天体育場、学生宿舎、食堂

など
　②設備：実験室、図書館、パソコン、L.L教室など
　③教職員
　④貸付金
　民営大学が公立大学の施設や設備を使用する場合は有料で、使用料金は借り手と貸し手の合意によって決まる。一般に、民営大学が公立大学に依存する範囲と程度は、民営大学と公立大学との連係の程度によって異なる。例えば、民営大学が公立大学キャンパス内にその校舎等を借りて設置し、いわゆる「校中校」というような極端なケースも少なくない。

### 4　内発性と土着性

　民営大学の発生・発展過程には、内発性と土着性という二つの性格が見られる。
　「内発」の本来の意味は、外からの刺激によらず、内部から自然に起るさまであり、例えば、「内発的な発展」というような用法がなされる。この用語の意味は、途上国の開発は欧米をモデルとするのではなく、その地域・民衆の中から内発的に生み出されるべきであるとする考え方である[73]。
　中国の民営大学の「内発性」とは、外国特に先進諸国から影響あるいは手本を受けるのではなく、国内の諸条件の中から自発的に醸成されてきたということである。
　周知のように、中国の近代高等教育は、当初外国から導入されたものであった。阿部洋は、「19世紀後半における中国の近代教育の展開過程は、基本的に外国教育の模倣的導入の過程であり、その模倣の対象は、初めは日本、次いでドイツを経てアメリカへと移行」したと述べている[74]。このような「外発」的なプロセスに対して、1970年代末、1980年代初頭に登場した中国の民営大学は、外国を手本とするのではなく、外国からの直接な影響もほとんど受けなかったので、「内発」的なものであったと考えられる。
　民営大学の発生を「内発」と規定する具体的な理由は、次のような諸点にある。

①民営大学発生の原動力は、社会の大転換ならびに社会の人材に対するニーズと青年の高等教育へのニーズであった。

②民営大学の建学者は、一般に普通の教育関係者である。彼らは自らの知識や管理経験を活かして自発的に学校を創設した。彼らの建学精神には、外来の影響というよりは、社会向けまたは伝統的なものが多かった。

③民営大学の建学過程は、個人、同窓会、民主党派、社会団体、公立大学、企業乃至政府、軍隊、海外華僑などの社会諸勢力が参加したもので、そのプロセスは世界中に例が見られず、非常に独特なものであった。

要するに、民営大学の発生過程は、近代中国における私立大学の発生とは異なって、外国の模倣あるいは外国からの受容過程ではなく、その原動力、建学者、建学精神、建学過程などいずれの要素から見ても内発的なものと言える。

この「内発」と密接な関係にある今一つの特徴は、民営大学の「土着性」である。

「土着」という用語の語源は中国に発するが[75]、「土着」の本来の意味は、その土地に長く住みついていることである[76]。人文社会の分野で使用されている「土着性」という用語は、その土地の伝統や文化から生み出され、その土地に根付いたものということであろう。

中国の民営大学は内発的発展を遂げつつあると同時に、その土着性も民営大学の諸特徴として漸次顕在化しつつある。

例えば、民主党派、華僑、同窓会などが民営大学を運営したことなどは正しく、その好例の一つである。イギリスの有名な華人作家韓素音は、「私は世界至るところに行ったことがあるが、同窓会が大学を作るなどということは全く聞いたことがない。これは、中国のインテリの愛国主義の集約的表現である」と言った[77]。このようなインテリによって教育機関が設立されることは、中国近代私学史上例が多かった[78]。また、華僑が教育を支援する伝統があり、その中最も典型的な人物は、シンガポールの華僑陳嘉庚である。彼はほとんどの資産を寄付して集美両等小学校（1913年、後に集美学校に昇格）、厦門大学（1921年）などの教育機関を創設した[79]。

民営大学が公立大学に依存する（例えば、公立大学の教員が民営大学を

兼務する)ことは、必ずしも中国特有の事象ではないであろうが、中国のような公立大学に対する高度依存、または公立大学が民営大学を全力で支持する、さらには、直接に民営の「二級学院」を運営するなどということは、ほとんど例が見られないであろう。

例えば、北京師範大学が民営京師科技学院に、上海の同済大学が民営済光学院に、東北林業大学が民営ハルビン科技専修学院に[80]、東北大学が瀋陽英才学院に対して与えた支持などがそれで、京師科技学院、済光学院は長い間北京師範大学、同済大学のキャンパスにおいて運営されており、ハルビン科技専修学院は東北林業大学から学校用地を無償で譲り受けていた[81]。このような支持は、一般的な公立大学と民営大学、即ち学校対学校の関係というよりは、親学校が子学校の面倒を見るような情況であり、公立大学が自らの定年退職者に仕事を世話する意味も含まれていたのだと思う。また、この「一校主幹型」の民営大学には、中国の公立大学の独特な学内居住方式や定年退職教職員管理委員会との関連もある。公立大学では、教職員は在職中限りではなく、定年退職後もキャンパスに住んでおり、教職員同士の関係は濃密になっている。また、公立大学に定年退職者を世話する機関、いわゆる定年退職教職員管理委員会(通常、教職員労働組合所属)も設けられている。また、民営大学の中には、その定年退職教職員管理委員会あるいは教職員労働同組合によって設けられたものがある。

民営大学の土着性は、高等教育独学試験の補導を行う学校や学歴証書試験を行う学校にも浸透している。高等教育の独学試験は、中国高等教育の独創的な学制であり[82]、その由来は全国的な高等教育統一入試制度、さらに古代の科挙制度に溯ることができる。この高等教育の独学試験を行う目的は、年齢、学歴、学習方法を問わず、あらゆる人に高等教育の機会を与えることにある。しかし、大学側からの指導を受けず、自力で検定試験に合格することは、多くの受験者にとって非常に困難である。結局、独学試験制度は大学側の定期補導と学習者とを結合して行われることになっていた。1980年の独学試験制度の実行から1998年までで、全国の独学試験参加者は3,100万人に達し、1998年には34.5万人が本科あるいは専科

の学歴証書を獲得した。また、1999年前半[83]、独学試験の参加者は650万人に達した[84]。これらの受験者に対する補導・補習を行う民営大学、いわゆる補導・補習型の大学は、中国独特の高等教育機関である。学歴証書試験を行う民営大学については、本論文第4章第2節で詳細に述べたが、その土着的な性格は言うまでもなく明らかであった。

ここで、指摘しておかなければならないのは、この土着性の形成原因が外来モデルに対する拒否からではなく、中国の独特な事情によるものであったことである。

途上国における発展の土着化には、主に二つの原因がある。その一つは、先進国のモデルを受容したくないといういわゆる受容拒否である。例えば、政治や民族あるいは殖民関係などでの先進国モデルに対する拒否。また、先進国のモデルには短所があると思って受容を拒否する場合もある。今一つは、自国の諸条件の制約のため、先進国のモデルを受容できないということもある。改革開放後登場した中国の民営大学の場合は、その後者である。中国の民営大学の土着性は、望んだことというよりは、むしろ必然的であったと言った方がよいとも考えられる。この意味で、民営大学が持っている土着性は、中国今後の社会発展あるいは民営大学の発展によって変化し、将来先進国のモデルを受容する可能性があり得ると考えられる。

## 第3節　民営大学の特徴形成と政府の影響

民営大学の諸特徴は、中国独特の社会・歴史的環境によって形成されたものであって、これらの社会・歴史的条件の中における政府の役割は極めて重要である。ここで、民営大学の特徴形成に対して政府が与える影響について、次のような諸点を列挙しよう。

### 1 公的教育経費の不足

政府が民営教育を奨励するようになった直接の原因の一つは、国の教育経費の不足にあった。1994年に開かれた全国教育工作会議で、李鵬首相は次のように述べている。「わが国の基本的国情は、発展途上国でありな

がら大きな教育事業を行わなければならないことである。そのため、我々としては政府による学校運営は前提であるが、社会諸勢力による資金調達も必要である」[85]。また、1999年に開かれた全国教育工作会議で朱鎔基首相も、「わが国では、貧しい国が大規模な教育事業を行う」(原語は、「穷国办大教育」)と述べている[86]。この「穷国办大教育」という一言こそ、中国教育の最も基本的な実情を示すものと言えよう。

教育部が1999年に公表した資料によると、中国は世界で最も多くの教育人口を持っており、人口4人のうち1人が教育を受けている[87]。即ち、全国で約3億余人が教育を受けているのである。しかし、国の教育への支出は非常に少なく、1990年代、政府の教育支出の対GNP比は常に2.5％前後にしか過ぎなかった。「21世紀に向けての教育振興行動計画」を打ち出した後の1998年と1999年には、政府の教育支出の対GNP比はそれぞれ2.55％、2.79％であり、4％の目標にはまだ相当な距離があった。また、1998年の統計によると、中国の公教育費は156億米ドルで、世界の公共教育経費14,033億米ドルの1.1％を占めるに過ぎない[88]。つまり、中国政府は、世界の約1％の公共教育経費で世界の約5分の1の人口の教育事業を運営していたのである。

他方、経済・社会の発展に伴う高等教育への進学ニーズの増大によって、教育支出の増加に大きな期待が寄せられていた。ある教育経済学者の研究によると、教育経費に対する実際需要は次のように予測されていた。

**表6-5**　　　　教育経費総需要の対GNP比率　　　単位：億元

|  | 2000年 | 2010年 |
|---|---|---|
| 事業費 | 2,840 | 7,431 |
| 基礎建設費 | 983 | 1,991 |
| 大中小学校教育経費総需要 | 3,822 | 9,422 |
| その他（4.5％） | 172 | 423 |
| 教育経費総需要 | 3,994 | 9,845 |
| 対GNP比率 | 4.98％ | 5.95％ |

(出所)陳暁宇他「『九五』[89]末期與2010年中国教育経費供求前景分析」張鉄明『教育産業論』広東教育出版社、1998年、247～248頁。

この見通しによると、仮に4%という目標を達成したとしても、教育経費の不足はなお解決できていないことになる。
　また、地方政府の教育支出も貧弱な状態にある。1995年3月に公布された「中華人民共和国教育法」は、公的な教育経費について「三つの増加」、即ち、「中央や地方政府の予算内の教育経費を同級財政の経常収入より増加させ、在籍学生1人当たりの教育費を漸次増加させ、教師の給料と学生1人当たりの公共経費（原語は公用経費）を漸次増加させなければならない」としているが[90]、多くの地方政府はこの「三つの増加」を実現していない。全国31の省、自治区、直轄市、いわゆる「1級行政区画」のうち、1995年は16、1996年は21、1997年は19の「1級行政区画」が、その目標を達していなかった[91]。
　このような教育経費不足の下で、公立学校の経費でさえ確保できない現状では、民営大学への財政援助など考えられない。事実、多くの民営大学では、政府からの援助は一切与えられておらず、1994年のある統計によると、民営大学100校のうち、82校は収入の90%以上が学費によるもの、その他の資金源は主に社会からの寄付と校営企業からの収入であった[92]。
　近代中国における私立大学は教会または資本家、地主、軍閥、官僚などからの援助を受けたものが多数で、1931年、全国の私立大学が受けた寄付は、国、公立大学を含む大学への寄付総額の78.3%を占め、私立大学収入の49.8%に達していた[93]。これに対して、1970年代末に発足した民営大学が直面した喫緊の課題は、このようないわば大口のスポンサーもなく、貧しい財政状況の中で如何にして自力で存続・発展することができるかであった。民営大学は経費を賄うため懸命に努力しつづけた。例えば、教育内容の多様化、専攻設置の多様化、校営企業の設置、株式制度の導入などによる企業や民間からの資金集め、公立大学からの便宜提供など。民営大学の発展過程は、ある側面から見ると、経費不足に追い詰められたことに対する戦いの過程であった。

## 2　公立大学が民営大学に便宜を図ること

　政府側は民営大学に対する奨励策を明確に打ち出したが、民営大学に対

する経費助成はごく僅かな例を除いてほとんど行っていない。中央政府はもちろん地方政府も、教育予算に民営大学関係の支出を計上していない。先に述べた地方政府の民営大学に対する経費援助は、ほとんど予算外の収入による支出、しかも1回か2回だけの一時的なものであり、基本的には、政府の高等教育経費はほぼ100%公立教育機関に配分されている。この公立教育「一辺倒」の政策によって、大多数の民営大学は財政基盤が脆弱化して、公立大学に依存しつづける道しか選択できなかったことは言を待たない。

ただ、政府は公立大学が民営大学に便宜を図ることは認めていた。以下の規則等がそれを示すものである。

1983年に公布された「湖南省社会団体・個人による学校運営に関する試行規則」第9条は、「公立学校は正常な教育活動に影響を及ぼさないことを前提として、民営学校の校舎借り入れに対してできる限り便宜を図って適当に賃金を徴収することを認める」と規定している[94]。

1989年に公布された「上海市社会諸勢力による学校運営に関する管理規則」第14条は、「学校は在職人員を兼任教師として募集することができる。応募者は所属機関の同意を得なければならない」と規定している[95]。

1999年に公布された「広東省社会諸勢力による運営専修(進修)学院の審査・認可に関する暫定規則」第7条は、「自力で校舎建設に困難がある専修学院は、適切な校舎あるいは他の機関の適切な土地・建物を借りて、教育を行うことを認め」、また、第9条は「専修学院は、他の機関の実験・実習施設、体育場所、図書資料を利用することを認め」ている[96]。

また、1993年に国家教育委員会が公布した「民営高等教育機関の設置に関する暫定規定」第10条は、「校舎建設のため自ら資金を調達することが困難である民営高等教育機関は、既存の適切な校地・校舎あるいは他の機関の適切な土地・建物を借り入れて教育を行うことができる。ただし、その契約は法律上の効力を持つものでなければならない。長期にわたり他の機関から土地や建物を借りて学校運営の需要を満たすことができる学校は、その設置時の資金面の要求を適度に緩和することができる」と規定している[97]。

政府のこのような姿勢は、民営大学を支援すると言うよりも、むしろ民営大学の実情にかんがみてやむを得ないとしてとられた措置と言うべきであろう。

### 3 民主党派と海外華僑の力を借りること

民主党派と海外華僑の存在は、中国の民営大学にとって独特な有利な条件である。

中国には、共産党以外の政党、いわゆる民主党派というものがあるが、これは政権を握ることはできず、政治に参与して論議することができるのみである（原語は、参政議政）。民主党派の中には知識人が非常に多く、彼らの中には教育事業に対する情熱を持つ者も少なくない。他方、共産党や政府も民主党派の学校運営を積極的に奨励した。1982年、共産党総書記胡耀邦は、民主党派の指導者胡厥文からの中華職業教育社[98]の復活に関する陳情書簡に対して、次のように回答している。「これほどよいことには統戦部[99]が賛助してよい、共産党中央委員会の承認などは必要ない」[100]。また、1983年3月、中国共産党中央委員会書記処は第45回会議を開き、民主人士の高等教育運営を奨励すると決議した[101]。さらに、同年4月、国務院は教育部・国家計画委員会が制定した「高等教育の発展を加速することに関する報告」を承認したが、その中で、民主党派の高等専門学校や短期職業大学の運営を奨励すると述べている[102]。

民主党派の民営大学に対して果たしてきた役割は、①直接民営大学を運営すること、②関係のある民営大学の建学・運営に助言・指導すること、③民営大学の「名義貸し」を行い、様々な便宜を図ること、そして④政府に民営大学の要求や意見などを伝え、政府政策の制定・改善を促すことであった。

海外華僑[103]または香港、マカオ、台湾の中国人は、民営大学にとってユニークで重要な存在である。彼らの中には有力な実業家が多く、その力を借りて中国の近代化を推進することは、改革開放後の共産党指導部の一貫した方針であった。1986年には、鄧小平が香港の有力実業家包玉剛、王寛誠などとの会見において、「教育は民族の最も根本的な事業だ」と強

調している[104]。共産党の方針によって、海外華人の有力者は中国の教育に絶えず財力を注いできた。彼らは直接民営大学を設立・運営することもあるが、多くの場合、民営大学に対する寄付による援助であった。民営大学が獲得した海外からの寄付は、ほとんど彼らによるものである。1999年に行われたある調査によると、民営大学39校のうちに、7校が香港、マカオの実業者から援助を受けていた[105]。

上述した1、2、3政府の影響のほか、市場経済の形成と私立大学の接収も民営大学の特徴形成に大きな影響を与えた。

### 4 市場経済形成の影響

1970年代末以降、中国は計画経済から市場経済へ移行し始めた。この経済の市場化は、民営大学の発展に対しても多大な影響を与えた。

第一に、市場経済の進展によって、従来の国営・公立の企業制度から、多種多様な企業所有制（例えば、私営企業、郷鎮企業、中外合弁企業など）への転換が起り、この転換に伴って、民営大学の建学者、資金源、所有制に多様な可能性が与えられた。民営高等教育委員会の調査結果によると、民営大学の所有制は以下のように様々である。

**表6-6**　民営大学100校の所有制と比率（1998年）[106]

|  | 私　有 | 集団所有 | 国　有 | 混合所有 |
|---|---|---|---|---|
| 校　数 | 47 | 28 | 3 | 22 |
| 比　率 | 47% | 28% | 3% | 22% |

（出所）表6-3に同じ、240頁。

第二に、民営大学は市場原理を導入し、教育資源としての人、財、物を新しく組み合わせて、市場ニーズと学生ニーズに対応する高等教育を行っている。

この教育資源の中で、「人」とは、主に公立大学や研究機関の定年退職教員・専門家である。1997年時点で、全国で定年退職した教授・助教授、研究員、副研究員、上級エンジニアは60万人いた[107]。彼らは豊富な専門知識と教育経験を持ち、社会に貢献し続ける願望もあった。民営高等教

育の関係者の推測によると、全国で高等教育関係の定年退職者の3分の1が民営教育に従事し[108]、その数は約50万人に達していたという[109]。

その他、政府の有力者、定年退職幹部の力を借りた民営大学も少なくなかった。例えば、金華職業技術学院の理事局主席は共産党金華市委員会書記長、福州英華外国語学院の名誉理事長は共産党福建省委員会書記長、理事長は福建省人民代表大会主任代理[110]、黄山医科大学の名誉学長と総顧問は元衛生部部長（日本の厚生相に相当）であった[111]。

「物」とは、主に公立大学の設備・校舎である。公立大学の設備の使用効率は低すぎるとよく批判されていた。ある統計によると、湖北省における公立重点大学7校では、80％の科学研究設備が規定された使用効率の50％にしか達しておらず、30％の一般設備が規定された使用効率の20％を下回り、使用効率低下の重点実験室も少なくなかった[112]。また、上海市における公立大学では、5万元以上の科学研究設備は約3,000台、総価値6億元以上であった。これらの設備のうち、年間使用時間1,600時間を越えるもの僅か4％であったのに対して、使用時間零のものが62％もあった[113]。民営大学はこれらの設備を有償且つ効率的に使用し、公立大学の設備や校舎を活用していた。

「財」とは、企業や民間などの資金を、民営大学へ投資してもらうことである。中国の現実は、民営教育に寄付しようとする企業や個人が極めて少なく、多くの場合、市場規則に従って貸付金や資金を出すことになる。民営高等教育委員会が調査した民営大学103校のうち、主に寄付で建学した学校は僅か4校であるのに対して、学費や貸付金・投資によって建学・運営していた学校は92校であった[114]。民営大学は利息や卒業生供給、サービス供与などの形で投資者に利益を還元していた。

第三に、市場化に伴って起った人材需要の多様化と不断の変化は、民営大学に大きなチャンスを与えた。

従来の公立高等教育は計画経済の中に組み込まれており、市場の変動に対応することについては極めて緩慢であった。例えば、新しい専攻の設置のためには、まず教師の招聘、教科書の作成、授業計画の制定、設備の購入などに相当な時間がかかる。次に国家教育委員会への申請と審査の手続

きが必要である。また、専攻の廃止にもなかなか困難があって、教員たちの進路も大きな問題であった。これに対して、民営大学は柔軟性に富み、専攻設置の自主権を有し、教員も契約者が多く、市場の変動やニーズに応じて適宜専攻を設置、調整ないし廃止することができる。民営大学のこのような事情は、中国語で「船小好調頭」(小さい船は、向きを変えやすい)と言われている。

第四に、階級意識の変化と大学進学ニーズの高まりがある。経済の市場化によって、従来の身分重視の階級意識(例えば、労働者、農民、知識人、幹部など)は収入至上主義意識(例えば、富裕層、中流層、貧困層)に取って代わられた。

中国における収入と教育程度との関係については、次のような調査結果がある。

一つは、1994年に上海、南京などの都市で行われた「学歴と収入との関連に関する調査」で、その結果は、次のようなものであった。

表6-7　　　　　学歴と収入との関連(都市部)(1994年)

| 学歴＼収入 | 小学校卒 | 中学校卒 | 高校卒 | 専門学校卒 | 大学卒 |
|---|---|---|---|---|---|
| 収　入 | 100 | 117 | 126 | 128 | 180 |

(出所)白馬超人「学歴会造成収入差別嗎?」『現代家長報』1995年10月10日により作成。

農村部の状況も大体同じで、1998年に国家統計局が全国76,000世帯の農民を対象とした調査では、次のような結果が出ている。

表6-8　　　　　学歴と収入との関連(農村部)(1998年)

| 学歴＼収入 | 非識字者 | 小学校卒 | 中学校卒 | 高校卒 |
|---|---|---|---|---|
| 収　入 | 82 | 100 | 114 | 136 |

(出所)涂元晞「教育是特殊産業」『民か教育』1999年第4期、12頁より作成。

第6章　民営大学の役割・特徴と政府の政策　　187

高等教育に対する需要のさらなる増大は、民営高等教育の拡大を促進し、民営大学と市場との連係を一層強化する結果をもたらした。
　ここで、指摘しておかなければならないのは、市場経済の原動力としての政府の市場経済推進策が、民営大学に影響を与えている方式のことである。上述した１、２、３とは異なり、政府の市場経済推進策は、市場経済の形成・発達を通じて民営大学の成長に影響を与えている。つまり、政府の政策は民営大学に対して直接的、間接的に影響があるということである。直接的影響とは、政府の民営大学に対する政策そのもの、あるいは民営大学を含む民営教育・教育政策を通じて民営大学に与えるもので、間接的影響とは、政府が他の社会分野（例えば、政治、経済、科学、文化など）の施策を通じて民営大学に及ぼすとされるものである。

### 5　私立大学接収の影響

　1950年代初頭に行われた私立大学の接収（第１章第３節参照）は、中国の公立高等教育に対してだけではなく、民営大学に対しても以下のような大きな影響を与えた。
　第一に、私立大学の運営基盤と建学精神が失われた。
　私立大学の接収によって失われたものは、キャンパス、設備、図書資料など「物」的なものだけではなく、私大の建学精神、学校の特色、教員人材など、エトスや人材をも含むものであった。私立大学の中断は、私学伝統の中断でもあった。
　第二に、私立高等教育の分野で、中国と外国、特に欧米諸国との交流のルートが断たれた。
　例えば、当時燕京大学には、アメリカ、ドイツ、ロシア、ルーマニアなど多くの外国の教員がおり、アメリカのハーバード大学、ミズーリ大学、プリンストン大学との協力関係を持ち、フランス、ドイツなどの政府からの援助を受けたこともあった[115]。しかし、これらの交流は、私立大学の接収と共に中断された。
　第三に、政府の私立大学に対する管理経験が空白化した。
　私立大学が接収された後、あらゆる大学は公立となり、政府はソ連モデ

ルを模倣して計画経済の管理方式を導入し、全国規模の大学再編成を行った。そして政府の大学に対するこの管理経験は、公立大学に限られていた。

1950年代初頭に行われた私立大学の接収は、30年後の民営大学に影響を及ぼした。私立大学の30年近くの中断によって、新しく発足した民営大学は零から出発する他はなかったからである。民営大学の基盤の脆弱さ、公立大学への極端な依存、民営大学の内発性と土着性などの性格形成は、私立大学の中断と深く結び付いていると考えられる。

## おわりに

本章で論じたものは、民営大学の役割と特徴、またそれらと政府政策との関連である。

政府の民営大学に対する政策の目標は、単に民営大学のみを対象としたものではなく、高等教育の全分野ないし社会一般をも視野に入れたものである。より具体的に言えば、政府の民営大学に対する政策の目標には、次の3点が含まれている。①民営大学の発展を促進する②民営大学の発展を通じて、高等教育の量の拡大や多様化・活性化を促進する③民営大学と高等教育の発展を通じて社会の発展を促進する、ということである。この三つの目標によって見ると、民営大学が果たした役割は、政府政策の目標をある程度達成したと見ることもできる。

民営大学の諸特徴の形成は政府政策との密接な関連がある。政府の政策は直接的に民営大学に影響を与えるほか、他の社会分野、特に市場経済分野を通じて民営大学に影響を与える。また、50年代初頭に行われた私立大学の接収は歴史上の一事件であったが、数十年を経てもその影響は依然として残っており、後の民営大学の特徴形成の一要因ともなったものである。このようなことは、一つの歴史的事件、あるいは過去の政策の影響力が長く持続することを示唆しているだけではなく、政府が政策転換を決意・断行しようとしても、以前の政策の影響力は容易に消し去ることができないということを示すものでもある。同時にまた、政府の政策は、その本来の意図とその成果に応ずる影響のほかに、非意図的な効果を伴うこと

もあり得るということを銘記する要があるであろう。

# [注]

1 原語は、「民办教育的発展是中国改革開放以来的重大突破」(『人民日報』1998年11月25日)。
2 1993年に公布された「民办高等学校設置暫行規定」第13条は、「国家は専科レベルの民営高等教育機関の設置を奨励する」と述べている。
3 中華僑光職業学院珠宝分院編「中華僑光職業学院珠宝分院3年来教学工作彙報」、1996年。
4 『民办高教通訊』1999年第9期、7頁。
5 于陸琳主編『没有囲墻的大学——中華社会大学成立10周年文集』、1992年、245頁。
6 『民办教育』2000年第4期、39頁。
7 薛伯鈞、曹紅英「鮮明的办学特色——民办高校考察、走訪啓示録」『民办教育』1997年第5期、12頁。
8 「河北中華冀聯医学院——10年办学、初具規模」楊智翰主編『中国民办大学20年』光明日報出版社、1999年、187～190頁。
9 「河北中華求実医科専修学院——堅持為農村基層培養医務人才」、同上書、191～194頁。
10 「山西老区医学院——為老辺貧地区培養医務人員」、同上書、204～206頁。
11 李政「康華、寄寓着一個夢想」『民办教育』1999年第5期、28～29頁。
12 楊衍龍「加強教育管理、培育医務人材」中国成人教育協会民営高等教育委員会編『中国民办高等教育的理論與實踐(一)』専利文献出版社、1996年、315～322頁。
13 2000年の身体障害者数は、全国で6,299万人いるとされる(『民办教育』2001年第4期、25頁)。
14 『民办高教通訊』1996年第2～3期、4頁。
15 『黄河科技大学学報』慶祝建校15周年専刊1999年、113頁。
16 唐景莉「1997：全面併軌」『中国教育報』1997年1月21日。
17 『中国教育報』1998年8月20日。
18 このコストは、国家教育委員会・国家計画委員会・財政部「高等学校収費管理暫行办法」(教財「1996」101号文件)によると、次のような項目を含んでいる。公務費、業務費、設備購入費、修繕費、教職員給与など学校運営経費。
19 同上。
20 上海市教育委員会財務処・上海市教育科学研究院高等教育研究所「完善上海高校収費管理体制及運行機制課題成果」、1998年、2～3頁。
21 『民办教育』1999年第6期、8頁。

22 この数字は必ずしも正確なものとは言い難いが、他の全国的な統計やデータがないためやむを得ず、これを使用した（劉培植「高挙『科教興国』旗幟、大力発展民办高等職業教育——在民办高等教育委員会第2次会員大会上的報告」中国成人教育協会民営高等教育委員会編『中国民办高教之光』湖北科学技術出版社1998年、417頁)。また、1997年、劉培植が国家教育委員会主任（日本の文部大臣に相当）に提出した「民办高等教育工作彙報提綱」には、民営大学が1,000万人近くの青年を訓練したと述べていた（中国成人教育協会民営高等教育委員会編『中国民办高等教育的理論與実践（二）』大衆文芸出版社、1999年、302～303頁）。
23 賀向東「転換脳筋、放寛路子、譲民办学校走出困境」『民办教育』1993年第1期、7頁。
24 湖南省政治協商会議が主催した社会諸勢力による学校運営の調査団「大力発展社会力量办学、促進城郷両個文明建設——社会力量办学考察報告」湖南省教育委員会社会諸勢力運営学校管理処編『新的増長点在這里——湖南省社会力量办学的実践與思考』、1999年、1～2頁。
25 陳宝瑜「迎接未来世紀、再造歴史輝煌——進入21世紀我国民办高等教育展望」、前掲、『中国民办高等教育的理論與実践（二）』、34頁。
26 この300万人は、ほとんど1年間の短期訓練を受けた者であり、2年間の短期大学の修了者は2,000余人しかいない（「中国農村致富技術函授大学——為農村培養応用技術人才300万」、楊智翰主編、前掲書、23～25頁。
27 李維民「陝西民办高等教育與社会功能」『民办教育』1998年第5期、14～15頁。
28 『民办教育』1999年第5期、6頁。
29 『民办教育』1998年第6期、11頁。
30 「西安交通大学職業技術教育学院——国办高校発展网絡教育大有可為」、楊智翰主編、前掲書、338～339頁。
31 蔡敏「国有民办——高校改革的思考」『民办教育』1994年第1期、16～17頁。または、李樹基「蔡敏的思路」『民办教育』1996年第5期、32頁。
32 この院長の任命は公立大学の場合と同様であるが、その他の点（例えば、資金源、運営自主権、運営方式、教員の雇用、学生募集など）についてはすべて民営大学として取り扱われている。
33 錦州師範学院高等教育独学試験研究所編『高教自考研究』1995年第5期。
34 金文斌「東方之珠耀東海——浙江東方集団公司興办高職院校紀実」『民办教育』2000年第4期、30～31頁。
35 蔡敏、前掲論文。
36 王留栓「路子再寛点、形式再多点」『民办教育』1996年第6期、11頁。
37 前掲、「中国農村致富技術函授大学——為農村培養応用技術人材300万」。
38 「燕京華僑大学——探索出一条民办高校成功之路」、楊智翰主編、前掲書、26～29頁。
39 明州大学は1993年に設置し、1999年に、寧波明州職業専修学院と改称した（『民办教育』1999年第4期、19頁）。

40　南華工商学院のパンフレットによる。
41　「成都博才専修学院」四川省教育委員会編『生機盎然、前程似錦――四川省社会力量办学巡礼』、1998 年、51 頁。
42　崔盛、大江「『太陽』照引新星路――北京太陽影視芸術専修学院采訪側記」『民办教育』2000 年第 4 期、27 頁。
43　羅暁明「致力办学、涵養企業、報效社会」魯松庭主編『浙江民办教育探索』浙江人民出版社、1999 年、128〜138 頁。
44　陳宝瑜「走向 21 世紀――中国民办大学的前途和選択」『民办教育』1997 年第 1 期、7 頁。
45　西安汽車科技学院は、1992 年に設立したが、後に民営西安科技学院と改称した（「民办西安科技学院梁佐仁院長――拥有办学自主権的人」、楊智翰主編、前掲書、344〜347 頁）。
46　深圳新安学院の創設者は、元広東省副省長（文化教育担当）である。彼は、定年退職後の翌年 1989 年に深圳碧波中学校、1993 年に広州藍天中学校、1997 年に広州紅蕾ダンス学校、1998 年に深圳新安学院を創設した（張鉄明『教育産業論』広東高等教育出版社、1998 年、338〜339 頁）。
47　『民办高教通訊』2000 年第 10 期、8 頁。
48　『民办教育』2000 年第 1 期、23 頁。
49　『民办教育』1999 年第 3 期、45 頁。
50　『民办教育』1999 年第 5 期、36 頁。
51　『民办教育』2001 年第 1 期、6 頁。
52　『民办教育』2000 年第 5 期、6 頁。
53　私立華聯学院の株式制度は、何回も改訂されたが、ここでは、当学院高等教育研究所曽秋葦の論文「私立華聯大学対股份制的探索」（1999 年）による。
54　金華職業技術学院「教育資源的社会化與社会資源的教育化――金華職業技術学院办学的理論與実践」、魯松庭主編、前掲書、115〜118 頁。または、『民办教育』1999 年第 3 期、17 頁、1999 年第 5 期、33 頁、2000 年第 2 期、38〜39 頁。
55　『民办教育』1999 年第 4 期、43 頁、1999 年第 5 期、18〜19 頁。
56　『民办高教通訊』1999 年第 7〜8 期、14 頁。
57　小章「校長蒋淑雲」中国科技経営管理大学編『鞭策集』、1995 年、214〜215 頁。
58　崔志堅「充満活力的朝陽事業」『光明日報九州週刊』1999 年 7 月 26 日。
59　張鉄明、前掲書、136〜139 頁。
60　小章、前掲論文。または、北京市教育委員会編『北京民办高校評估』、1998 年、141 頁。
61　湖南省教育委員会社会諸勢力運営学校管理処、湖南省社会諸勢力運営学校協会編『湖南省社会力量办学協会成立大会専輯』1999 年 4 月、8 頁。
62　黄河科技学院学報編集部編『黄河科技大学学報』慶祝建校 15 周年専刊 1999 年、37 頁。
63　「京師科技学院主体報告」、前掲、『北京民办高校評估』、78〜88 頁。
64　1997 年 6 月 27 日に上海で筆者が済光学院副院長葉佐豪に対して行ったインタビューによる。

65 『民办教育』1997 年第 4 期、34～35 頁。
66 「民办北方聯合大学——把民办正規大学教育定為『助学教育』合理吗?」、楊智翰主編、前掲書、129～133 頁。
67 「上海杉達大学」、前掲、『中国民办高教之光』、1998 年、73～76 頁。
68 『瞭望』1994 年第 48 期、24 頁。
69 陳宝瑜『民办高教的探索與実証』天馬図書有限公司、1993 年、19 頁。
70 『民办教育』2000 年第 5 期、17 頁。
71 上海光啓学院院長弁公室編『上海光啓学院簡報』第 2 期、1996 年 10 月。
72 華夏学院のパンフレット、1998 年。
73 松村明編『大辞林』第 2 版 三省堂、1988 年、1891 頁。
74 阿部洋『中国近代学校史研究——清末における近代学校制度の成立過程』福村出版社、1993 年、251 頁。
75 大槻文彦『大言海』富山房、1934 年、557 頁および『大字源』角川書店、1992 年、368 頁。
76 『広辞苑』第 5 版岩波書店、1998 年、1924 頁。
77 「天津聯合業余大学——辛勤耕耘 15 年、為国育才万余名」、楊智翰主編、前掲書、124 頁。
78 例えば、日本から帰国した留学生が 1904 年に設立した中国公学、馬相伯が 1905 年に設立した復旦公学（上海）、黄炎培などが 1917 年に設立した中華職業教育社（上海）、陶行知が 1932 年に設立した山海工学団（上海）、1946 年に設立した社会大学（重慶）、など。
79 教育百科辞典編集委員会編『教育百科辞典』中国農業科技出版社、1988 年、296～297 頁。
80 ハルビン科技専修学院は 1988 年に設立された。当時の名称は龍江林業科技学院であった。
81 「哈爾濱科技専修学院」、前掲、『中国民办高教之光』、326 頁。
82 本書第 2 章第 1 節参照。
83 独学試験は、年に春と秋 2 回を行われる。
84 『民办教育』1999 年第 5 期、36 頁。
85 『人民日報』1994 年 6 月 16 日。
86 『人民日報』1999 年 6 月 19 日。
87 教育部『面向 21 世紀教育振興行動計画学習参考資料』北京師範大学出版社、1999 年、38 頁。
88 『民办高教通訊』2000 年 6～7 期、8 頁。
89 「第 9 回 5 ヵ年計画」の略称。
90 『人民日報』1995 年 3 月 18 日。
91 育文「関於中国教育経費問題的回顧與思考」『人民日報』1998 年 9 月 3 日。
92 董明伝「中国私立高等教育——現状、問題與対策」厦門大学高等教育研究所編『亜太地区私立高等教育国際研討会論文集』、1996 年、60 頁。
93 中華民国教育部編『第一次中国高等教育年鑑』丙編 高等教育状況 伝記文学出版社、1934 年、参照。

⁹⁴ 湖南省衡陽市社会諸勢力運営学校管理室編『社会力量办学政策法規選編』、1996年、204～205頁。
⁹⁵ 上海市教育委員会法規処編『教育行政処罰工作手冊』、1996年、137頁。
⁹⁶ 「広東省高等教育庁文件」粤教成「1999」12号、1999年4月13日。
⁹⁷ 『中国教育報』1993年8月26日。
⁹⁸ 中華職業教育社は、1917年に教育関係者と実業者黄炎培、梁啓超、張騫、宋漢章等によって創設された民間教育組織体である。
⁹⁹ 共産党内の民主党派との政調機関で、中国共産党中央委員会統一戦線工作部が正式名称。
¹⁰⁰ 金鉄寛主編『中華人民共和国教育大事記(三)』山東教育出版社、1995年、1395頁。
¹⁰¹ 同上書、1425頁。
¹⁰² 同上書、1435～1436頁。
¹⁰³ 中国で出版されている辞書では、華僑は外国に滞在する中国人(原語は、旅居国外的中国人)と定義されているが、他方、「華人」という言葉もあり、これは、中国人及び居住国の国籍を取得している中国をルーツとする外国公民(原語は、中国人、指取得所在国国籍的中国血統的外国公民)である(『現代漢語詞典』商務印書館、1996年)。世界には、現在推定で約5,000万～6,000万人の華僑、華人たちが居住していると言われている。本論文で用いる「華僑」とは、華僑と華人の両方を含むものである。
¹⁰⁴ 『鄧小平建設有中国特色的社会主義論述専題摘編』人民出版社、1994年、140頁。
¹⁰⁵ 陳宝瑜、李国喬「我国民办高校発展的多様化特徴」『民办教育』2000年第2期、4頁。
¹⁰⁶ アンケートで調査した民営大学103校のうち、この問題に回答したものは100校であった。
¹⁰⁷ 『民办教育』1998年第6期、37頁。
¹⁰⁸ 金華市政府「一種興办高等教育的新機制」、魯松庭主編、前掲書、50頁。
¹⁰⁹ この50万人の中に講師、管理者、事務係りなども含まれている(陳宝瑜「回顧民办高教歴史、探索復興発展規律――我国民办高等教育発展的回顧與思考」、前掲、『中国民办高等教育的理論與実践(二)』、27～28頁)。
¹¹⁰ 「福州英華外国語学院――海内外校友為振興中華教育而創建」、楊智翰主編、前掲書、267頁。
¹¹¹ 「黄山医科大学――為創建民办新型医科大学而奮闘」、同上書、263頁。
¹¹² 劉莉莉「民办高校発展的選択與超越」『黄河科技大学学報』(民办教育研究専号)1999年、48頁。
¹¹³ 『民办教育』1999年第3期、46頁。
¹¹⁴ 民営高等教育委員会整理・李国喬、陳宝瑜執筆「百所民办高校調査統計與初歩分析」、前掲、『中国民办高等教育的理論與実践(二)』、240頁。
¹¹⁵ 王炳照主編『中国古代私学與近代私立学校研究』山東教育出版社、1997年、524頁。

# 第7章　民営大学に対する政府政策の問題点

　政府の民営高等教育政策は民営大学発展のために相当な役割を果してきたが、他方で、これらの政策と民営大学側の期待との間には大きな乖離があった。現行の政策は民営大学の実際の発展に遅れ、適合していない面も少なくない。そこで本章では、民営大学で顕在化している問題に即して、政府の民営大学政策に関するいくつかの問題点を取り上げて検討する。

## 第1節　「民営教育法」[1]の欠如

### 1 教育関係法体系中の「民営教育法」

　1949年中華人民共和国の成立から文化大革命終結に至るまで、教育関係法の制定は一つもなく、教育行政機関が公布した条例や規則などに限られていた。

　改革開放後の1982年に改訂された「憲法」(「1982年憲法」)は、教育に関する国策を定めており、教育関係の諸法律の上位法として定着した。その時から、教育関係の諸法律の制定が始まり、下図のように教育関係の法体系が漸次形成されてきた（矢印は上下関係を示す）。

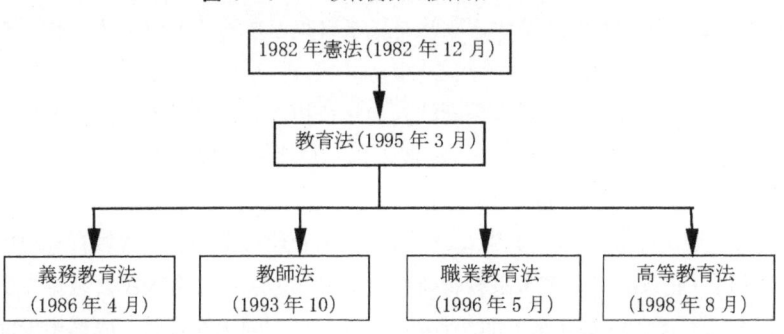

**図7-1**　教育関係の法体系

```
           1982年憲法(1982年12月)
                  ↓
             教育法(1995年3月)
    ┌─────────┬─────────┼─────────┬─────────┐
    ↓         ↓         ↓         ↓
 義務教育法    教師法     職業教育法    高等教育法
(1986年4月) (1993年10) (1996年5月) (1998年8月)
```

これらの法律は公立教育の分野を対象とし、民営教育分野は対象外となっている。もちろん、「1982年憲法」（第19条）、「教育法」（第25条）、「職業教育法」（第17条）、「高等教育法」（第6、39、60条）などには、民営教育の関係条項はあるが、民営教育だけを対象とする法律は、いまだ制定されていない。

　1997年に、国務院によって公布された「社会諸勢力による学校運営に関する条例」（以下、「条例」と称する）は、民営教育を対象とする現行関係法規の中でも、最も詳細なものであるが、「条例」は、国家の最高権力機関である全国人民代表大会が制定した法律ではなく、その権威は十分ではない。法の体系あるいは序列から見ると、「教育法」と「条例」との間には格段の差があり、「民営教育法」が求められる所以もここにある。一方、民営教育の実態を見ると、1999年には、全国で幼稚園から大学までの民営教育機関数が45,000に達している[2]。このような民営教育の急成長に対して「条例」の不十分さが漸次顕在化し、民営教育の当面する重大な諸問題に対処するため、より権威的な「民営教育法」の制定が緊急の課題となっている。

## 2　遅れている「民営教育法」制定の背景

　「民営教育法」の必要性と重要性については、国の指導部も民営学校側も一致して認識している。

　実は、「民営教育法」の起草は、1996年に始まっており、同年3月、全国人民代表70余人の共同提案によって、全国人民代表大会常務委員会第22次会議で民営教育に関する立法を議事日程とすることが求められ、そのように決定された[3]。

　1996年11月には、「民営教育法」の起草担当者、全国人民代表大会教育科学文化衛生委員会副主任楊海波の指示によって民営大学学長の立法研究セミナーが北京で開かれた[4]。

　また、翌年の3月から4月にかけて、中国管理科学学会民営教育管理専門委員会・北京汎アジア未来教育研究センターの主催で全国民営教育立法に関するセミナーが北京で開かれた[5]。さらに、同年5月に、成都市で開

かれた全国民営高等教育委員会(南方)工作会議では、民営大学学長60人が自発的に「民営教育法」(試案)を作成している[6]。

「民営教育法」制定への動きは1998年、教育部が「21世紀に向けての教育振興行動計画」(以下、「行動計画」と称する)を公布することにより、一層拍車がかけられた。

2000年4月に、全国教育科学計画指導組事務室が主催した全国民営教育発展セミナーが開かれ、全国人民代表大会、国務院、教育部の関係者および民営学校、企業の代表、研究者など300余人が参加し、「民営教育法」をめぐって討論が行われた[7]。

しかし、政府と民営学校の期待にもかかわらず、「民営教育法」の成立はいまだに困難な状態のままである。「民営教育法」の制定が遅れた主要な原因は、次のような多くの問題点が解決されていないことにある。

①法の名称。現在、主に「民営教育法」、「民営教育促進法」、「民営学校法」の三つの意見がある。

②民営教育あるいは民営学校の概念。「1982年憲法」や「教育法」では「民営教育」という概念が使われておらず、「民営教育法」制定のためには、まず民営教育の概念を明確にしなければならない。

③法の適用対象。民営教育機関と呼ばれるものは、大学から幼稚園まで、1万人以上の有力校から数十人以下の小規模な塾のようなものまで含まれており、また、教育機関の性格も様々である。例えば、公立大学が経営している民営学院(「二級学院」)には、独立法人と非独立法人のものがある。後者は「公立」と「民営」の性格を同時に持っているため、「民営教育法」の対象になり得るか否かが問題となる。これら千差万別の教育機関が「民営教育法」によって規定されることは、事実上不可能であろう。どこで線を引くか、非常に困難な問題である。

④営利の問題。「教育法」第25条は「あらゆる組織体や個人は、営利を目的とする学校またはその他の教育機関を運営することはできない」と定めているが[8]、詳細な説明はなされていない。

⑤投資と学校財産との関係。まず、投資者は、利息や配当を受け取ることができるか、投資した資金の回収ができるか、この2点が認められない

と、民営学校への投資は減少せざるを得ない。次に、投資者が所有する校産を他人に譲渡することができるかどうか。最後に、増加した学校財産は、投資者、経営者、教職員、学校または国などのうち、だれに所有権が帰属するのか。

⑥民営学校の投資者（建学者）、経営者、行政機関の管理者この三者の権利・義務・責任はそれぞれ何か。

⑦国の民営教育に対する奨励・支持策はどの程度まで行われるべきか。例えば、民営学校に対する減免税措置を行う場合でも、減免税の対象、税種、計算基準などが明確にされなければならない。

## 3 「民営教育法」欠如の結果

「民営教育法」が存在していないため、既存の法律の解釈や法による処置だけでは、解決できない具体的な問題が生じている。

例えば、学校財産帰属の問題がある。

西安郷鎮企業大学は、1987年に定年退職幹部3人がそれぞれ2,000元を出資して設立した民営大学であるが、10年後、校産は数百万元に達していた。創立者3人は70歳を越えて「二次定年退職」を希望したが、退職後の処遇や学校の財産帰属などに対する政府の政策が明確でないために苦慮している。学校の創立者は、「われわれは当初、社会のために多くの人材を育てるためにこの学校を設立した。われわれは、決して、この数百万元の校産が自分の私産とは思わないが、政府は私たちに対して何か処遇してくれてもよいのではないか」と述べている[9]。

四川省政府は、四川自修大学の建学後に、110万元の補助を行ったことから、1996年に、同省国有資産管理局が学校の資産2,000万元を国有資産として登録しようとしたが、学校側の反発を招いた。結局、教育行政機関の斡旋によって、学校資産の帰属問題は棚上げにされた[10]。

江西東南進修学院の創立者は、1993年に300万元を投資して学校運営を始めたが、1999年に、学校の財産は3億元になり、彼は遺言状に自分の死後は学校を国へ寄付すると書いた。これに対して、江西省の教育行政機関は、「民営学校は投資者個人の財産ではなく、投資者は学校財産を処

分する権利がない」と判断した[11]。

これらの学校財産の帰属・処分の問題に対しては、政府、建学者、経営者または研究者たちがそれぞれの立場から意見を表明しているが、どの意見が正しいかを判断するよりは、公正で権威のある法律の制定こそが緊急に求められている。

## 第2節　民営大学に対する政府援助の問題

### 1　民営大学の運営基盤脆弱の実状

前述のように、1980年代に登場した民営大学は、ほとんど「三無」から出発した。一部の大学は淘汰されたが、10数年の努力で有力校になったものもいくつかあった。1990年代に設立された民営大学には、「三無」と呼ばれることは少なく、建学時の条件が比較的によかったものの、全体的に見ると、今日の民営大学の基盤は依然として脆弱である。中小民営大学は言うまでもなく、大手でも問題なしとはしない。民営大学の運営基盤の弱点は、主として次のような諸点に見られる。

(1) 校舎の不足

多くの民営大学は独自の校舎を持っておらず、教室や事務室を借用して運営されている。自ら校舎を持っている民営大学の中でも、なおその一部を借用しているものが少なくない。

表7-1　民営大学70校の校舎の借り入れ状況（1998年）

| 借り入れ校舎面積 | 1,000 ㎡まで | 1,001～2,000 ㎡ | 2,001～3,000 ㎡ | 3,001～5,000 ㎡ | 5,001～7,000 ㎡ |
|---|---|---|---|---|---|
| 学校数 | 8 | 6 | 9 | 10 | 10 |
| % | 12% | 9% | 13% | 14% | 14% |
| 借り入れ校舎面積 | 7,001～10,000 ㎡ | 10,001～20,000 ㎡ | 20,001～50,000 ㎡ | 50,001 ㎡以上 | |
| 学校数 | 10 | 7 | 9 | 1 | |
| % | 14% | 10% | 13% | 1% | |

（出所）民営高等教育委員会整理・李国喬、陳宝瑜執筆「百所民办高校調査統計奥初歩分析」中国成人教育協会民営高等教育委員会編『中国民办高等教育的理論奥実践（二）』大衆文芸出版社、1999年、247頁。

上表で示したように、民営高等教育委員会が1998年に行った民営大学103校に対するアンケート調査の結果によれば、103校中70校が長期間校舎を借り入れている。

また、調査対象となった102校（1校無回答）の校舎総面積は、次のようなものであった。

表 7-2　　　　　　　民営大学102校の校舎総面積（1998年）

| 校舎総面積 | 1,000 ㎡ まで | 1,001～ 2,000 ㎡ | 2,001～ 3,000 ㎡ | 3,001～ 5,000 ㎡ | 5,001～ 7,000 ㎡ |
|---|---|---|---|---|---|
| 学校数 | 6 | 4 | 7 | 11 | 14 |
| ％ | 6％ | 4％ | 7％ | 11％ | 14％ |
| 校舎総面積 | 7,001～ 10,000 ㎡ | 10,001～ 20,000 ㎡ | 20,001～ 50,000 ㎡ | 50,001～ 100,000 ㎡ | 100,001 ㎡ 以上 |
| 学校数 | 11 | 19 | 20 | 7 | 3 |
| ％ | 11％ | 18％ | 19％ | 7％ | 3％ |

（出所）表7-1に同じ。

ここで、指摘しておかなければならないのは、民営高等教育委員会が調査した民営大学は、概ね運営条件が比較的よく、且つ運営規模が比較的大きな学校である点である[12]。民営大学全体を見れば、その校舎面積はさらに小規模である。

河南省の場合、1999年の時点で、民営大学80校のうち自らの校舎を持つものの状況は下表のようになっていた。

表 7-3　　　　　河南省民営大学80校自らの校舎の状況（1999年）

| 校舎総面積 | 自らの校舎無し | 1,000 ㎡ まで | 1,001～ 2,000 ㎡ | 2,001～ 3,000 ㎡ | 3,001～ 5,000 ㎡ |
|---|---|---|---|---|---|
| 学校数 | 35 | 15 | 4 | 3 | 4 |
| ％ | 44％ | 19％ | 5％ | 4％ | 5％ |
| 校舎総面積 | 5,001～ 7,000 ㎡ | 7,001～ 10,000 ㎡ | 10,001～ 20,000 ㎡ | 20,001～ 50,000 ㎡ | 50,001 ㎡ 以上 |
| 学校数 | 5 | 3 | 5 | 4 | 2 |
| ％ | 6％ | 4％ | 6％ | 5％ | 2％ |

（出所）河南省教育委員会が提供した「河南省社会力量挙・高等教育機構基本情況（按学校分類）」、1999年により作成。

また、北京市教育委員会が1996年～1998年に行った評価の結果によると、評価の対象になった民営大学77校のうち、自ら校舎を持っていないものが48校あった。その他の学校は自らの校舎を有してはいたが、大多数は不十分であった。完全に自らの校舎で運営していたものは、中国科技経営管理大学（校舎20,000㎡）と北京人文大学（校舎6,300㎡）の2校のみであった[13]。

　民営大学の校舎借用について次の諸点を指摘したい。

　①校舎不足の民営大学が多数であり、中小民営大学だけではなく、大手の民営大学でも校舎不足の問題を抱えている。表7－1によると、校舎10,000㎡以上を借りていた民営大学は17校にも上ぼるであった。

　②民営大学の校舎建設が非常に困難であるという状況は、長期間続いてきたものである。

　③一部の民営大学では古い工場や住宅など校舎にふさわしくない建物を借用し、学生から不満が出されている[14]。公立大学の校舎を借り入れて、実験室、L.L教室、図書館、運動場、食堂などの使用の便宜を受けている民営大学についても、長い目で見れば、学校の発展、学校運営の自主性、または教育規模の拡大、教育の質の向上などにも影響を与えることになりかねない。いずれにしても、校舎借用で運営するのは、大学として正常な状態とは言い難いことである。

(2) 教育設備の不足

　民営大学の教育設備も非常に不十分である。

　民営高等教育委員会の調査によると、民営大学の実験設備と実験室の状況は、次のようであった。

表7－4　　　　民営大学90校の実験設備の状況（1998年）[15]

| 実験設備<br>（万元） | 50まで | 51～100 | 101～200 | 201～300 | 301～500 | 501以上 |
|---|---|---|---|---|---|---|
| 学校数 | 39 | 19 | 16 | 5 | 7 | 4 |
| ％ | 43% | 21% | 18% | 6% | 8% | 4% |

（出所）表7－1に同じ、251～252頁。

表 7-5　　　　　　　　民営大学 79 校の実験室の個数（1998 年）[16]

| 実験室（個） | 2まで | 3～4 | 5～6 | 7～8 | 9～10 | 11～20 | 21以上 |
|---|---|---|---|---|---|---|---|
| 学校数 | 9 | 24 | 16 | 6 | 10 | 9 | 5 |
| % | 11% | 31% | 20% | 8% | 13% | 11% | 6% |

（出所）表7-1に同じ、252頁。

また、同調査によると、民営大学の蔵書数は次のようなものであった。

表 7-6　　　　　　　　民営大学 82 校の蔵書状況（1998 年）[17]

| 蔵書数（冊） | 10,000まで | 10,001～20,000 | 20,001～30,000 | 30,001～50,000 | 50,001～100,000 | 100,001以上 |
|---|---|---|---|---|---|---|
| 学校数 | 24 | 21 | 15 | 9 | 10 | 3 |
| % | 29% | 26% | 18% | 11% | 12% | 4% |

（出所）表7-1に同じ、250～251頁。

また、北京市の場合、一部の民営大学はコンピューター室やL.L教室を持っておらず、実験室や図書室もなかった[18]。

不十分な設備は、教育の質の向上を妨げ、専攻や科目の設置にも影響を与えている。相当規模の実験設備を必要とする専攻科目（例えば、物理学、生物学、化学、工学、医学など）の開設は事実上不可能である。

(3) 資金の不足

ほとんどの民営大学は程度の差はあれ、資金不足に直面している。校舎、設備の問題は、結局資金の問題に帰着する。

前記民営高等教育委員会のアンケート調査によると、多くの民営大学が抱える主要な問題は資金不足または資金不足による校舎不足である[19]。このような民営大学の資金不足の原因は、次の諸点にある。

第一、民営大学の創立者・経営者は多くの場合、公立大学の関係者（退職した教員や管理者）であり、彼らは実業家や法人ではなく、経済的実力を持たないインテリであった。このため、彼らが設置した民営大学は少ない投資と低コストで運営せざるを得なかった。

第二、民営大学の財源は主に学費であり、そこから経常経費を差し引くと、校舎の建設や高額な設備を購入できるほどの校産の蓄積は極めて困

難であった。

　例えば、海淀走読大学では、1997年の学費総収入が2,900万元であったが、支出は2,500万元で、貸付金の返済が300万元で残りはほとんどなかった[20]。

　北京市教育委員会は民営大学に対する評価を行い、次のような結論を出している。「現在、多くの民営大学の収入源は学費だけであり、自らの力で校舎を建設することは大多数の民営大学にとって極めて困難である」[21]。

　第三、外部資金の獲得が困難であり、政府からの援助や銀行からの貸付金もなかなか得られないこと。政府の高等教育経費の配分は、公立大学「一辺倒」であり、銀行の場合も、民営大学が営利を目的としない事業体であり、または返済を保証できないため、貸し付けには極めて消極的である。

(4) 運営規模の過小

　全体的に見ると、中小規模の民営大学の比率が高く、これも民営大学の脆弱性の一側面を示す。

　1996～1998年、北京市教育委員会が評価した面接授業を行う民営大学60校のうち、学生数が500人未満のものが31校（52%）もあり、そのうち、運営年数も数年、学生数が100人に達していないものもあった[22]。

　河南省の場合、民営大学80校中、在籍者500人未満のが48校（60%）を占め、しかもそのうち、在籍者100人未満のものが、11校あった[23]。

　陝西省では、1999年の民営大学88校中、学生500人未満のものが30校あった[24]。

　また、民営高等教育委員会が調査した民営大学103校の運営規模の状況は、次のようであった。

表7-7　民営大学103校の運営規模（面接・通信授業を含む）（1998年）

| 在籍学生人数 | 500まで | 501～1,000 | 1,001～2,000 | 2,001～3,000 | 3,001～5,000 | 5,001～8,000 | 8,001～10,000 | 10,001以上 |
| --- | --- | --- | --- | --- | --- | --- | --- | --- |
| 学校数 | 17 | 25 | 23 | 11 | 11 | 9 | 4 | 3 |
| ％ | 16% | 24% | 22% | 11% | 11% | 9% | 4% | 3% |

(出所) 表7-1に同じ、241～242頁。

民営大学では主要な収入源が学費であるため、小規模校ほとんどは運営が弱体である。

上述した (1)、(2)、(3)、(4) の諸方面から見ると、政府が民営大学に対して有効な援助を行うことが緊要である。

## 2 政府の援助に関する問題点

しかし、政府の民営大学に対する乏しい援助は長期にわたっている。ここでは、政府の民営大学に対する援助について、次の三つの問題点を指摘したい。

まず、具体的な援助策が明確にされていないことである。

1997年に公布された「条例」の第12条は、「政府は、社会諸勢力による学校運営に対して顕著に貢献する組織や個人を奨励する」と定めている[25]。この第12条はかなり曖昧な規定であり、事実上は、しても、しなくても良いという結果になっている。全国的に見ても、北京市政府が1999年に業績の良い民営大学3校にそれぞれ100万元の奨励金を与えたのが、唯一の実施例である。

次に、援助策が着実に行われていないことである。

「条例」第47条は、「教育機関の建設を必要とする場合、行政区画の県以上の各級人民政府は、国家の関係規定並びに実際の状況に応じてこれを計画に取り入れ、公益事業用地と同様優先的に手配する」と規定している[26]。しかし、実際にこの条項を実施した例は、ごく僅かである。上海市の場合をとってみても、建設用地について優遇された民営大学は1校か2校しかなく、他の省、自治区、直轄市でも大体同じである。

そのほか、学校用地についても、政府が優遇措置を講じなかった例がある。私立華聯学院は、1995年から校舎建設用地を探し始めた。数年間をかけて様々な相手と相談し、契約を結んだり手付け金を払ったりしたが、結局、すべての努力は無駄に終わり、学校は依然として年450万元の賃料で借りた校舎で運営している。交渉が失敗した原因の一つは、学校側が政府に「条例」第47条を着実に遂行するようアピールしたにもかかわらず、国土局、都市計画局など行政機関が認めなかったのである[27]。

最後に、援助策が不十分であることである。

ここで、注意しなければならないことは、今までに公布された民営教育に関する諸法規の中で、民営学校に対する具体的な援助策は、上述した「条例」の第12条、第47条に定められているのみで、政府の教育費支出対象の中に民営学校は入っていない。このような状態を見ると、政府の「積極的に奨励し、強力的に支持する」という方針は、形骸化していると言わざるを得ない。

また、中央政府だけではなく、地方政府の高等教育資金も不足していることである。中国の公立大学は、これを管理機関によって大別すれば次の3種となる。①教育部直轄の総合大学、師範大学、多くの学科を持つ工科系大学。これらの大学は、教育部直轄高等教育機関と称する。②中央の各関係行政部門が管理する高等教育機関(例えば、医学院は衛生部が管理し、農学院・林学院は農林部、芸術学院は文化部、鉄道学院は鉄道部がそれぞれ管理する)。③省、自治区、直轄市政府が管理する地方高等教育機関。これら3種の大学の経費は、それぞれの管轄行政機関から支出される。1990年代半ばからは、国家教育委員会所轄の公立大学が資金不足に陥ったため、一部の地方政府は中央政府に協力して、「共同建設」の名義でこれに教育資金を支出することになった。例えば、北京市政府は、2000年までに国家教育委員会所轄の北京大学、清華大学、中国人民大学、北京師範大学に対して総計9,000万元を提供した[28]。その他、一部の国家教育委員会所轄大学、中央の関係行政部門所轄の大学を、地方政府に譲渡する動きも現れている。これらの事情の下で、民営大学に公的教育資金を提供することは一層困難になっている。

そこで民営大学側はやむを得ず「以学養学」(学費によって学校を運営する)という方策を打ち出した。この方策は表面上の意味は「自立」だが、その裏側では、政府の資金援助への失望を表明している。実際、民営大学が要請した資金援助は経常経費ではなく、校舎建設や設備購入などのための固定的経費であり、本来この経費は授業料だけで解決すべきものではないのであって、「以学養学」は、民営大学の資金問題を本質的に解決する方策とは言えないものである。

## 第3節　民営大学に対する規制の問題

政府の民営大学に対する規制の主要な問題は、一言で言うと、規制すべきところが規制不足で、規制緩和すべきところが緩和不足であることである。ここで、この二つの面を分けて、政府の民営大学に対する規制の問題を検討する。

### 1 民営大学に対して規制強化すべき点

政府が民営大学に対して規制強化すべきところは、学生不当募集と学校経営の営利化傾向である。

(1)学生不当募集の実態

学生からの授業料を主要な収入源とする民営大学にとって、学生の募集は死活問題である。1980年代半ばから、一部の民営大学で学生募集の虚偽広告を掲載する事件が起った。この問題に対して、政府は何度にもわたって厳しく規制した[29]が、抜本的な解決策を得られなかった。

不当な募集の例としては、指定された地域を超えて学生を募集すること、学校の状況を誇大宣伝すること、入学条件を満たさない者（例えば、高校中退）を受け入れることなどがある。

ある民営大学のパンフレットには、次のように書かれていた。「わが校の学長は北京大学で25年間教鞭を執って各大学の教授との付き合いがあるので、わが校の教員陣は一流である。各専攻の教師は公立大学の同専攻の教師以上に揃っており、授業経験が豊富で、授業効果が極めて良い。わが校に進学した学生は、公立重点大学に進学した者と同様に有名な先生の授業を履修することができ、卒業したときは、公立重点大学の卒業証書を獲得することができる」[30]。今一つの民営大学のパンフレットには、「わが校は、清華大学、北京大学、北京林業大学、中国地質大学、北京科技大学、中国農業大学、北京医科大学、北京航空航天大学、石油大学[31]など有力な大学に囲まれ、また海淀図書城と中関村電子情報街の近くに位置し、よい勉学環境、よい文化ムードにつつまれた理想的な学習の場所である」と書いてある[32]。また、上海市のある民営大学が、「北京〇〇大学権威教

授がわが校で授業を行い」、「有名な○○博士が授業を担当する」という宣伝を行ったり、湖南省のある民営大学が、他の学校の校舎、施設、設備の写真を使うなど虚偽の広告を掲載したこともあった[33]。

北京市教育委員会の民営大学に対する評価結果によると、民営大学89校の中、40校の学生募集広告に様々な問題が存在していた[34]。

広告の問題だけではない。学生募集の競争激化にともなって、一部の民営大学は在校生や関係者に紹介料を支払って新入生を募集させるなど手段を選ばぬ態度をとった[35]。湖南華僑経貿専修学院は、次のような「依頼書」(募集奨励状) を作った。

「○○先生 (女史):

わが学院は共産党第15期全国代表会が打ち出した科教興国の方針を貫徹し、教育事業を発展させ、上級の実務人材を養成するため、わが校2000年度春季学生募集を行いますので、ご協力をお願いします。

あなたが募集した学生の『募集登録表』にある『募集担当者』のところにサインをして下さい。わが学院はこの『募集登録表』と学費・雑費を納入した学生数に応じて、あなたに奨励金を支払います。奨励金の基準は、募集した学生1人に付き400元で、学生が入学した後、即時にお支払いします。

湖南華僑経貿専修学院理事会、理事長<br>2000年1月10日」[36]

そのほか、20余校の民営大学 (多くは出願もしなかった民営大学) から入学通知書が送られてきた例、さらには80代の老人にも民営大学の入学通知書が届くなどの極端な例もあった[37]。

このような不適正な学生募集は様々な問題を招いている。

まず、学校側と学生との間にトラブルが起こり、学生の退学・転学率の上昇を招いている。一部の新入生は、民営大学に入学後、「騙された」あるいは「失望した」という感じを持ち、退学や転学する者も少なくない。また、退学や転学した学生が支払った学費を返すことについて、学校側と学生側との間のトラブルもしばしば生じている。

そしてついには、民営大学間の競争秩序が乱れ、多くの民営大学が学生

募集「戦争」に巻き込まれ、やめようと思ってもやめられなくなり、結局、民営大学全体への評価を損う事態にまで立ち至っている。例えば、『北京日報』は、1997年10月8日、「公立大学入試の不合格者は民営大学の詐欺行為に用心しなければならぬ」というタイトルの文章を掲載し、社会に大きな波紋を投げかけた[38]。

最後に、学生募集の激しい競争に伴って募集経費が高騰するという問題も生じている。陝西省教育委員会民営教育担当者は、1999年に陝西省の民営大学が学生募集のために支出した額は、学生1人当たり500元、その総額は学費の約8分の1を占めると試算している。その年、陝西省の民営大学の学生募集経費は3,000万元に達し、これは民営大学にとって大変な負担となった[39]。

(2)営利化の実態と問題点

営利化の問題については、ほとんどの民営大学が表面上その存在を認めないか、あるいは明言を避けている。しかし、次の事実から見ると、この傾向が存在することは否定できないであろう。

①民営大学の発生・発展の背景、原動力、過程のいずれの面から見ても、経済の市場化と密接な関連があり、初期民営大学の中で、学費を徴収しないかあるいは低額の学費で運営していた民営大学は1校か2校に過ぎず[40]、非営利ということはそもそも民営大学運営の主流あるいは基本的な考え方ではなかった。ほとんどの民営大学は市場原理に沿ったものであり、学校の経営理念、経営方式、経営過程などに市場化への傾向が強かった。このような傾向は、一般社会人や投資者が設立した学校に限られるものではなく、大学関係者によって設立された学校にも見られる。

例えば、華南師範大学（公立）教育労働組合の元主席であった私立華聯学院院長侯徳富は、主席在任中、学校の教職員の収入を改善するために、部下を率いて商売を行ったが、結果として元手を失った。また、飲料の製造、電子辞書の製造なども試みたが、失敗した。彼はこれを教訓にして、彼の得意な仕事、即ち学校を作った[41]。

ここで、指摘しておかなければならないのは、1990年代半ばまで、中国の大学教員の収入は世界的に見て低かったことである。

**表 7-8** 国・地域別国立大学教授1人当たりの月収（米ドル）(1995年)

| 国(地域) | 香港 | シンガポール | オストラリア | 日本 | 台湾 | マレーシア | タイ |
|---|---|---|---|---|---|---|---|
| 月 収 | 13,454 | 9,716 | 5,432 | 3,624 | 3,410 | 2,800 | 2,251 |
| 国(地域) | 韓国 | インドネシア | ベトナム | インド | フィリピン | 中国 | |
| 月 収 | 1,214 | 1,000 | 456 | 364 | 329 | 96 | |

(出所) "ASIA WEEK" 1996年11月29日。

公立大学の教員あるいは関係者が、民営教育に進出、自分の経済状況を改善しようと試してみたことは理解できる。

②一部に、資金・校産蓄積が非常に迅速であったいわば高営利的な民営大学が存在した。

例えば、湖北函授大学は、創設費150元から出発して、10年余の発展を経て、校産1億元になった。湖北函授大学鄂州分校は、42万元を貸し付けて運営を始め、4年後に、校産は3,000万元になった[42]。

西安翻訳培訓学院は設立11年後には、2億元の校産を持つ有力な学校になった[43]。同様に西安市における西安外事服務培訓学院は1,000元で学校を創立したが、6年後、校産1.8億元になった[44]。

上海市の前進進修学院は100元で発足したが、8年後分校21校[45]、企業10個を持ち、在籍学生2万人超える民営グループになった[46]。

その他、広州白雲職業培訓学院、西安培華女子大学、黄河科技学院、江西東南進修学院なども、自力で校産を数千万元ないし1億数千万元にまで増やし、有力校になった[47]。

③民営大学の建学目的は、建学者・経営者によって様々であるが、人材の養成、教育の促進、市場需要への対応、人生目標の実現などよく言われているもののほかに、経済的利益があることは否定できない。

例えば、上海前進進修学院の創立者・学長は常に、「私は人生の前半61年間は[48]何一つ持たない者だったが、後半の8年間に車、住宅、金、名声などを揃って手に入れた」と述懐する[49]。彼は車2台、分譲マンション2戸、常時、銀行口座に100万元以上を備えている[50]。

④民営大学の歴史的過程を見ると、「営利第一主義」を揚げる民営大学

は絶えることなく存在してきた。

　湖南省、陝西省の教育行政機関によって取り潰された民営大学や医学校などがその好例である[51]、また、上述の、手段を選ばぬ不正な学生募集を行った学校の中には、「金もうけ第一主義」のものがかなりあると思う。また、金を儲けた学校では建学者や経営者が互いに学生の上納金数千万元を奪い合う事件も起った[52]。

　上述した民営大学の営利化問題は、かなり複雑な問題である。ここでは、次の諸点を指摘しておく。

　①営利は、政府の援助や社会からの寄付がほとんど獲得できない民営大学の実情からして、民営大学にとっては是認のことであり、これなくしては、民営大学の発展はいうまでもなく、存続すらできないということは自明の理である。例えば、九嶷山学院は遠隔の山地に設けられ、一貫して学院創立者の建学理念に従って、低額の授業料で運営していたが、結局、運営費不足に陥っている[53]。1980年に設立した韭菜園業余大学の経営者は教育に力を注いで大勢の人材を養成したが、経営（あるいは営利）能力がなかったため、学校は経営困難に陥り、1999年に中華職業教育社に無償で譲渡される結果となった[54]。

　②学校の運営によって建学者・運営者が利益を得、教職員の収入が上がることは必ずしも非難すべきことではない。彼らに奉仕だけを望むのは現実離れしている。

　③営利の実現と教育の質との間に明確な因果関係は存在しない。つまり、経営状態がよい民営大学は必然的に教育の質の低下を招くものではなく、逆に校舎や教育設備の改善に伴って教育の質が向上する例も少なくない。例えば、黄河科技学院は設立10数年後に校産が7,000万元を超え、教育の質も向上し続け、2000年には本科の学歴教育を行う大学として教育部に認められるまでになった[55]。西安翻訳培訓学院は主に外国語や外資系の人材養成の大学であるが、数千万元の投資を使ってL.L教室20室を設け、パソコン800台を購入し、すべての教室にビデオプロジェクターを揃えるまでなっている。卒業生は雇用先にかなり人気があり、1998年の卒業生900余人全員が外国との合弁会社や外資系会社168社に就職した。同

年、新入生も6,800人に達している[56]。

④問題の焦点は、学校設立・運営の目的は一体何かということである。即ち、学校設立・運営の根本は教育のためか営利のためか、また、収益は主に学校のために使うか建学者・経営者個人の所有にするかである。この視点は、民営大学の営利行為に対する評価の尺度になる。要するに、目的としての営利か手段としての営利か、公（学校）のための営利か私（個人）のための営利か、ということが問われているのである。

以上から、この民営大学の営利的性格については、次の三つの評価基準を設けて判断すべきであると考える。①民営大学が得た収益は、教育条件（例えば、校舎建設、設備や図書の購入、教員養成など）の改善に使われるかどうか、②教育の質の向上が進んでいるか、③健全な財務管理制度と監督制度が確立されているか。

この3点から見ると、高い利益を上げた一部の民営大学には明らかに問題がある。

例えば、前進進修学院は、1998年までに650,000人を訓練して、中国最大の面接授業を行う民営大学と言われていた[57]が、自らの校舎を持たず、専任教員も養成してこなかった。収益は企業（例えば、信用組合、不動産会社、パソコン経営部、商店、カラオケ屋など）に投資したり、商業用ビルを建てたりした。学校の経営者は企業で儲かった金で私立大学を作りたい[58]と明言していたが、10年を経ても実現していない。学校は依然として10数か所の小中学校の校舎を借用し夜間や土日曜日に授業を行い、教員もほとんど兼任である。つまり、収益を学校の教育条件改善には使わなかったのである。

このようなことは、程度の差はあるが他の民営大学でも見られる。例えば、学生1万人程度の民営大学で専任教員100人未満のものが数校あり、校産1億元以上の民営大学で実験設備の総投資は僅か400万元以下のものもある[59]。

その他、多くの民営大学は財務内容を公開せず、財務上の権限も経営者個人が握っており、監督制度もほとんどないという問題もある。

民営大学あるいは私立大学の営利化傾向は、中国特有の事象ではない。

約100年前、明治31年（1899年）に日本の評論家・高山樗牛が書いた時事評論「私立学校を論じて当局者の注意を促す」の中に、当時の私立学校について次のような記述がある。

「今の私立学校を見よ、わずかにその一二を除きては、何処に主義に拠りて立てるものありや、滔滔として是れ射利私益の為にせられたるものに非ずや。人物教育は、生徒の月謝を以て維持する学校に行はるべからざるなり。精神理想の教育は、生徒の譁笑に憂懼するものの為し能はざる所なり。其創立者は育英を楽しむものに非ず。主義に尽くすものに非ず。唯彼等が小間物屋、煙草屋と為らざる代りに、学校屋と為りたるのみ。彼等は一種の商業を以て教育を見る、一切外面上の飾表は、皆是れ射利私益のみ。彼等はすでに商人として教員を雇聘す、来るもの亦商人のみ、学を売りて財に換ふれば則ち足れりとす。茲に学ぶものも亦顧客の商店に対するが如し。得たる所の知識は月謝によりて購入したるものと思惟す。あゝ師弟の情誼、金銭によりて厚薄あるべき学校に向って、主義思想の人物を養成せむことを要む。猶ほ木に拠りて魚を求むるが如き也。私立学校は本来是の如くあるべきものに非ず。而も今の私立学校は、その一二を省けば概ね皆是れのみ」[60]。

東大出身の高山樗牛の私学観である。以下は筆者の私見であるが、彼の論述はわれわれの問題にとって、次のような意義を持つと考える。

第一に、高山氏は一校や二校を対象とするのではなく、ほぼ私立学校全体を非難している。これは、私学の時弊を突き、私学に共通の営利傾向を指摘したものである。

第二に、高山氏は目的論に基づいて私学の営利行為を厳しく批判している。彼は学校創立者の建学動機が射利私益にあって、学校の性格が小間物屋、煙草屋のような学校屋だと指摘しているのである。つまり、彼が批判したのは、目的としての営利であり、私立学校の建学理念あるいは建学目的は一体何かという根本問題を問いかけたのである。

第三に、高山氏が洞察したのは、私立学校の営利指向は私立学校自らによって完全に取り除くことはできないということである。彼が私学の営利傾向に対して深刻な憂慮を表明し、その解決には政府の介入の必要がある

と呼びかけている。そのため、彼は「私立学校を論じて当局者の注意を促す」を論文の題目とした。

100年後の今日から見ても、高山氏の論述が中国の民営大学にも当てはまる部分が多く、われわれは彼の指摘に耳を傾ける必要がある。

(3)政府の対策上の問題

上述した学生不当募集や経営上の営利傾向に対しては、政府の規制をさらに強化する必要がある。ここで、現行の民営大学に関する法規、教育行政管理機関、民営大学に対する点検、それぞれの弱点について政府の規制強化を検討する。

第一、民営大学に関する法規の問題。民営大学に関する法規の問題には、次のような2点がある。①法規の内容に関する解釈や説明の欠如。例えば、「教育法」と「条例」は営利を目的とする学校の運営を認めないが、この「営利を目的とする」の意味は何か、その判断の基準は何か、営利によって得た収益は投資者・経営者または教職員に配分することができるかどうかなどについて説明がない。②法規に関する実施細則の欠如。「条例」の実施細則として、国家教育委員会が公布した「『社会諸勢力による学校運営に関する条例』実施の若干問題」は、民営大学の営利問題に一切触れていない。

第二、教育行政管理機関の問題。民営大学の管理機関については次のような問題点がある。①独立の管理機関の欠如。現行の管理体制によると、教育部における高等教育司と計画発展司の全国社会諸勢力運営学校管理室が民営大学を管理している[61]。しかし、高等教育司の中心的な任務は公立大学の管理・指導であって、民営大学のことは重視していない。全国社会諸勢力運営学校管理室は計画発展司に帰属し、独立の管理機関ではない。地方政府の民営大学（あるいは民営教育）に関する管理機関もほとんど独立していない。②管理機関の陣容不足。全国社会諸勢運営学校管理室には職員が3人しかおらず[62]、全国における民営大学から幼稚園まで45,000校の民営教育機関を管理しているが、民営大学に対する管理や指導はほとんど行っていない[63]。地方政府の民営教育に関する管理機関の定員も過少である。例えば、北京市成人教育委員会成人教育処内の社会諸

勢力運営学校管理室は定員3.5人で、2,000余校の民営教育機関を管理している[64]。しかも、北京市と比べて定員の状況がさらに厳しくなっている行政区画も少なくない。③管理機関の経費不足の問題。大多数の行政区画には社会諸勢力運営学校管理室が設けられたが、その経費は不十分であった。経費不足の原因は、この管理室の専用経費が政府から十分に支出されず、管理室に所属する機関の通常経費で執務することになっていた。経費不足が管理機関の執務を阻んでいることが問題となる。

　第三、民営大学に対する点検の問題。民営大学の点検については次のような問題点がある。①学生不当募集や営利を目的とする学校運営に対する点検の基準を明確に制定する必要がある。例えば、個人に紹介料を支払って新入生を募集すること、学校収益を建学者・経営者が個人的に使うことなどに対する規制。②点検陣容を充実する必要がある。点検人員は行政機関のスタッフ、教育専門家のほかに財務関係の専門家を参加させなければならない。③点検結果に適切に対処することである。例えば、営利の目的が顕在化している学校、家族経営を行っている学校に対する措置がほとんど講じられていない。

## 2 民営大学に対して規制緩和すべき点

　政府の民営大学に対する統制の今一つの問題点は、厳格にすぎ、柔軟性が不足して、民営大学の自主性を十分に生かしておらず、民営大学の権益を保護していないことである。

　この問題は主に次の3点に集中している。

　(1)民営大学の資金調達に対する統制

　民営大学の資金調達に対する政府の統制は、投資の利息と投資返済についてである。このことについての政府施策の根拠は、「条例」の第6条、第37条、第43条にある。

　「条例」第6条は、「社会諸勢力の運営する教育機関は、営利を目的とすることはできない」としており、

　「条例」第37条は、「教育機関が蓄積した資金は教育への投資及び学校運営条件の改善にのみ用いることができるが、これを分配したり学外への

投資に使用してはならない」と定めており、さらに、
　「条例」第43条は、「教育機関が解散するときは、法により財産を清算しなければならない。教育機関が清算するときは、まず教職員の未払いの給料及び社会保険料を支払い、清算後の剰余財産は創設者による投資分を返還あるいは現金に換算して返還した後、その残余部分は、審査・認可機関が統一的に按配して社会諸勢力による学校運営発展のために使用しなければならない」と規定している[65]。
　しかし、上述した諸規則に対する公式の解釈はなく、国家教育委員会のある責任者は、「投資した金はすべて学校の所有に帰し、回収することはできない」、「貸付金も債務者が自らで返済し、学校から金を取り戻すことはできない」との解釈を示している[66]。これは、必ずしも公式解釈とは言えないが[67]、行政機関の姿勢がそこに現れていると考えてもよいであろう。また、投資者に利息を分配すること、またはこれと関連して株式方式で学校の資金を調達することも政府には認められていない。
　このような厳しい統制の下における民営大学は、学外からの資金調達が非常に困難になっている。例えば、私立南京金陵国際語言学院は、資金調達のため台湾、香港、大陸、さらにアメリカ、日本の実業家80余人と協議したが、彼らは利息や投資返済のことを憂慮して、結局資金調達は成功しなかった[68]。学校の名誉理事長である香港有力の実業家は、学校へ投資しようと思っていたが、政府の関係政策を知って落胆し、その投資意欲を完全に失ってしまったという[69]。

(2)民営大学の教育に対する統制

　民営大学の教育に対する政府の統制は、学歴証書授与権のある学校と学歴証書試験学校とを対象とする。
　学歴証書授与権のある学校に対する統制は、主に専攻設置についてである。国に認められた民営大学は、専攻設置の自主権をほとんど失ってしまい、民営大学の長所である柔軟性が失われている。例えば、私立華聯学院は経済管理専攻の卒業生に対する市場需要が低くなったことに応じて、新しい専攻の設置を行政機関に申請したが認められなかった[70]。
　学歴証書試験学校に対する政府の統制は、主に国の出題基準についてで

ある。この出題基準は普通大学のそれを参考とし、「普通大学の学部レベルより低く、専科レベルより高く」なっていて、ここでも民営大学の特性は無視されている[71]。即ち、民営大学の特性である「職業・応用」が軽視されているのである。

(3)民営大学の教員・学生の権益保護の問題

民営大学の権益保護は、「条例」に明記されているが、施行上の問題がほとんどである。

①民営大学の教員の待遇について

(a)民営大学の教員の職階(講師、助教授、教授)の昇進は、非常に困難である。学歴証書試験学校や学歴証書授与権のない学校は言うまでもなく、学歴証書授与権のある学校でも教員の昇進を自主的に決めることができない。民営大学の教員の職階上の地位は、公立大学よりはるかに低い状態になっている。

(b)ほとんどの民営大学では政府から公立大学のような定員制度[72]が認められていない。民営大学の専任教員は、公立大学の教員のような処遇(例えば、公費医療、定年退職金、種々の手当など)が得られず、彼らの社会的地位が公立大学の教員より低いことは否定できない。

この(a)と(b)は、民営大学と公立大学の教員間の根本的な違いである。

(c)民営大学教員に対する公的サポートが行われていない。例えば、教育部が助成する1999~2000年全国基礎外国語教育研究項目の資金援助の対象者とされた1,000人近くの中に、民営大学の教員は1人も入っていない[73]。

②民営大学の学生の待遇について

民営大学の学生と公立大学の学生との待遇上の不平等は歴然としている。貸与奨学金(原語は、助学貸款)の利息については、公立大学の学生は1/2を支払う(残る他の半分は、政府が補助する)のに対して、民営大学の学生は全額を支払わなければならない[74]。

また、民営大学の学生は、公立大学の学生のように農村から都市部への戸籍上の移転ができず、鉄道やバスなどの学割の優遇措置がない[75]。

## 第4節　民営大学の位置づけ

民営大学の位置づけについては、政府の公式見解と実際の施策の二つの視点から検討する必要がある。

### 1 民営大学の位置づけに関する政府の見解

1997年7月に公布された「条例」は、義務教育実施の民営教育機関を、国の実施する義務教育を補完するものと位置づけている[76]が、民営高等教育機関の位置づけには触れていない。

1998年8月に公布された「高等教育法」でも、民営高等教育に対する国の奨励方針が明記されているが、民営高等教育の位置づけは依然として明らかにされていない。

その後、1998年12月に教育部が公布した「行動計画」第39条は、「今後の3～5年間に、基本的に政府が学校運営の主体となり、社会各界が共同参与して公立学校と民営学校との共同発展の学校運営体制を形成する」と述べている[77]。このいわゆる「共同発展」の中には、民営大学が含まれているかどうかここでは判然としないが、次の第40条には、「社会諸勢力による学校の自主運営の法人地位を確保し、高等教育機関が社会に向けて自主的に学生を募集すること、法律に従って自主的に非学歴教育を受けた学生に修業証書を授与すること、または国が行う独学試験や学歴証書試験に参加する学生を集めて国に認可される学歴証書を授与することを認める」[78]と規定され、民営大学が含まれていると理解できる。

しかし、この「共同発展」の意味は一体何か。「行動計画」公布の後に、教育部が公表した「『21世紀に向けての教育振興行動計画』学習参考問答」には、上述した第39条、第40条に関する説明があるが、この「共同発展」に対する説明はない[79]。

文字通りに理解すれば、この「共同発展」の意味は、大体次のようなものと理解できる。①政府は民営学校の発展を抑制しない、むしろ促進する、②政府は公立学校重視、民営学校軽視をしない、③民営学校は公立学校の補完ではなく、公立学校と同じような地位を持っている教育機関である。

ところが、このように理解しても、なお、二つの問題が残る。一つは、この三つの解釈の意味が異なるところがあり、どれが正しい解釈なのか。今一つは、「行動計画」に述べている「共同発展」の主語は、公立学校と民営学校であるが、この民営学校の中に民営大学が含まれているかどうかということである。

　1999年6月に開かれた全国教育工作会議で、国家主席江沢民は次のように述べている。「高等教育の持つ可能性とそれへの需要に沿って、多様な形式で高等教育、特に地域的な高等職業教育を積極的に発展させ、現有の普通大学と成人大学の学生募集規模を拡大し、民衆の高等教育進学要求もできる限り充足させる。また、社会諸勢力を動員して民営大学を作り、現有の大学の補完とする」[80]。江沢民の講話は、公立大学と民営大学との「共同発展」を言わず、民営大学が公立大学の補完と明言している。また、この講話は、「行動計画」公布後に行われたものである。これは国の指導部が依然として民営大学の位置づけを公立大学の補完としていることを示唆している。

## 2 高等教育拡大の安上がり政策と民営大学の位置づけ

　民営大学を位置づけるために、政府は単に口先だけではなく、実際的措置を講ずるべきである。また、民営大学の位置づけは、対照的な性格を持つ、公立大学との対照が不可欠である。この二点を念頭に置き、民営大学の位置づけを以下に再考察してみよう。

　1998年に打ち出された高等教育大衆化計画は、安上がり大衆化政策という性格を持っている。教育部の計算によると、2010年までに高等教育の入学率15%を達するためには、2000年から毎年入学率で5.4%（71.4万人）の増加を維持しなければならない[81]。しかし、このような増加率に対応する公的高等教育経費の増加が可能であろうか。

　一方、政府の高等教育経費の配分は、相変わらず公立大学「一辺倒」になっており、中央政府の高等教育経費はすべて教育部所轄の公立大学に分配され、その増加部分も公立の分野にしか使われない。「行動計画」第42条は、「1998年から、中央の財政支出は年に1%増加し続け、2000年に財

政収入に対する支出は3%まで増加する。増加分は、中央の財政が支出した現有の教育項目のほかに、『共同計画』によって中央の財政が助成する項目に使う」と述べている[82]。これらの項目には、民営大学が助成対象になっていないことは言うまでもない。「行動計画」第19条は、「国家の財力をより集中し、多方面の積極性を動員し、重点学科の建設から着手し、投資を増やし、若干の大学及び国際先進水準に達する可能性がある学科を重点建設しなければならない。今後の10～20年間は、若干の大学及び重点学科が世界一流の水準に達することを目指して努力する」としている[83]。

要するに、従来の公的教育経費分配の対象には民営大学が含まれていなかったのと同様に、将来的にも公的資金援助をしないことが、政府の既定の方針なのである。換言すれば、高等教育大衆化策が示唆することは、民営大学は公立大学と共同で高等教育の拡大の担い手にならなければならないが、公立大学のように公的経費は与えられないということである。

ここで、指摘しておかなければならないことは、高等教育拡大の安上がり政策は民営大学に対してだけではなく、公立大学にも大きな影響を及ぼすことになったことである。1993年に「211工程」[84]として計画された、21世紀の初めごろに重点大学(公立大学)100校を建設するという目標は、経費不足のために、21校に大幅に修正されてしまった。結局、この「211工程」(21世紀+100校)は、「2121工程」(21世紀+21校)になってしまったのである[85]。

高等教育拡大の安上がり政策が民営大学に与えた影響は極めて深刻であった。

まず、多くの民営大学は資金不足に陥って、倒産するものも少なくなかった。

民営高等教育委員会の調査によると、1999年、全国の民営大学1,300校のうち、運営状況の良い大学は7%、運営状況が悪く存続し難い大学は18%、残りの75%は低水準で辛うじて運営を維持していることが明らかにされた[86]。また、1999年河南省鄭州市では民営大学の三分の一は学生不足や経費不足のため倒産し、三分の一は停滞状態になっていた[87]。

次に、学校運営上の「営利主義」が一層強まった。

民営大学が生き残りあるいは発展するためには、営利強化を計らなければならない。それは、一般的には学生定員の増加と授業料の引き上げである。ところが、後者は政府のコントロールや市場原理などが働いて[88]大幅引き上げができないため、前者が営利強化の主要な措置として使われている。結局、学生募集をめぐって学校間の争いが激しくなるだけであった。

近年、拡大した自主権を行使して経費不足に対処しようとする公立大学との競争も民営大学に深刻な影響を与えている。下記の表に示すように、1999年から、公立大学の学生募集規模は急激に拡大してきた。

表7−9　　1998〜2001年公立普通大学の入学者数の逓増率

| 年 | 1998年 | 1999年 | 2000年 | 2001年 |
|---|---|---|---|---|
| 入学者数 | 108万 | 160万 | 220万 | 250万 |
| 増加率 | — | 48.1% | 37.5% | 13.6% |

(出所)『民办教育』2001年第4期、4頁。

これらの学生募集は一応国の定員計画の枠内で行われてきたが、多くの公立大学が営利のために独学試験の補習授業なども行って、数多くの枠外の学生を募集するようになった。その中には手段を選ばず不正を働くものもあった。例えば、独学試験の出題権を持つ公立大学の中には、出題権を濫用して「指導 ─ 出題 ─ 採点一貫サービス」という広告宣伝をするものも現れた[89]。北京大学は電子商務学士学位課程の名目で学生を募集したが、実はこの学位は国に認められておらず、結局、学校側と学生との間の係争に発展した[90]。このような不正行為は他の公立大学にも見られた[91]。

さらに、一部の共産党学校[92]は収入拡大のため、本来の目的から逸脱して他の専攻（例えば、経済専攻、経営専攻、獣医専攻など）を開設して学生を募集した[93]。

このような事態にあって、民営大学の学生募集に大きな影響が出ている。湖北省のある調査によると、1999年、独学受験補導を行う民営大学4校の在籍学生数は、全体で僅か1,742人であった。多くの公立大学、特に重

点公立大学が独学受験のクラスを設けて民営大学と競い合ったことがその一つ原因である[94]。

最後に、教育の質の向上問題がある。

営利追求傾向がますます強くなった民営大学に対して、教育の質を向上できるのかという懸念が指摘され、「学生募集重視、教育の質軽視」という批判もよく聞かれるようになった[95]。この教育の質の低さは、前述した設備、図書、校舎などの「物」また「金」の不足によって起こった、いわゆる「外面」的な理由だけではなく、もっとも深刻な点は、教員即ち「内面」的な理由によって生じているということである。

教員の問題については、主に専任教員の不足と兼任教員が多すぎることである。ほとんどの民営大学は専任教員を持っているが、大多数の民営大学では、非専任教員数が専任教員数より多い。

下表7-10が示したことは、民営大学90校のうち、専任教員数が20人までの学校は35校、21〜40人の学校は24校、両者合計で59校[96]、即ち専任教員が少人数の学校の合計では66%であるのに対して、専任教員数が100人を越える学校は僅か5校（5%）であることである。

表7-10　　民営大学90校の専任教員の状況（1998年）[97]

| 専任教員人数 | 20まで | 21〜40 | 41〜60 | 61〜80 | 81〜100 |
|---|---|---|---|---|---|
| 学校数 | 35 | 24 | 12 | 6 | 8 |
| % | 39% | 27% | 13% | 7% | 9% |
| 専任教員人数 | 101〜120 | 161〜180 | 181〜200 | 201〜250 | |
| 学校数 | 1 | 1 | 1 | 2 | |
| % | 1% | 1% | 1% | 2% | |

(出所) 表7-1に同じ、254〜255頁。

これと対照して、表7-11では、兼任教員の人数が40人以下の学校が26校（25%）であり、100人以上の学校の合計が39校（38%）になっている。つまり、非専任教員数が専任教員数より多いことは民営大学の一般的状況であり、非専任教員数が専任教員数を大幅に越える学校も少なくないことである。

表 7-11　　　民営大学 102 校の兼任教員の状況（1998 年）[98]

| 兼任教員人数 | 0 | 20まで | 21～40 | 41～60 | 61～80 | 81～100 | 101～120 |
|---|---|---|---|---|---|---|---|
| 学校数 | 2 | 9 | 15 | 18 | 12 | 7 | 10 |
| % | 2% | 9% | 14% | 17% | 12% | 7% | 10% |
| 兼任教員人数 | 121～140 | 141～160 | 181～200 | 201～250 | 251～300 | 301～400 | 401以上 |
| 学校数 | 3 | 7 | 6 | 4 | 3 | 3 | 3 |
| % | 3% | 7% | 6% | 4% | 3% | 3% | 3% |

（出所）表 7-1 に同じ、256～257 頁。

非専任教員の大量雇用には次のような欠点が伴う。

①教員の定着性に問題が生じている。

②一般的に、非専任教員は授業時間中しか在校しないため、学生の質問を直ちに教員が解明するなどの密接な授業体制がとれない。

③公立大学兼職の非専任教員は本務校の仕事に精力を注ぐ義務を持つが、民営大学での任務はただ授業だけであり、授業に関する研究や教育の質の向上などにあまり関心を持つことがない。

④非専任教員が多すぎると、教員の中核が形成されず、教育・研究の向上や大学の自己点検・評価などに困難が生ずる。

これらの問題については、民営大学側も認識しており、例えば、私立華聯学院は、「兼任教員が多すぎ、教育改革と教育の質的向上の推進が困難だ」、内モンゴル医学専修学院は、「教員の大多数が兼任雇用者で、教育に相当な困難を招いている」と述べている[99]。

しかし、このような状態を変えることは容易なことではない。非専任教員の雇用は民営大学にとって運営上の利点がある。経済的に見て、非専任教員の雇用コストは専任教員より安い。また、非専任教員は専攻や科目に従って雇用されるので、専攻や科目の整理に伴う教員の更迭・縮減が容易である。

高等教育拡大の安上がり政策の下における民営大学は、財政面、教育面ともに危機的な徴候が現れている。

さらに、留意しておくべきことは、高等教育拡大の安上がり政策は、政府の影響力自体にも限界をもたらしたという点である。高等教育に対する

政府のコントロールでは、一般に行政と経済の二つの手段が使われるが、前者は主に法規や運用の管理によって大学の行為を規制するもので、後者は主に経済的な援助や奨励を通じて運営状況の改善、教育・研究の向上、特色の形成などを促進するものである。簡単に言えば、前者は主に学校の行為の可否、後者は主に学校の行為の良否に関わって行われる。この視点から見れば、政府は高等教育拡大の安上がり政策を打ち出したことによって、民営大学に対する経済的影響手段を失ってしまったのである。その影響力に限界を持つ政府が、民営大学の教育の質に対してどのように対処ができるかは疑問なしとはしない。

## おわりに

　以上、民営大学に対する政策の問題と民営大学が抱える課題をめぐって論じてきた。ここでは本章の内容について、総括的または補足的に次の諸点について述べてみたい。
　①政府の政策と民営大学が抱える課題との因果関係
　民営大学で顕在化している諸問題の背後には、常に政府の民営大学に対する政策の問題が潜在している。これらの政策上の問題は、民営大学に大きな影響を与え、民営大学の問題の要因となっている。この視点から見ると、民営大学で顕在化している問題は、政府の政策の問題とも言える。
　本章は、民営大学に対する政策の問題と民営大学が抱えている課題との因果関係に立脚し、政府の政策上の問題点と民営大学に対する影響を解明したい。
　②国の高等教育政策の特徴
　全般的に見ると、国の高等教育政策は三つの特徴を持っている。
　(a)重点公立大学優先、一般公立大学重視、民営大学軽視という大学の序列化。
　(b)限られた財源を重点的に威信高い公立大学に配分して世界一流の大学を指向させ、また威信高い公立大学群が先導的役割を果すことによって高等教育の質的向上を推進する。

(c)高等教育拡大の安上がり政策。授業料徴収や民間資金の利用などによって高等教育の大衆化を推進する。この高等教育拡大の安上がり政策の最大の担い手は、民営大学である。

このような高等教育政策の下における民営大学は、高等教育の「周辺の周辺」に位置づけられていると言っても過言ではないであろう。

③民営大学政策における諸問題間の相関関係

本章では民営大学政策に四つの問題点が存在することを指摘したが、これら問題相互間に密接な関連性がある。例えば、「民営教育法」の欠如は、政府の民営大学に対する援助や規制などの施策に影響を及ぼし、民営大学の位置づけと民営大学に対する政府援助の不足との結び付きなど。

その四つの問題点のうち、中核的な問題は民営大学の位置づけである。民営大学に対する政策の問題は、民営高等教育を重視してこそ抜本的な解決ができるものである。換言すれば、民営大学の位置づけの問題と前三者の問題点との関係は平行的ではなく、前者は後者に対して統括的な意味を持っている。

そこで当面喫緊の課題は、高等教育発展戦略の中で民営大学を明確に位置づけ、着実な支援措置を講じて民営大学の発展を図ることである。

## [注]

1 「民営教育法」という名称は現実には存在していないが、ここでは論述の便宜上仮称として使用する。
2 『民办教育』2000年第5期、1頁。
3 游清泉「1997年全国民办高等教育委員会（南片）工作会議総結」中国成人教育協会民営高等教育委員会編『中国民办高教之光』湖北科学技術出版社、1998年、458頁。
4 原語は、民办大学校長立法研討班（劉培植「当前民办高等教育的形勢和任務——在民办高等教育委員会南片工作会議上的講話」中国成人教育協会民営高等教育委員会編『中国民办高等教育的理論與実践（二）』大衆文芸出版社、1999年、295頁）。
5 中国管理科学学会民営教育管理専門委員会・北京汎アジア未来教育研究セン

ター編『民办教育研究参考』1997年第1期。
6 「試案」の原語は、「建議稿」である（楊智翰「火紅的熱点前景」『民办教育』1997年第4期、11頁）。
7 国家教育発展研究センター教育思想研究室・上海教育科学研究院民営教育研究センター・上海教育学会民営教育専門委員会編『民办教育電子信箱』2000年第16期、第17期。また、『民办高教通訊』2000年第6〜7期、15頁。
8 『人民日報』1995年3月20日。
9 曹勇安「川、陝、晋3省社会力量办学的調研報告」『民办教育』1996年第5期、11頁。
10 同上。
11 『民办教育』2001年第2期、1頁。
12 民営高等教育委員会整理・李国喬、陳宝瑜執筆「百所民办高校調査統計與初歩分析」、前掲、『中国民办高等教育的理論與実践（二）』、242頁。
13 馬叔平「在北京市民办高校管理水平綜合評估工作総結大会上的報告」北京市教育委員会編『北京民办高校評估』、1998年、11〜12頁。
14 瑞峰、萧潇「擦亮眼睛上大学」『民办教育』1997年第1期、14〜15頁。
15 調査対象民営大学103校のうち、この問題に回答したものは90校。
16 調査対象民営大学103校のうち、この問題に回答したものは79校。
17 調査対象民営大学103校のうち、この問題に回答したものは82校。
18 前掲、『北京民办高校評估』、10〜11頁。
19 民営高等教育委員会整理・李国喬、陳宝瑜執筆、前掲論文、258〜259頁。
20 穆易「教育部有関領導光臨民办高等教育委員会調研座談」『民办教育』1998年第2期、4頁。
21 前掲、『北京民办高校評估』、11頁。
22 同上書、6〜7頁。
23 河南省教育委員会が提供した「河南省社会力量挙办高等教育機構基本情況（按学校分類）」、1999年。
24 李維民「陝西民办高校発展的機遇與挑戦」『民办教育』1999年第5期、17頁。
25 『人民日報』1997年8月12日。
26 同上。
27 私立華聯学院高等教育研究所朱継琢「民办大学的呼吁」、2〜3頁。
28 『人民日報』1997年12月10日。
29 この点については、本書第3章第2節参照。
30 瑞峰、萧潇、前掲論文。
31 これらの大学は皆、有力な公立大学である。
32 瑞峰、萧潇、前掲論文。
33 李宗光「浅論社会力量办学面臨的主要問題」、前掲、『中国民办高等教育的理論與実践（二）』、91〜92頁、。湖南省教育委員会社会諸勢力運営学校管理処処長張学軍「関於社会力量办学若干問題的実践與思考」、1999年、39頁。
34 前掲、『北京民办高校評估』、8頁。
35 瑞峰、萧潇、前掲論文。

36 筆者が 2000 年 1 月に湖南省長沙市で現地調査したときに得たもの。
37 仰光「切不要濫発录取通知書」『民办教育』1999 年第 2 期、18 頁。また、易国傑「民办高校办学之思考」『民办教育』2001 年第 1 期、34 頁。
38 劉培植「認真貫徹 15 大精神、総結経験、表彰先進、為進一歩促進民办高等教育事業的発展而奮闘——在民办高等教育委員会北片（拡大）工作会議上的報告」、前掲、『中国民办高等教育的理論與実践（二）』、307 頁。
39 李維民、前掲論文。
40 九嶷山学院は創立当初の 1981 年 3～7 月の間に、高校卒業生の補習クラスを設け、学生に無料で授業を行った。同年 9 月、医学、農学、文学の 3 専攻を設け、学生 1 人当たり 1 学期 15 元の授業料を徴収し、少数民族や貧しい学生には全額免除した（九嶷山学院事務室から筆者への手紙による）。北京自修大学は成立当初、無料で講座を開き、後に通信教育を行って、3 年間で学生 1 人当たり教科書代と補導費で合計 31.5 元しか徴収しなかった（2000 年 6 月 13 日に北京で筆者が北京自修大学学長李燕傑に対して行ったインタビューによる）。
41 私立華聯学院高等教育研究所曾秋華「探索私立大学办学之路」、1999 年、1 頁。
42 陳致寛「権與法較量 12 年——至今未果」『民办教育』1999 年第 3 期、22 頁。
43 陳興貴、張立「拓民办高教之荒、育復合高級人才——西安翻訳培訓学院紀実」『人民日報』1998 年 10 月 13 日。
44 「西安外事服務学院——『為国办高等学校改革提供了経験』」楊智翰主編『中国民办大学 20 年』光明日報出版社、1999 年、53～54 頁。
45 校舎はすべて貸し付けたもの。
46 姜銘「世界名人蔡光天與他創办的前進進修学院」『中文導報』1996 年 7 月 25 日。
47 民営高等教育委員会整理・李国喬、陳宝瑜執筆、前掲論文、249～250 頁。また、それらの学校に関する資料による。
48 蔡光天は定年退職後の 61 歳から前進進修学院を設立した。
49 原語は「四子登科」、即ち「車子、房子、票子、面子」ということである。
50 周斌「克林頓総統就職典礼上的中国客人——再訪『海上奇人』蔡光天」『現代家庭』1993 年第 5 期。
51 本書第 5 章第 2 節参照。
52 秋晨「立法滞後、争利超前」『民办教育』1994 年第 1 期、38 頁。また、秋晨「銭・権・法」『民办教育』1996 年第 6 期、12～13 頁。
53 九嶷山学院事務室から筆者への手紙による。また、2000 年 1 月 24 日に、筆者が湖南省教育委員会社会諸勢力運営学校管理処副処長黄顕栄にインタビューによる。
54 廖経池、梁士潔「湖南中山進修大学 20 年」（韮菜園業余大学は 1997 年に湖南中山進修大学と改名した）『中国高等教育』1999 年第 7 期。または、筆者が湖南省教育委員会社会諸勢力運営学校管理処副処長黄顕栄にインタビューによる。
55 『民办教育』2000 年第 2 期、23 頁。その前に、全国で本科の学歴教育を行

うことが認められた民営大学は、ミャンマーの華僑投資家呉慶星が設立した仰恩大学しかなかった。
56　前掲、陳興貴、張立「拓民办高教之荒、育復合高級人才——西安翻訳培訓学院紀実」。または、「西安翻訳培訓学院——騰飛之路」、楊智翰主編、前掲書、48〜52頁。
57　『中国教育報』1997年3月4日。
58　郭礼華「『蔡光天現象』啓示録」『半月談』1991年第20期、18頁。
59　民営高等教育委員会整理・李国喬、陳宝瑜執筆、前掲論文、250〜251頁。
60　『樗牛全集』第4巻「時論及思索」、616〜617頁。
61　この論文第5章第1節の民営大学に対する管理機関図を参照。
62　教育部の定員数は470人である（「国務院機構職責詳説——教育部」『瞭望』1998年第35期、17頁）。
63　高偉「関山路遠、希望在前」『民办教育』1998年第6期、7頁。
64　2000年1月19日に筆者が北京市教育委員会成人教育処副処長、社会諸勢力運営学校管理室責任者陳継霞にインタビューしたもの。
65　『人民日報』1997年8月12日。
66　涂元希「敏感問題之我見」『民办教育』1996年第6期、10頁。
67　「条例」の公布機関は国務院であり、その解釈権は国務院しか持っていない。
68　涂元希「教育産業化渉及民办教育的幾個問題」『民办高教通訊』2000年第11期、2頁。
69　前掲、涂元希「敏感問題之我見」。
70　朱継琢「発展・立法・自主办学——民办高校発展中的幾個問題」、6頁。
71　劉培植「推薦『科教興農』的一面紅旗、兼論当前民办高等教育要解決的幾個問題」中国成人教育協会民営高等教育委員会編『中国民办高等教育的理論與実践(一)』専利文献出版社、1996年、6頁。
72　本書第5章第2節参照。
73　『中国教育報』1991年11月17日。
74　易国傑「民办高校办学之思考」『民办教育』2001年第1期、35頁。
75　仰光「仰天長嘆：為何歧視不断」『民办教育』2000年第4期、1頁。
76　『人民日報』1997年8月12日。
77　教育部編『面向21世紀教育振興行動計画学習参考資料』北京師範大学出版社、1999年、17頁。原語は、今後3〜5年、基本形成以政府办学為主体、社会各界共同参与、公办学校和民办学校共同発展的体制。
78　同上書、17頁。
79　同上書、285〜288頁。
80　『中国教育報』1999年6月16日。
81　前掲、『面向21世紀教育振興行動計画学習参考資料』、224頁。
82　同上書、18頁。
83　同上書、9頁。
84　本書第4章第1節参照。
85　『民办教育』2000年第2期、46頁。

86 陳宝瑜「民办高校要把握教育産業的主動権」『民办教育』2000 年第 3 期、7 頁。
87 劉文魁「為民办教育的健康発展保駕護航」『民办教育』2000 年第 5 期、23 頁。
88 1990 年代半ばまでは、民営大学の授業料の徴収基準がほとんどそれぞれの地方政府によって定められていたが、1990 年代後半からは、多くの地方政府が民営大学に授業料徴収の自主権を与えた。しかし、授業料が高くなると学生が減るという市場原理によって、民営大学の授業料徴収は大体同じ地域では同じ基準で行われている。
89 楊智翰「『民办教育法』的論証」『民办教育』1997 年第 3 期、13 頁。また、前掲、劉培植「当前民办高等教育的形勢和任務——在民办高等教育委員会南片工作会議上的講話」。
90 台湾『聯合報』2001 年 8 月 14 日。
91 『民办教育』1998 年第 2 期、44 頁。
92 中国共産党学校(略称「党校」)は普通の国民教育機関ではなく、共産党員や共産党幹部を育てる機関 である。
93 前掲、楊智翰「『民办教育法』的論証」。
94 「湖北民办高校縁何長不大——関於湖北民办高校発展現状與対策的調査」『民办高教通訊』2001 年第 8 期、4 頁。
95 曹勇安「風光無限好、只是在険峰——全国首届民办高等教育管理培訓班側記」『民办教育』1999 年第 3 期、13 頁。
96 未回答の 13 校が推測のような状況であれば、この数値は更に増えると思う。
97 調査対象 103 校のうち、この問題に回答しなかったものは 13 校。これらの学校は、専任教員数がごく少ないと推測する。
98 調査対象 103 校のうち、この問題に回答したものは 102 校。
99 民営高等教育委員会整理・李国喬、陳宝瑜執筆、前掲論文、259 頁。

# 終　章

## 第1節　民営大学の発展に対する政府政策の影響

　民営大学に対する政府政策の影響については、前の各章で縷々論じてきたが、最後にこれを総括しておこう。

　まず、民営大学の発足・発展過程から見れば、政府の政策は民営大学の存在、さらにはその発展の方向、速度、規模にまで強い影響を与えた。初期民営大学は、政府が提供した改革開放、インテリ・知識重視の土壌の中で誕生した。1982年に改訂された憲法は、民営大学にとって画期的な意義を持っており、この憲法の精神によって民営大学設立の第一次ブームが現れたのである。鄧小平の「南巡講話」とその後に打ち出された民営大学に対する奨励・支援策は、民営大学設立の第二次ブームを引き起こし、1990年代の民営大学大発展の起因となった。

　次に、民営大学が果した役割と民営大学の特徴形成についても、政府政策の影響が顕著である。民営大学が果した人材養成、公的高等教育経費の不足緩和、高等教育の多様化・活性化などの貢献は政府の政策目標と一致し、民営大学が持つ諸特徴の形成上も政府の政策展開と深く結び付いている。

　他方でまた民営大学政策上の問題点が、民営大学に悪影響を与え、民営大学で顕在化している諸問題の要因となっている。民営大学が現在抱えている運営基盤の脆弱性、教育の質の低さ、営利化偏向などの背後には、政策上の欠点や偏向があることは否定できない。

　要するに、政府の政策こそが民営大学の発展過程また在り方を規定した決定的な要因だったのである。

　この結論については次の諸点に留意する必要がある。

　第一は、この政府の政策とは、むろん民営大学に対する政策を指してい

るが、改革開放の国策、市場経済推進策、高等教育の「211 工程」など民営大学に関わるその他の政策をも指している。ただし、前者は終始直接的に、後者は多くの場合間接的に民営大学に影響を与えた。

　第二に、民営大学発生・発展を促したものは政府政策のほかに、市場経済、公立高等教育機関の不足、高等教育に対する進学需要の増大なども挙げられるが、やはり民営大学の在り方や性格を規定した決定的なものは、民営大学に対する政策である。

　第三は、政府の政策は、よい面もよくない面にも、民営大学に対して大きな影響力を持つため、政府は常に自らの打ち出した政策に対して点検、反省、改善を行わなければならない。

## 第2節　民営大学の歴史的使命と政府の政策選択

　1979 年代末に登場した民営大学が中国の高等教育にもたらした成果の主たるものは、高等教育の多様化と高等教育の量的拡大であった。前者は、高等教育の国家独占状態を打ち破って高等教育の活性化、市場化を促進し、後者は、エリート育成だけを目標とする高等教育を打破し、市場ニーズに応じる応用・実務人材を育てることによって高等教育大衆化の役割を果した。このような高等教育の変革と量的拡大には、社会的・政治的な意義とともに経済的な意義もあったと言える。

　21 世紀初頭の今日、中国の直面している最大の課題は、依然として近代化と民主化である。13 億の人口を持つ発展途上の社会主義中国にあっては、この二大目標の達成は非常に困難であり、その意味で、民営大学の発展は目標実現のための方途の一つとして極めて重要な意義を持っていることに注目しなければならない。

　しかし、安上がりな高等教育拡大と重点公立大学「一辺倒」を特徴とする政府の現行政策は、民営大学に対して次のような深刻な結果を招く恐れがある。

　①有力な公立大学が一層強くなるのに対して、弱体の民営大学は更に弱くなり、両者の格差がますます拡大する。結局、民営大学は常に高等教育

の「周辺の周辺」に置かれ、両者による競争メカニズム形成も不可能になる。

②資金不足に陥る民営大学としては、苦境脱出の方策として営利強化を唯一の道して選択するほかはない。結局、少数重点公立大学の教育については質が充実していくのに対して、数多くの民営大学は低質の教育・低水準の運営持続されていくことになる。

③このような状態のままで高等教育が急激な拡大を続けていけば、質の悪い高等教育の大衆化、高等教育のバブル化現象をもたらす可能性がある。

以上のような結末は、民営大学側にとってだけではなく、政府にとっても望ましくないことであり、これらの問題が顕在化していく前に、政府は必要な措置を講ずるべきである。そのような場合、巨視的に見て、政府の選択肢は三つあると考えられる。

第一、公的教育費の増加によって民営大学に資金援助をすること。

1998年に、中国の1人当たり国民総生産(GNP)は772米ドルであった。ある研究結果によれば、国民1人当たり国民総生産が600米ドルに達する時には、国の教育費は国民総生産の4%を占めなければならないとされている[1]。近年、中国の国民総生産の増加率は常に7%を越えているが、国の教育費はその2.5%前後に止まっていた。これは、途上国としてもかなり低水準である。政府の決意と努力によって国の教育費を国民総生産の4%にするという目標を達成することが、民営大学に対する資金援助のための前提条件となるであろう。

第二、民営大学に対する間接的な経済援助を行うこと。

例えば、国有地の付与あるいは無償貸付け、民営大学に対する無利息あるいは低利息の貸付金の提供など。

第三、民営大学の運営基盤安定化のための規制緩和を着実に行うこと。

国内・海外の企業、団体、個人からの民営大学に対する投資・寄付に対する奨励策の制定、外国との合弁大学に対する規制緩和、民営大学や校営企業に対して免税・減税を行うことなど。即ち、公立大学と同様な待遇を与え、さらに公立大学よりも大きな規制緩和をすることにより、着実な効果的支援をすること。

上述した三つの選択肢については、補足的に説明すべき点が二つある。
　一つは、この三つの選択肢は互いに排他的な関係ではなく、それぞれから一部を抽出し組み合わせて総合的に使うことができるということである。
　今一つは、選択に当っては、政府の財政状況や政策推移などに応じて、段階的に転換あるいは併用の可能性を探ることである。例えば、近い将来、第三の選択肢が選ばれる可能性が高いが、5年あるいは10年後、国の財政状況が改善された段階で第一選択肢を採用することもあり得るなど。

## 第3節　民営大学今後20年の展望（2001〜2020年）

　ここまで論じてきたのは、民営大学の過去・現在、即ち1979年から2000年までの約20年間の民営大学についてである。そこで次には、21世紀の民営大学がどこに向って、またどのように進んで行くかが問われなければならないであろう。これからの20年を視野に入れて民営大学の将来を予測してみたい。
　第一に、民営大学数が緩やかな増加をするのに対して、学校規模の大型化は大きく進んでいくであろう。
　1979年から2000年の間の民営大学の年平均増加数は60余校であり、2000年に全国の民営大学は1,325校に達した[2]。しかし、これからの20年間については、このような増加率を続けることは不可能と思われる。2020年までの民営大学の年平均増加数は20〜30校程度で、2020年には約1,800校に達するものと予測される。
　この予測の根拠としては次の諸点を挙げることができる。①一部の大中都市では民営大学の数が飽和状態になったこと。②民営大学の設置基準が厳しくなったこと。1990年代半ば頃にある省の行政機関が1ヵ月に民営大学70余校の設立を認めたというようなことは[3]、これからは絶対にあり得ない。例えば、浙江省の場合、民営大学の設立資金は1校1,500万元以上（校舎を借り入れる場合は600万元以上）が基準となっている[4]。③学生数が少なく運営状況が悪化した民営大学は、次第に淘汰されること。

ただし、経営強化を狙う民営大学は多ければ多いほどよいと学生を募集し数万人以上の大型なものが漸次増えてくるという可能性もある。陝西省教育委員会の民営大学担当者は、今後3年以内に、同省に1万人以上の民営大学4校が現れるであろうと予測している[5]。

第二に、多様化がますます進んで行くであろう。

民営大学の実状や発展の趨勢に対応して、政府の民営大学に対する政策は緩和されるはずである。政策の緩和によって、民営大学の運営者、運営内容、または資金調達のルート・方法などの面も、さらに多様化が予想される。

例えば、民営大学間の合併、公立大学との合弁[6]、公立大学の民営化、または外国の大学との連携・合弁など。資金調達の面では、株式方式、教育債券などで民間資金を集めること、台湾、香港または外国の資金を借り入れることなど。

第三に、一部の民営大学では運営基盤の強化や資金の充実によって教育の質を向上させ、専科レベルから本科レベルに昇格することも考えられる。良質の専攻を持つ特色のある大学が現れ、大学院生を育てることも可能になる。しかし、教育や社会サービスの面と比べて、研究の面では依然として弱体であろう。

第四に、少数有力なものを除いて、大部分の民営大学は運営条件や教育の質が公立大学より遥かに劣っていて、公立大学の競争相手にはなれない状況が続くであろう。

また、全体的に見ると、民営大学の営利強化傾向は常に存在し、教育より経営重視の大学は依然として減らないであろう。

第五に、2008年までは、民営大学の学生数が大幅に増加して行くが、その後小幅に変動することになろう。統計によれば、高校入学者数は2004年にピーク（7,522万人）に達し、大学入学者数は2008年にピーク（1.21億人）に達するという[7]。

第六に、民営大学の国際化が進み、各国の大学との交流が広がり、有力な外国私立大学の経験を取り入れることも可能となろう。

最後に指摘したいことは、上述の予測は前提諸条件に依存しているとい

うことである。例えば、中国の国民総生産の持続的な増加、公的教育費の対国民総生産比率の増加、政府の民営大学に対する規制緩和や援助など。これらの条件が変われば、予測を修正しなければならなくなる。また、予測されたことと民営大学の実際の発展との間には差があるはずで、われわれに未知なこと、予測できないことも間違いなくあるはずである。しかし、長期展望に立った場合、何十年かの後には、中国は必ず民営高等教育が高度に発達した国になっているであろうことを筆者は確信している。

[注]

1 瞿延東「国情與民办教育」『民办高教通訊』2001年第11期、4頁。
2 李維民「民办高校発展之前景——開拓創新、優勝劣汰」『民办教育』2001年第4期、6～7頁。
3 馬超文「民办高教的特点及発展対策」『民办教育』1997年第2期、9頁。
4 浙江省教育委員会「浙江省社会力量申請籌办高等学校的補充規定」魯松庭主編『浙江民办教育探索』浙江人民出版社、1999年、246～247頁。
5 2000年まで、全国で学生数1万人以上の民営大学は8校（そのうち、4校が陝西省における）があった（李維民、前掲論文）。
6 この民営大学と公立大学との合弁については、民営大学を中心とする可能性もある。2000年に、国家気象局所属の公立大学北京気象学院は学生定員不足のため、海淀走読大学と合弁して、海淀走読大学の二級学院となった。ただし、北京気象学院の財産は依然として国有であり、行政上の管理機関は依然として国家気象局である（2000年1月21日に、筆者が北京市で海淀走読大学常務副学長陳宝瑜にインタビューしたもの）。
7 李維民、前掲論文。

付録

## 現地調査訪問機関一覧（行政区画別）

北京市
教育部（国家教育委員会）
北京市教育委員会
北京市教育科学研究院成人教育研究所
中国成人教育協会民営高等教育委員会
中華社会大学
中国科技経営管理大学
中国管理軟件学院
中国駐顔美容学院
中国邏輯與語言函授大学
北京人文大学
北京自修大学
北京聯華高等職業技術学院
海淀走読大学
黄埔大学
燕京華僑大学

上海市
上海市教育委員会
上海市教育科学研究院高等教育研究所
上海市教育科学研究院民営教育研究センター
中華職業工商進修学院
中華僑光職業学院珠宝分校
中僑学院

光啓学院
杉達学院
邦徳学院
東海学院
前進進修学院
済光学院
華夏学院
滬東科技進修学院
震旦進修学院
僑友進修学院

　河南省鄭州市
河南省教育委員会
黄河科技学院
鄭州黄河医学専修学院
鄭州樹青医学院

　陝西省西安市
陝西省教育委員会
西安外事服務培訓学院
西安交通大学職業技術培訓学院
西安培華女子大学

　江蘇省南京市
南京育材職業学校
江蘇科技進修大学

　浙江省杭州市
浙江省教育委員会
浙江省教育科学研究院

浙江樹人大学
株式制度で学校を運営することに関する研究課題組

### 湖北省武漢市
湖北中山自修大学
湖北函授大学
華中科技大学高等教育研究所

### 湖南省長沙市
湖南省教育委員会
湖南省社会諸勢力営教育機関協会
長沙文法専修学院（元長沙東風業余大学）
湖南中山財経専修学院（元曙東財経専科学校）
湖南長沙中山進修大学（元韮菜園大学）
湖南華僑経貿専修学院

### 四川省成都市
四川省教育委員会
四川天一学院
四川自修大学
西南計算機科学工程講習院

### 広東省広州市
広東省高等教育庁
私立華聯学院
南華工商学院

### 福建省厦門市
厦門大学高等教育研究所民営高等教育研究センター

付録

## 民営高等教育関連年表

1977. 10. 国務院は教育部「1997年度高等教育機関の学生募集工作に関する意見」を批准
     12. 全国高等教育機関の統一入試再開
1978.  3. 全国科学大会
      4. 全国教育工作会議
     12. 中国共産党中央委員会第11期代表大会第3回全体会議
1979.  1. 北京自修大学文学クラス（北京市）開き
      3. 中国共産党中央委員会は1971年に認可された「全国教育工作会議紀要」を撤回することを決議
1980.  9. 中央放送テレビ大学設立
      9. 韭菜園業余大学（湖南省長沙市）設立
     10. 北京市政府「高等教育独学試験制度の実施に関する決定」公布
     10. 東風業余大学（湖南省長沙市）設立
1981.  1. 国務院は教育部「高等教育独学試験に関する試行規則」を批准
      1. 曙東財経専科学校（湖南省長沙市）設立
      3. 九嶷山学院（湖南省寧遠県）設立
      4. 北京市政府「北京市の私人による学校運営に関する暫定管理規則」公布
      ＊ 教育部「私立補習学校の指導と管理問題を強化することに関する報告（初稿）」を作成
1982.  3. 中華社会大学（北京市）設立
      3. 広東業余大学（広東省広州市）設立
      4. 中国邏輯與語言函授大学（北京市）設立
     12. 「1982年憲法」公布

1983. 5. 国務院は教育部「民主党派・社会団体による学校運営に関する試行規則」を批准
　　　11. 湖南省政府「湖南省社会団体・私人による学校運営に関する試行規則」公布
1984. 4. 国家工商行政管理局・文化部・教育部・衛生部「文化・教育・衛生および社会の広告の管理に関する通知」公布
　　　5. 教育部は「北京市社会諸勢力による学校運営に関する試行規則」を批准
　　　6. 鄧小平が北京自修大学の校名を題字
　　　8. 全国人民代表大会委員長彭真が中華社会大学の校名を題字
　　　10. 中国共産党中央委員会「経済体制改革に関する決定」公布
1985. 5. 中国共産党中央委員会・国務院によって全国教育工作会議
　　　5. 中国共産党中央委員会「教育体制改革に関する決定」公布
　　　6. 国家教育委員会が設置され、教育部が撤回された
　　　10. 北京市高等通信院校聯合会成立
1986. 1. 共産党中央宣伝部・国家教育委員会「学校運営、学生募集に関する広告の乱脈掲載禁止に関する通知」公布
　　　12. 国家教育委員会「普通高等教育機関の設置に関する暫定規定」公布
1987. 7. 国家教育委員会「社会諸勢力による学校運営に関する若干暫定規定」公布
　　　12. 国家教育委員会・財政部「社会諸勢力によって運営する学校の財務管理に関する暫定規定」公布
1988. 3. 国務院「高等教育独学試験に関する暫定条例」公布
　　　7. 国家教育委員会「社会諸勢力による学校運営の若干問題に関する通知」公布
　　　10. 国家教育委員会は中央マスコミ管理機関を通じて、「国の民営教育に関する法律を定める以前に、民営教育に関する宣伝をしてはならない」と命じた
　　　12. 国家教育委員会「社会諸勢力によって運営する学校のカリキュ

民営高等教育関連年表　　239

|  |  | ラムに関する暫定規定」公布 |
|---|---|---|
|  | ＊ | 錦州師範学院訓練センター成立、公立大学の一部の民営化の試しをし始め |
| 1989. | 1. | 民営高等教育セミナーが武漢市で開かれ、全国民営高等教育研究会の発足準備 |
| 1990. | 2. | 民営高等教育研究会準備組および一部民営大学学長工作会議が北京市で開き |
|  | 7. | 国家教育委員会「省、自治区、直轄市越える学生募集の広告を審査・批准する権限に関する通知」公布 |
|  | 8. | 首都における一部の民営大学学長の座談会が開き |
| 1991. | 3. | 国家教育委員会「高等教育卒業証書を勝手に授与してはならないことに関する通知」公布 |
|  | 3. | 民営大学を支えた8人の有力者が国の指導者に投書、いわゆる「八老上書」 |
|  | 8. | 国家教育委員会・公安部「社会諸勢力によって運営する学校の印鑑の管理に関する暫定規定」公布 |
|  | 8. | 国家教育委員会「独学試験の工作を強化することに関する意見」公布 |
| 1992. | 1. | 鄧小平「南巡講話」 |
|  | 2. | 「八老」などが再び国の指導者に投書 |
|  | 8. | 全国成人高等教育工作会議が開かれ、「16文字方針」打ち出し |
|  | 10. | 全国民営高等教育協会準備委員会成立、『民営高教天地』創刊 |
| 1993. | 2. | 中国共産党中央委員会・国務院「中国教育改革と発展綱要」公布 |
|  | 6. | 国家教育委員会「海外機関・個人と中国側と合弁学校問題に関する通知」公布 |
|  | 8. | 国家教育委員会「民営高等教育機関の設置に関する暫定規定」公布 |
|  | 9. | 学歴証書試験制度試行 |
|  | 10. | 国家教育委員会成人教育司社会諸勢力運営学校管理室設立 |
|  | 12. | 全国民営高等教育研究会（籌）と全国民営高等教育協会準備委 |

　　　　員会と統合
1994. 2. 国家教育委員会「国家教育委員会社会諸勢力運営学校管理室の印鑑の使用に関する通知」公布
　　　 5. 国家教育委員会「今後の全国高等教育機関設置の審査・認可に関する意見」公布
　　　 6. 中国共産党中央委員会・国務院によって全国教育工作会議
　　　 7. 国務院「『中国教育改革と発展綱要』の実施に関する意見」公布
　　　 8. 国家教育委員会「四川省教育委員会の『社会諸勢力運営学校は省を越えた学生募集の問題に関する報告』に対する返答」公布
　　　11. 国家教育委員会「天津市第二教育局の『社会諸勢力によって運営する非学歴教育を行う高等教育機関の名称に関する問題』に対する返答」公布
　　　11. 国家教育委員会「民営学校の社会に対する資金募集問題に関する通知」公布
1995. 1. 国家教育委員会「中外合弁学校に関する暫定規定」公布
　　　 3.「教育法」公布
　　　 5. 国務院「科学技術進歩の加速化に関する決定」公布
　　　 5. 中国成人教育協会民営高等教育委員会成立
　　　 7. 国家教育委員会「北京市成人教育局『社会諸勢力運営学校の管理体制に関する問題』に対する返答」公布
　　　 9. 中国共産党第14期全国代表大会第5回全体代表会議で、「科教興国」の戦略打ち出し
　　　10. 国家教育委員会「台湾同胞の寄付の管理工作に関する通知」公布
　　　10. アジアと太平洋地域私立高等教育についての国際シンポジウムが厦門で開き
　　　11. 国家教育委員会「高等教育独学試験の社会助学工作に関する意見」公布
　　　12. 国家教育委員会「陝西省教育委員会の『鄭文生等が陝西総合大学の名目で詐称することを取り調べて処罰することに関する報告』を伝達ことに関する通知」公布

1996. 3. 国家教育委員会「社会諸勢力による運営学校の管理工作の強化関する通知」公布
   4. 国家教育委員会「社会諸勢力による学校運営の管理経費問題に関する意見」公布
   4. 国家教育委員会「全国教育事業『第9回5ヵ年計画』および2000年発展計画」公布
   5. 「職業教育法」公布
   6. 国家教育委員会「学歴証書試験の試行を一層推進させることに関する意見」公布
   10. 国家教育委員会「高等教育学歴証書試験の国家統一試験課程のカリキュラムに関する通知」公布
1997. 3. 国家教育委員会「社会諸勢力による運営学校の管理を強化することに関する通知」公布
   4. 国家教育委員会「高等教育独学試験の社会助学の管理を強化することに関する通知」公布
   5. 国家教育委員会「学校の校舎・教室の命名の関係規定に関する通知」公布
   7. 国務院「社会諸勢力による学校運営に関する条例」公布
   9. 国家教育委員会「『社会諸勢力による学校運営に関する条例』の実施の若干問題に関する意見」公布
   12. 国家教育委員会・労働部「社会諸勢力による学校運営の許可書制度実施問題に関する通知」公布
1998. 1. 『民営高教天地』は『民営教育天地』に改称した（1994.1）後、『民営教育』に改称
   3. 国家科学技術指導組成立
   8. 「高等教育法」公布
   10. 国家教育委員会は教育部に改称
   12. 教育部「21世紀に向けての教育振興行動計画」公布
1999. 5. 教育部「社会諸勢力による学校運営の評価活動を厳格に統制することに関する通知」公布

   6. 中国共産党中央委員会・国務院によって全国教育工作会議
   6. 中国共産党中央委員会・国務院「教育改革の深化、資質教育の全面推進に関する決定」公布
2000. 3. 黄河科技学院は教育部によって本科の学歴教育を実施する民営大学と認められ

 （＊を施したものは月が不詳）

## 主要参考文献

### 1 著書

阿部洋『中国近代学校史研究——清末における近代学校制度の成立過程』福村出版社、1993年

伊ケ崎暁生、碓田登『私学の歴史』新日本出版、1967年

家永三郎『日本国憲法と戦後教育』三省堂、1974年

魏貽通主編『民办高等教育研究』厦門大学出版社、1991年

遠藤誉『中国教育革命が描く世界戦略——中国の国立大学法人化と産官学協同』厚有出版株式会社、2000年

王炳照主編『中国古代私学輿近代私立学校研究』山東教育出版社、1997年

大沢勝『現代私立大学論』風媒社、1966年

大沢勝、永井憲一『私学の教育権と公費助成』勁草書房、1973年

大塚豊『現代中国高等教育の成立』玉川大学出版社、1996年

何国強『当代中国地方政府』広東高等教育出版社、1994年

賀向東主編『高等教育学歴文凭考試理論輿実践』中国人口出版社、1997年

片山清一『私学行政と建学精神』高陵社書店、1984年

季明明主編『中国教育行政全書』経済日報出版社、1997年

清成忠男『21世紀の私立大学像』法政大学出版局、1999年

高奇主編『中国現代教育史』北京師範大学出版社、1985年

高奇『中国高等教育思想史』人民教育出版社、1992年

江流、陸学芸、単天倫主編『社会藍皮書 1995〜1996年中国社会形勢分析輿予測』中国社会科学出版社、1996年

郝克明、汪永銓編『中国高等教育結構研究』人民教育出版社、1987年

郝克明主編『中国教育体制改革20年』中州古籍出版社、1998年

喜多村和之『高等教育の比較的考察』玉川大学出版社、1986年

喜多村和之『現代の大学・高等教育——教育の制度と機能』玉川大学出版部、1999年

熊明安『中華民国教育思想史』重慶出版社、1990年
斎藤秋男『中国現代教育史——中国革命の教育構造』田畑書店、1973年
謝慶奎、燕継栄、趙成根『中国政府体制分析』中国広播電視出版社、1995年
周貝隆編『面向21世紀的中国高等教育——国情、需要、計画、対策』高等教育出版社、1990年
岑申、王建社主編『世紀之交的民办教育』寧波出版社、1999年
中国成人教育協会民営高等教育委員会編『中国民办高等教育的理論與実践（一）』専利文献出版社、1996年
中国成人教育協会民営高等教育委員会編『中国民办高等教育的理論與実践（二）』大衆文芸出版社、1999年
中国成人教育協会民営高等教育委員会編『中国民办高教之光』湖北科学技術出版社、1998年
張鉄明『教育産業論』広東高等教育出版社、1998年
張志義主編『私立、民办学校的理論與実践』中国工人出版社、1994年
陳宝瑜『民办高教的探索與実証』天馬図書有限会社、1993年
陳宝瑜『民办高等教育論譚』北京燕山出版社、1996年
土持ゲーリー法一『新制大学の誕生——戦後私立大学政策の展開』玉川大学出版社、1996年
鄭国強『中国現代私立大学的創建、管理與発展』広東人民出版社、1995年
鄭登雲編著『中国高等教育史』上 華東師範大学出版社、1994年
デイヴィッド・スローパー、レ・タク・カン他（大塚豊監訳）『変革期ベトナムの大学』東信堂、1998年
杜作潤他 編著『高等教育的民办和私立』上海科技文献出版社、1993年
『鄧小平文選』第1巻 人民出版社、1993年
『鄧小平文選』第2巻 人民出版社、1993年
『鄧小平文選』第3巻 人民出版社、1993年
『鄧小平建設有中国特色社会主義論述専題摘編』人民出版社、1994年
董純才主編『中国革命根拠地教育史』南開大学出版社、1986年
日本教育研究所編『近代日本の私学——その建設の人と理想』有信堂、1972年

＊厦門大学高等教育研究所編『亜太地区私立高等教育国際研討会論文集』1996年
＊厦門大学高等教育研究所編『全国民办大学校長研討会論文集』1999年
＊北京市社会諸勢力による学校運営に関する諸問題の研究課題組編『関於北京市社会力量办学問題的研究』、1990年
＊北京市教育委員会編『北京民办高校評估』、1998年
北京大学高等教育研究所（大塚豊訳）『中国の高等教育改革』広島大学大学教育研究センター『高等教育研究叢書33』、1995年
ベン・デービッド（天城勲訳）『学問の府——原点としての英仏独米の大学』、サイマル出版会、1982年
余立主編『中国高等教育史』下 華東師範大学出版社、1994年
楊智翰主編『中国民办大学 20 年』光明日報社、1999年
李培伝主編『中国社会主義立法的理論與実践』中国法制出版社、1991年
魯松庭主編『浙江民办教育探索』浙江人民出版社、1999年
◇　◇　◇

Gerard A. Postiglione and Grace C. L. Mak(eds.), *Asian Higher Education : An International Handbook and Reference Guide*, London : Greenwood Press, 1997.

Philip G. Altbach (eds.), *Private Prometheus : Private Higher Education and Development in the 21st Century*, London : Greenwood Press, 1999.

Roger Geiger. *Private Sectors in Higher Education : Structures, Function and Change in Eight Countries*, Ann Arbor, MI, University of Michigan Press, 1986

Roderick MacFarquhar and John k. Fairbank *The Cambridge History of China, vol. 14*, Cambridge University Press, 1987（謝亮生他 中国語訳）『剣橋中華人民共和国史 1949〜1965』中国社会科学出版社、1990年

Roderick MacFarquhar and John k. Fairbank *The Cambridge History of China, vol. 15*, Cambridge University Press, 1991（謝亮生他 中国語訳）『剣橋中華人民共和国史 1966〜1982』中国社会科学出版社、1990年

## 2 年鑑、資料集、学報、校史、雑誌

"ASIA WEEK"
＊邬大光、史秋衡、謝作栩、柯佑祥『改革有為、追求卓越——仰恩大学的办学思想興実践』、1999 年
＊于陸琳主編『没有囲墻的大学——中華社会大学成立 10 周年文集』、1992 年
＊『内モンゴル盟讯』
大塚豊「中国高等教育関係法規（解説と正文）」、広島大学大学教育研究センター『高等教育研究叢書 8』、1991 年
王子愷、于雲鵬主編『中国共産党大事記』中国人民大学出版社、1991 年
＊河南省教育委員会「河南省社会力量挙办高等教育機構基本情況（按学校分類）」、1999 年
＊海淀走読大学編『海大教育研究』
＊胸轍主編『教育体制改革的典範』、1990 年
兼子仁、神田修『教育法規辞典』学文社、1979 年
＊『広東政報』
＊広東省民営教育委員会編『広東民办教育通訊』
教育部『面向 21 世紀教育振興行動計画学習参考資料』北京師範大学出版社、1999 年
＊教育部教育管理情報センター編『教育参考資料』
＊教育部弁公庁編『教育部簡報』
金鉄寬主編『中華人民共和国教育大事記』山東教育出版社、1995 年
＊錦州師範学院高等教育独学試験研究所編『高教自考研究』
＊湖南省教育委員会社会諸勢力運営学校管理処・湖南省社会諸勢力運営学校協会秘書処編『湖南省社会力量办学協会成立大会専輯』、1999 年
＊湖南省教育委員会社会諸勢力運営学校管理処編『新的増長点在這里——湖南省社会力量办学的実践興思考』、1997 年
＊湖南中山財経専科学校編『湖南中山財経専科学校建校 10 周年特刊』
＊湖南中山財経専科学校・湖南中山財経職員中等専業学校編『湖南中山財経専科学校・湖南中山財経職工中等専業学校介紹』、1987 年

＊湖南中山財経進修学院・湖南中山財経職員中等専業学校編『中山財経校刊』

＊黄河科技学院学報編集部編『黄河科技大学学報』

＊黄河科技学院学報編集部編『黄河科技学院管理工作手冊』、1999 年

＊国家教育委員会成人教育司編『成人教育情況』

国家教育委員会編『共和国教育 50 年』北京師範大学出版社、1999 年

＊国家教育発展研究センター教育思想研究室・上海市教育科学研究院民営教育研究センター・上海市教育学会民営教育専門委員会編『民办教育電子信箱』

＊四川省教育委員会編『生機盎然、前程似錦——四川省社会力量办学巡礼』、1998 年

＊四川函授大学編『四川函授大学建校 10 周年』、1995 年

＊私立華聯学院編『華聯大学』、1998 年

＊上海市教育科学研究院民営教育研究センター・上海市教育学会民営教育専門委員会編『民办教育動態』

＊上海市教育委員会弁公室編『毎週教育動態』

＊上海市社会諸勢力による学校運営研究会編『上海市社会力量办学院校』、1999 年

＊上海光啓学院院長弁公室編『上海光啓学院簡報』

朱有瓛主編『中国近代学制史料』第 3 集　華東師範大学出版社、1987 年

＊椒江の教育株式制度で学校運営に関する研究課題組『椒江教育股份制办学研究成果彙編』、1998 年

『新華月報』

＊西安外事サービス訓練学院民営教育研究所編『民办教育研究』

＊浙江省樹人大学編『前進中的浙江樹人大学』、1999 年

＊中華僑光職業学院宝石・真珠分校編『中華僑光職業学院珠宝分院 3 年来教学工作彙報』、1996 年

中華民国教育部編『第一次中国高等教育年鑑』丙編　高等教育状況　伝記文学出版社、1934 年

＊中国科技経営管理大学編『創業頌——中国科技経営管理大学成立 10 周

年』、1995 年
＊中国科技経営管理大学編『鞭策集』、1995 年
＊中国管理科学学会民営教育管理専門委員会・北京汎アジア未来教育研究センター編『民办教育研究参考』
中国邏輯與語言函授大学編『時代英才——逻大学子風采録』中国人民公安大学出版社、1997 年
中国教育年鑑編集部編『中国教育年鑑』中国大百科全書出版社、各年度版
中国国家統計局編『中国統計年鑑』中国統計出版社、各年度版
＊中国成人教育協会民営高等教育委員会弁公室編『工作簡報』
＊中国成人教育協会民営高等教育委員会弁公室編『情況反映』
張健、李燕傑主編『中国社会力量办学大辞典』紅旗出版社、1997 年
＊長沙業余文法学院編『長沙業余文法学院介紹』、1988 年
＊長沙業余文法学院編『長沙業余文法学院規章制度』、1988 年
＊陳宝瑜、賈永生主編『海大之路』、1994 年
＊南京育材職業大学校史編集室編『南京育材職業大学办学紀実』、1987 年
＊南京延安精神研究会・南京中華育才学校・南京陶行知研究会編『一位老人和他办的 3 所学校——記朱剛』、1999 年
日本私立大学連盟編『私立大学のマネジメント』第一法規出版株式会社、1994 年
『半月談』
潘懋元、劉海峰編『中国近代教育史資料彙編』高等教育 上海教育出版社、1993 年
＊北京市社会教育研究室編『北京社教通訊』
＊邦徳学院編『邦徳学院年鑑』（1999〜2000 年）
＊民営高等教育研究会（筹）『民办高教通訊』
『民办教育』
ユネスコ編『ユネスコ文化統計年鑑』、各年度版
劉光主編『新中国高等教育大事記 1949〜1987』東北師範大学出版社、1990 年
『瞭望』

### 3 民営高等教育関係法律、法規、行政機関の公文書

＊青島市人民代表大会「青島市社会力量办学管理办法」、1995年
＊河南省教育委員会成人教育処編『社会力量办学文件選編』、1996年
教育部「関於厳格控制社会力量办学評比活動的通知」、1999年
＊広東省人民政府「広東省私立高等学校管理办法」、1995年
＊広東省高等教育庁「広東省社会力量挙办専修（進修）学院審批暫行办法」、1999年
＊広州市人民代表大会「広州市社会力量办学管理条例」、1993年
＊湖南省衡陽市教育委員会社会諸勢力運営学校管理室編『社会力量办学政策法規選編』、1997年
国務院「普通高等学校設置暫行条例」、1986年
国務院「社会力量办学条例」、1997年
＊黒龍江省人民代表大会「黒龍江省社会力量办学条例」、1995年
＊国家教育委員会「関於社会力量办学的若干暫行規定」、1987年
＊国家教育委員会「転発南京大学貫徹執行『関於社会力量办学的若干暫行規定』的決定的通知」、1988年
＊国家教育委員会「関於社会力量办学幾個問題的通知」、1988年
＊国家教育委員会「社会力量办学教学管理暫行規定」、1988年
＊国家教育委員会「関於跨省、自治区、直轄市办学招生広告審批権限的通知」、1990年
＊国家教育委員会「対四川省教育委員会関於社会力量办学跨省招生問題請示的復函」、1991年
国家教育委員会「関於加強自学考試工作的意見」、1991年
＊国家教育委員会「関於不得擅自頒発高等教育毕業証書的通知」、1991年
＊国家教育委員会「関於北京市『関於対社会力量挙办的高等教育進行国家考試的試点方案』的批復」、1992年
国家教育委員会「関於進一歩改革和発展成人高等教育的意見」、1993年
国家教育委員会「民办高等学校設置暫行規定」、1993年
＊国家教育委員会「関於転発天津市第二教育局、天津市公安局『関於立即停止面向社会挙办保鏢培訓班的緊急通知』的通知」、1993年

＊国家教育委員会「関於啓用国家教育委員会社会力量办学管理办公室印章的通知」、1994年
＊国家教育委員会「関於同意遼寧省進行国家学歴文凭考試試点工作的批復」、1994年
＊国家教育委員会「関於社会力量挙办非学歴高等教育機構名称問題的批復」、1994年
＊国家教育委員会「関於民办学校向社会籌集資金問題的通知」、1994年
国家教育委員会「中外合作办学暫行規定」、1995年
＊国家教育委員会「関於社会力量办学的管理体制問題的批復」、1995年
＊国家教育委員会「関於対『北京市国家文凭考試学生毕業問題的請示』的批復」、1995年
＊国家教育委員会「関於同意上海市進行国家学歴文凭考試試点的批復」、1995年
＊国家教育委員会「関於高等教育自学考試社会助学工作的意見」、1995年
＊国家教育委員会「関於転発陝西省教育委員会『関於鄭文生等人以陝西綜合大学名義進行詐騙活動査処情況的報告』的通知」、1995年
＊国家教育委員会「関於加強社会力量办学管理工作的通知」、1996年
＊国家教育委員会「関於社会力量办学管理経費問題的意見」、1996年
＊国家教育委員会「関於同意吉林、福建、陝西、四川、広東5省進行国家学歴文凭考試試点的批復」、1996年
＊国家教育委員会「関於加強高等教育自学考試社会助学管理工作的通知」、1997年
＊国家教育委員会「関於学校校舎、教室命名的有関規定的通知」、1997年
＊国家教育委員会「関於実施『社会力量办学条例』若干問題的意見」、1997年
＊国家教育委員会・公安部「社会力量办学印章管理暫行規定」、1991年
＊国家教育委員会・国家計画委員会・財政部「高等学校収費管理暫行办法」、1996年
＊国家教育委員会・財政部「社会力量办学財務管理暫行規定」、1988年
＊国家教育委員会・労働部「関於実行社会力量办学管理許可証制度有関問

題的通知」、1997年
＊済南市人民代表大会「済南市社会力量办学管理办法」、1994年
＊陝西省人民代表大会「陝西省社会力量办学条例」、1996年
＊山西省人民代表大会「山西省社会力量办学管理条例」、1995年
＊四川省教育委員会成人教育処編『社会力量办学文件彙編』、1998年
＊四川省人民代表大会「四川省社会力量办学条例」、1998年
＊四川省教育委員会「四川省民办高等学校内部管理指標体系（試行）」、1999年
＊上海市教育委員会政策法規処編『教育行政処罰工作手冊』、1996年
＊上海市教育委員会政策法規処編『基礎教育办学体制改革文件選編』、1998年
＊浙江省教育委員会「浙江省社会力量申請籌办高等学校的補充規定」、1999年
「中華人民共和国教育法」、1995年
『中華人民共和国憲法』、1954年版、1975年版、1978年版、1982年版、1988年版、1993年版、人民出版社
「中華人民共和国高等教育法」、1998年
「中華人民共和国職業教育法」、1996年
中国共産党中央委員会「関於教育体制改革的決定」、1985年
中国共産党中央委員会・国務院「中国教育改革和発展綱要」、1993年
＊中国共産党中央委員会宣伝部・国家教育委員会「関於不得乱登办学招生広告的通知」、1986年
＊中国共産党北京市委員会・北京市人民政府「関於深化教育改革全面推進素質教育的意見」、1999年
＊北京市人民政府「北京市社会力量办学管理办法」、1994年
＊北京市教育委員会「『北京市社会力量办学管理办法』実施細則」、1996年
＊北京市教育委員会成人教育処社会諸勢力運営学校管理室『北京市民办高校申办設置審批文件資料彙編』、1999年

## 4 論文及び新聞

＊袁征益「風雨同舟 20 年──湖南中山財経進修学院創立 20 周年紀念」、1999 年

＊袁征益「湖南中山財経進修学院回憶録」、2000 年

王一兵「歴史機遇與教育決策──再論高等教育大衆化的歴史経験與発展中国家面臨的挑戦」『高等教育研究』1999 年第 5 期

何祚麻、蘭士斌「高等教育適度発展还是大力発展？」『上海高教研究』1998 年第 7 期

夏立憲「文革後中国における民営大学の発展」『中国研究月報』1998 年 8 月号

夏立憲「私立・民办・社会力量办──関於民办教育的幾個提法」『民办教育』1998 年第 5 期

夏立憲「戦後日本私立大学與国家財政資助 (1)、(2)、(3)、(4)」『民办教育』1999 年第 2 期、第 3 期、第 4 期、第 5 期

夏立憲「長沙市早期民办大学研究」『高等教育研究』2001 年第 1 期

＊魏貽通博士論文「民办高等教育立法之前期研究」、1994 年

＊上海市教育委員会財務処・上海市教育科学研究院高等教育研究所「完善上海高校収費管理体制及運行機制課題成果」、1998 年

＊朱継琢「民办高校的呼吁」、2000 年

姜華、葛洪翰「市場経済與私立高等院校」『高等教育研究』1992 年第 4 期

＊曾秋葦「私立華聯大学対教育股份制的探索」、1999 年

＊曾秋葦「探索私立大学办学之路」、1999 年

孫成城「関於社会力量办学若干問題的探析」『教育研究』1999 年第 3 期

＊張学軍「関於社会力量办学若干問題的実践與思考」、1999 年

陳良焜「中国高等教育経費来源分析」『教育研究』1994 年第 4 期

寧正法「我国民办高校発展職業高等教育的三道難関」『高教研究與探索』1997 年第 4 期

潘懋元「関於民办高等教育体制的探討」『上海高教研究』1988 年第 3 期

潘懋元「知識経済與高等教育的改革和発展──在全国高等教育研究会第 5 届年会開幕式上的発言」『上海高教研究』1988 年第 3 期

文軍「関於我国高等教育办学主体多様性的思考」『教育与現代化』1997年第2期
廖経池、梁士潔「湖南中山進修大学20年」『中国高等教育』1999年第4期
楊徳広「改制是高等教育走出困境的出路」『教育参考』1998年第5期
李祖超「高教経費籌集態勢」『教育与経済』1996年第1期
◇　　◇　　◇
『教育時報』
『光明日報』
『大公報』（香港）
『中国教育報』
『中国人材報』
『中国成人教育信息報』
『人民日報』
『人民日報』（海外版）
『聯合報』（台湾）

（＊を施したものは非公式出版物である）

著者略歴

夏　立憲　(カ　リッケン)

1954年　中国上海市に生まれる
1982年　華東師範大学哲学学部卒業
1982年　上海市静安業余大学講師
1988年　華東師範大学大学院修士課程修了
1988年　上海市高等教育研究所助理研究員
1994年　広島大学大学教育研究センター外国人客員研究員
1998年　広島大学大学院修士課程修了
2002年　広島大学大学院博士課程修了（学術博士）

## 中国における民営大学の発展と政府の政策

2002年9月1日　発行

著　者　夏　立憲
発行所　㈱溪水社
　　　　広島市中区小町1-4（〒730-0041）
　　　　電　話　(082) 246-7909
　　　　FAX　　(082) 246-7876
　　　　E-mail: info@keisui.co.jp

ISBN4-87440-711-0 C3037